普通高等教育“十二五”国家级规划教材

新世纪高等学校教材
教育技术基础课系列教材

WangLuo JiaoXue SheJi Yu PingJia

网络教学设计与评价

谢幼如　尹　睿◎编著

北京师范大学出版集团
BEIJING NORMAL UNIVERSITY PUBLISHING GROUP
北京师范大学出版社

图书在版编目(CIP)数据

网络教学设计与评价 / 谢幼如，尹睿编著. —北京：北京师范大学出版社，2018.1

新世纪高等学校教材　教育技术学专业主干课程系列教材

ISBN 978-7-303-22686-3

Ⅰ. ①网…　Ⅱ. ①谢…　②尹…　Ⅲ. ①计算机网络—应用—计算机辅助教学—高等学校—教材　Ⅳ. ①G434

中国版本图书馆 CIP 数据核字(2017)第 212999 号

营销中心电话　010-58805072　58807651

北师大出版社高等教育与学术著作分社　http://xueda.bnup.com

WANGLUO JIAOXUE SHEJI YU PINGJIA

出版发行：北京师范大学出版社　www.bnup.com

北京市海淀区新街口外大街 19 号

邮政编码：100875

印　　刷：北京京师印务有限公司

经　　销：全国新华书店

开　　本：730 mm×980 mm　1/16

印　　张：18

字　　数：340 千字

版　　次：2018 年 1 月第 1 版

印　　次：2018 年 1 月第 1 次印刷

定　　价：40.00 元

策划编辑：郭兴举　　　　责任编辑：张静洁

美术编辑：李向昕　　　　装帧设计：李　尘

责任校对：陈　民　　　　责任印制：马　洁

前　言

本教材是普通高等教育“十二五”国家级规划教材。

“网络教学设计与评价”课程是高等学校教育技术学专业的主干课程，旨在为学生开展“互联网+”时代教育信息化环境建设、资源开发、教学创新打下理论和方法论的基础，提高学生从事教育信息化科学规划与设计评价的能力。它是一门实践性、操作性很强的课程，学生在学习本课程时，必须理论联系实际，积极参与教学实践，为今后工作和进一步深入研究网络教学设计与评价打下坚实的基础。

教育技术是应用新理念和新技术、破解教育问题、推动教育变革的创新实践领域。“互联网+”时代教育信息化建设与发展呈现出许多新的特点，教育技术学的学科定位与人才培养也应随着教育信息化发展而变化，而网络教学设计与评价作为教育技术学的重要组成部分，其课程体系与教学内容也发生巨大的变化。

本教材根据“互联网+”时代国家教育信息化发展战略与教育技术学专业本科生的培养目标，重新构建课程体系，涵盖基础教育、高等教育、职业教育信息化实践领域；本教材关注教育信息化前沿热点，增加智慧校园、虚拟仿真教学资源、在线开放课程、智慧课堂、项目学习、创客教学、MOOC、SPOC、混合学习的规划设计与智慧学习评价等内容；本教材理论与实践相结合，提供大量来自一线的真实、典型、生动的教学设计与评价案例。

本教材内容共8章，包括网络教学设计与评价概述、网络教学设计与评价的理论基础、网络教学设计的前端分析、网络学习环境的设计、网络学习资源的设计、网络教学模式的设计、网络教学评价、网络教学设计与评价的新发展。每章包含内容结构、学习目标、学习建议、本章小结、思考与练习模块。本教材还通过二维码为学习者提供拓展阅读、设计方案以及教学录像、微课、网络课件、虚拟仿真教学资源等参考资源，以满足学习者的个性化需要。

华南师范大学的教育技术学是国家重点学科，教育技术学专业的教学质量和水平一直处于国内领先地位。长期以来，谢幼如带领教学设计研究团队根据高等学校课程教学改革的导向与创新人才培养的目标，不断优化更新教学内容，革新教学手段与方式，开展课程教学改革研究，推进课程持续建设与发展。2004 年，“教学设计原理与方法”课程被评为“国家级精品课程”；2016 年，“教学设计原理与方法”课程荣获首批“国家级精品资源共享课”称号；2016 年，“教学设计原理与方法”课程转型升级为慕课并在中国大学 MOOC 平台上线。

本教材的大部分案例来自谢幼如研究团队多年来的研究与实践。近年来，依托全国教育信息技术研究“十二五”规划重点课题“电子书包教学应用创新模式的研究与实践”、广州市教育科学“十三五”规划课题“广州‘教育 u 时代’提升工程整体推进研究”、教育部人文社会科学研究规划基金项目“个人学习空间提升大学生网络学习自我效能感的研究”、全国教育科学“十二五”规划国家重点课题“教育信息化与大型开放式网络课程（MOOCs）战略研究”子课题“以 MOOCs 为代表的在线教育教与学模式研究”、教育部-中国移动科研基金“教育信息化理论研究”子课题“教育信息化绩效评价体系研究”、“十三五”职业教育信息化规划纲要战略研究“教育信息化对提高职业教育人才培养质量的作用及发展方向研究”子课题“技术促进职业教育变革案例研究库的构建”等项目，研究团队形成了一大批涉及基础教育、高等教育、职业教育领域的网络教学设计与评价的典型案例与研究成果，极大地丰富与完善了课程资源。

本教材由华南师范大学谢幼如教授主持修订。华南师范大学尹睿副教授参与了本教材修订的研讨过程，并负责第二、第三章的编写和修订。李伟（暨南大学）、张惠颜（厦门大学附属实验中学）、盛创新（暨南大学）、倪妙珊（华南农业大学）、邱婷（广东财经大学）、杨阳（广州大学）、柏晶（广东技术师范学院）、王芹磊（广东技术师范学院）、伍文燕（广东工业大学）、刘嘉欣、杨晓彤、李世杰、邱艺、吴利红等老师和研究生积极参与部分内容的编写以及配套网络资源的制作。在此表示诚挚的谢意！

由于教育信息化发展迅猛，网络教学设计与评价的理论和方法还有待于在实践中进一步完善，加之时间仓促，作者水平有限，不足之处难免，希望广大读者给予批评指正。

作者

2017 年 12 月

目 录

第一章　网络教学设计与评价概述

内容结构

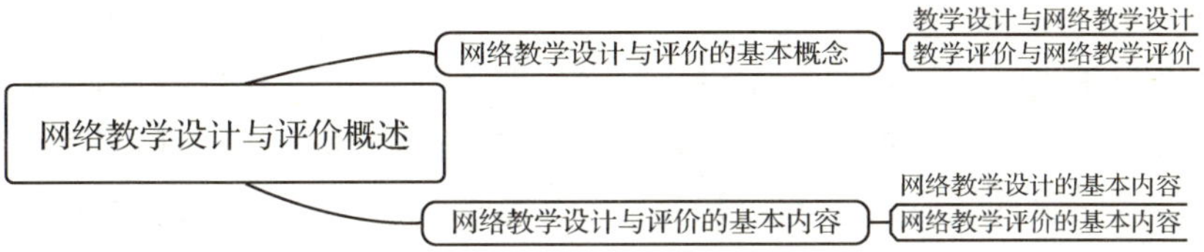

学习目标

1. 识记：教学设计、网络教学设计、教学评价、网络教学评价。

2. 了解：教学设计的发展历史、教学评价的功能及分类。

3. 理解：网络教学设计的含义及特点、网络教学评价的含义及特点。

4. 掌握：网络教学设计与评价的基本内容。

学习建议

1. 本章重点是网络教学设计与评价的概念及特点、网络教学设计与评价的基本内容，难点是教学设计的发展历史。

2. 第一节可以教师讲授为主，辅之以主题探究的方式，让学生自主探究、归纳总结教学设计的发展历史。第二节可采用教师讲授—问题分析—师生讨论—实践创作相结合的方式。

3. 教师应结合实际教学情境，提出问题、布置任务、设计学习活动，让学生理解教学设计的含义、内容，并形成自己的观点。

随着现代信息技术的迅猛发展，网络技术在教育中的应用日益广泛和深入，特别是“互联网＋”时代，为网络教学的发展提供了新的契机。此外，智慧教育、智慧校园、智慧课堂、智慧学习等理念的提出，则成为推动网络教学迅速发展的另一重要因素。网络教学的迅速发展在带给我们机遇的同时，也为我们带来了挑战。如何有效地利用网上资源、如何有效地实施网上教学、如何充分发挥网络技术的优势、如何转变师生的观念等也成为亟待研究的一系列课题。网络教学设计与评价的理论性、操作性、联结性等特征则成为改善网络教学质量、提高网络教学效益的有力保障。本章主要对网络教学设计与评价的基本概念、基本内容进行概括与描述，以求从整体上勾勒出网络教学设计与评价的轮廓，为学生后续的深入理解与学习做好铺垫。

第一节　网络教学设计与评价的基本概念

网络教学设计与评价是教学设计与评价发展到网络时代的必然产物，是教学设计与评价对时代的回应。历史是现实的依据，教学设计的百年发展历程构成了网络教学设计的发展基石，决定了网络教学设计的本质属性和内在功能。因此，在本节我们首先对教学设计的发展历史做一番梳理，然后介绍网络教学设计的含义和特点。在此基础上，对教学评价的含义与功能及网络教学评价的含义与特点进行了介绍。值得一提的是，网络教学设计与网络教学评价同教学设计与教学评价一样，有着千丝万缕、不可分割的联系，它们始终是相互影响，相互作用，共同发展的。

一、教学设计与网络教学设计

教学设计的思想源头可以追溯到古希腊的哲学家亚里士多德、苏格拉底和柏拉图。[①] 从这个意义上来说，教学设计已有百年的发展历史。然而作为一门正式的学科，教学设计的诞生与发展则是20世纪六七十年代的事。在此之前，教学设计深受系统工程学和行为主义心理学的影响；而后，教学设计的发展不断受到相关理论与技术的影响，研究的重心和焦点亦随之而发生变化。总的来说，教学设计的发展历史可以划分为思想萌芽阶段、早期发展阶段、学科形成阶段、繁荣发展阶段、转型发展阶段。而网络教学设计则是转型发展阶段教学设计研究的热点与新范式。

（一）教学设计的发展历史

1. 思想萌芽阶段

作为一个专业研究领域，教学设计与其他专业一样有其漫长的前科学发展历程。从通常意义上讲，当人们计划把一些东西教给其他人时，我们就说发生

① 高文．教学系统设计(ISD)研究的历史回顾——教学设计研究的昨天、今天与明天(之一)[J]．中国电化教育，2005(02)：24-28.

了教学设计。[①] 众所周知，人类在经验层面上对教与学活动的筹划与安排古已有之，与教学设计的理论相关的思想源头则可以追溯到古希腊的哲学家亚里士多德、苏格拉底和柏拉图。400 年后，洛克(John Locke)提出几乎所有的理性推理和知识都必须经由经验而获得，并由此提升了亚里士多德有关人的初始智力空白状态的主张。20 世纪初，杜威(John Dewey)"做中学"的教育哲学理念、桑代克(Edward Lee Thorndike)的"联结理论"以及赫尔(Clark L. Hull)的"刺激-有机体-反应(S－O－R)"模型，都可以看作有关教学设计研究的最初思想萌芽。

2. 早期发展阶段

教学设计的起源可以追溯到 20 世纪 40 年代的第二次世界大战时期。当时，众多心理学家、教育家被部队征集，参与部队各种培训项目的开发及实施，包括加涅(Robert Mills Gagne)、布里格斯(Leslie Briggs)等人。在此期间，他们对培训材料的开发运用了大量有关教学、学习及基于人类行为的理论和研究。同时他们还运用了有关评价和测试的知识对受训者进行评价和选拔。第二次世界大战结束后，这些心理学家继续致力于教学问题的解决，相应的一些学术组织也为此目的而成立。而在 40 年代后期和整个 50 年代，心理学家已经将训练视为一个系统的过程，并且发展出一系列分析、设计、评价的创新程序。

20 世纪 50 年代以来，系统方法的运用开始受到心理学家的关注，而程序教学运动(50 年代中期至 60 年代中期)则成为推动系统方法深入发展的一个重要因素。程序教学运动的主要特点是清晰地规定行为目标、以小步骤呈现教材、学生自定步调、积极反应、及时反馈等。提到程序教学运动不得不提的是被誉为"程序教学运动之父"的斯金纳(Burrhus Frederic Skinner)。1954 年，斯金纳的文章《学习的科学与教学的艺术》被认为是教育领域中的一次小小的革命。此外，斯金纳等人用以开发程序教学过程的一种经验性方法，包括尝试与修正程序，孕育了后来被称为形成性评价的要素。这种方法现已成为运用行为主义心理学理论解决教学问题的一个典范。

3. 学科形成阶段

20 世纪 60 年代是教学设计领域迅速发展的 10 年，在这一时期内，教学设计作为一门学科逐渐形成，并建立起自身特有的理论体系、知识结构和研究

---

① [美]罗伯特・D. 坦尼森，[德]弗兰兹・肖特，[德]诺伯特・M. 西尔，等. 教学设计的国际观. 第 1 册，理论・研究・模型[M]. 任友群，裴新宁，译. 北京：教育科学出版社，2005：47.

范式。荷兰著名教育技术学家戴克斯特拉(Edsger Dijkstra)认为，教学设计的构想最初始于美国，它跟教育技术学密切相关。所谓教育技术学是对待教育的一种观点，它始于20世纪50年代的美国，把工业制造和系统工程学引入了教育。这种观点认为，任何教学设计问题的解决方法都可以被概括在一个设计模型中。到了20世纪60年代后期，教学设计的研究已经形成一个专门领域。[①]在这段时期内，对教学设计具有重大影响的事件包括：行为主义目标的普及，标准参照测试运动，形成性评价的兴起，加涅教学设计理论的形成、发展，计算机辅助教学的开发以及早期教学设计模式的出现。

行为目标的最早论述可以追溯到有"行为目标之父"之称的泰勒(Ralph W. Taylor)。早在1934年，泰勒就写道，目标必须以清晰的行为术语加以界定。1962年由马杰(Robert Mager)撰写的《如何为程序教学准备目标》一书，出版后深受欢迎。该书描述了如何写目标，其中包括对所期望的学生行为、行为完成的条件及评判行为的标准的描述。该书的出版为行为主义目标应用的普及做出了贡献。与此同时，布卢姆(Benjamin Bloom)及其同事所著的《教育目标分类学》一书，从另一角度推动了有关行为主义目标的研究。

20世纪60年代初影响教学设计发展的另一个重要因素就是标准参照测试运动(The Criterion-Referenced Testing Movement)的兴起。早在1932年，泰勒就指出，测试应该致力于检测个体学生完成特殊或系列行为时的表现，而不是甄别学生考试成绩的优劣。正式使用标准参照测试这一术语的学者是格拉泽(Robert Glaser)，他指出标准参照测试可以评定学生的进入水平，并确定学生能在多大程度上获得由教学大纲所设计的行为。

1957年苏联成功发射人造地球卫星，美国政府震惊之余，随即倾注百余万美元用于改善美国的数学与科学教育。大批教材被开发出来，并在未曾试用的情况下投入使用。几年后，人们发现很多教材并不是很有效。据此，斯科利文(Michael Scriven)指出，教材在正式使用前应先经过试用，以便在教材的形成阶段让教育者对其有效性进行评估，如果必要的话还可以在正式出版之前加以修订。斯科利文将试用与修订过程称为形成性评价(formative evaluation)，即在使用前测试教学资源。与之相对的是总结性评价(summative evaluation)，即在使用后才测试教学资源。这些程序与今天一般意义上规定的形成性与总结性评价技术很相似。

---

① 张祖忻，朱纯，胡颂华．教学设计——基本原理与方法[M]．上海：上海外语教育出版社，1992：31-32.

在教学设计的发展过程中，美国著名心理学家加涅功不可没。1965年，加涅出版了《学习的条件》一书，该书被公认为教学设计历史上的重要著作。在该书中，加涅描述了五类学习结果，并指出每种学习结果的类型所必需的不同的促进相关学习的条件。据此，他又描述了与获得五种学习结果相对应的九大教学事件，并进一步解释了两者之间的关联。在此基础上，加涅还对智力技能领域中的技能进行层级分析。这种层级分析的过程也被称为学习任务分析，或教学任务分析。这一分析过程至今仍然是许多教学设计模式的重要特征。加涅在学习分类与层级分析领域中的工作对教学设计的影响延续至今。

20世纪60年代，教学媒介进入了计算机时代，瑟彭斯(Patrick Suppes)在斯坦福大学开展了对计算机辅助教学的最初调研。瑟彭斯通过对课程进行系统分析开发了能向学生提供反馈、分支、反应跟踪的计算机辅助教学，这些方面后来在70年代都被整合进PLATO系统——一种基于计算机的系统。

20世纪60年代早期和中期，任务分析、行为目标、标准参照测试等概念的共同发展形成了对教学材料系统化设计的过程或模式。加涅、格拉泽、斯科利文是最先对这些模型做出阐述的学者。他们使用了教学设计、系统开发、系统设计及教学系统等术语来描述他们所建立的模式。

4. 繁荣发展阶段

20世纪70年代，各种教学设计模式如雨后春笋，迅速形成并发展。基于前人的工作成果，许多学者提出了新的模式，用于系统的设计教学。迪克-凯里模式(1978)、肯普模式(1971)、格拉奇-伊利模式(1971)以及加涅-布里格斯模式(1974)均形成于这一时期。至70年代末，安德鲁斯(Dee H. Andrews)和古德斯(Ludwika A. Goodson)已经识别出40多种模式。

除此之外，在整个20世纪70年代，教学设计过程在众多部门受到了极大的关注，教学设计在军事、学术、商业、工业等领域得到了广泛应用。在国际上，教学设计在解决教学问题上的功能角色也得到认可和关注。许多国家全力支持教学设计项目的实施，创建用以支持教学设计开展的组织，并且对致力于培训项目的个体提供支持。这些发展在70年代首次出版的《教学开发杂志》上得以体现。而这一杂志则成为现今美国教育技术领域权威杂志《教育技术研究与发展》(*Educational Technology Research and Development*)的先驱。

20世纪80年代，上述各部门对教学设计的兴趣持续增长，特别是商业和工业领域对教学设计有着强烈的兴趣。然而与之相反，在整个80年代，教学设计对公立学校、高等学校却影响甚微。

此外，20世纪80年代人们对如何将认知心理学的有关原则应用于教学设计过程的兴趣日益增长，一系列此类专著在此期间问世。然而同时，对于该领域却有专家指出，认知心理学对教学设计实践产生的实际效应是非常有限的。这一时期对教学设计实践产生重大影响的另外一个因素是微型计算机的教学应用。随着计算机技术的发展，许多教学设计者将注意力转向基于计算机的教学，并就开发新的教学设计模式以适应计算机技术的交互能力的需要展开讨论。基于计算机的教学逐渐进入教学设计的领域。与此同时，计算机也开始被用作一些教学设计任务自动化的工具。

在 20 世纪 80 年代对教学设计的发展产生影响的还有绩效技术。绩效技术对前端分析的重视、对工作绩效和业绩以及对绩效问题的非教学解决方法的关注，给教学设计的实践带来一定程度的影响。但是绩效技术对教学设计产生显著影响却是 90 年代的事。

5. 转型发展阶段

20 世纪 90 年代以来相关领域的一系列新发展都对教学设计的原则与实践产生了重大影响。这些相关的发展主要包括了以下几个方面。

首先是绩效技术。作为绩效技术运动的结果，许多教学设计者开始对引起绩效问题的原因进行更加细致的分析。他们发现，很多时候引起绩效问题的原因并不在于训练质量不好或者缺乏训练，而是教学以外的原因。基于此，许多教学设计者开始突破原有专业领域的局限，将注意力转移到如何在专业之外表明自身实践的有效性。他们将更多的努力集中在分析与评估的同时，也开始做出非教学方式的干预，如工作流程的再设计、激励性的计划、沟通的改善等，以此来解决做实绩效问题。因此，可以说绩效技术大大扩展了教学设计者的活动范围和教学设计的实践领域。

另外，电子绩效支持系统的迅速增长和使用成为影响教学设计发展的又一个重要原因。电子绩效支持系统实质上是一种集成化的、支持特定服务的信息系统，是智能教学系统和工作平台的结合。通过为有关人员提供绩效支持工具、适时的在线帮助及与工作相关的信息资源，精心设计的电子绩效支持系统能够极大地提高员工的工作绩效，并且能够减少对培训的需求。因此，在同一时期，许多教学设计者将其注意力从设计培训系统转向设计电子绩效支持系统也就不足为怪了。

迅速流行的建构主义思潮对教学设计领域的发展产生了很大的影响。建构主义是一系列相似的有关学习和教学的新观点的集合，而不是一个单一的学习理论。其关于教学和学习的隐喻与传统的教学和学习理论有着很大的不同。因此，越来越多的研究者承认在教学设计研究领域中，意义最深远的变化的发生就是因建构主义的缘起而产生的。尽管建构主义范式并没有颠覆认知与行为主义心理学的客观影响，但是它对一代教学设计者的影响确实是值得瞩目的，而且，它必然和其他有关学习的创新思想一起对该领域在新千年的发展产生深远的影响。

此外，20 世纪 90 年代以来对教学设计的发展产生重要影响的因素还有快速原型法、基于互联网的远程教育、各种信息技术及工具以及新兴的知识管理。这些新发展都给教学设计提出了新的命题和实践探究的领域，为教学设计的进一步发展提供了广阔的空间和土壤。作为教学设计者，应该敏感地把握这些发展，洞察其对教学设计的冲击，并及时、适时地采取行动。

（二）教学设计的含义及特点

1. 教学设计的含义

教学设计（instructional design），也称为教学系统设计、教学系统开发、教学开发。由于参与教学设计研究与实践的人员的背景不同，因此，对于教学设计概念的界定，国内外学术界莫衷一是。众多教学设计研究者，从不同的视角出发提出了个人对于教学设计的理解和界定。下面是国内外比较有影响的教学设计定义。

教学设计大师加涅在 1985 年出版的《教学设计原理》一书中写道：教学设计是一个系统规划教学系统的过程。

著名教学设计理论家瑞格鲁斯（Charles M. Reigeluth）在其 1983 主编的《教学设计的理论与模式》一书中指出：教学设计是一门涉及理解与改进教学过程的学科。任何设计活动的宗旨都是提出达到预期目的的最优途径。因此，教学设计主要是关于提出最优教学方法的处方的一门学科，这些最优的教学方法能使学生的知识和技能发生预期的变化。

培训设计专家帕顿（Van J. Patten）1989 年在《什么是教学设计》一文中曾说：教学设计是对学生学业问题的解决措施进行预先策划的过程。

著名教学设计专家梅瑞尔（M. David Merrill）在 1996 年发表的《教学设计新宣言》一文中将教学设计界定为：教学是一门科学，而教学设计是建立在教学科学这一坚实基础上的技术，因而教学设计也可以被认为是科学型的技术。教学的目的是使学生获得知识技能，教学设计的目的是创造和开发促进学生掌握这些知识技能的学习经验和学习环境。

著名教学设计理论家迪克（Walter Dick）和凯里（Lou Carey）在 1996 年为教师写的教学设计普及读物《教师规划指南》中认为：教学设计是设计、开发、实施与评价教学的系统化过程。

著名教学设计理论家肯普(Jerrold E. Kemp)在1998年出版的《设计有效的教学》一书中强调：如何有效地规划、开发、评价与管理教学过程以使之能确保学生取得良好业绩表现，这一系统方法被称为“教学设计”。

著名教学设计理论家史密斯(Patricia L. Smith)和雷根(Tillman J. Ragan)在2001年出版的《教学设计》中这样写道：教学设计是将学习和教学的原理转化为教学材料与活动的计划的系统化过程。在该书2005年的第三版中，他们的新定义是：“教学设计”一词意味着系统地同时也深思熟虑地将学与教的原理转换成教学材料、教学活动、信息资源和教学评价的计划的过程。

国内的乌美娜教授在其1994年出版的《教学设计》中这样定义教学系统设计：教学系统设计是运用系统方法分析教学问题和确定教学目标，建立解决教学问题的策略方案、试行解决方案、评价试行结果和对方案进行修改的过程。

何克抗教授等人则认为：教学设计是运用系统方法，将学习理论与教学理论的原理转换成对教学目标(或教学目的)、教学条件、教学方法、教学评价等教学环节进行具体计划的系统化过程。①

盛群力教授在总结国内外有关教学设计定义的基础上提出：教学设计实质上是对教师课堂教学行为的一种事先筹划，是对学生达成教学目标、表现出学业进步的条件和情境做出的精心安排。教学设计的根本特征在于如何创造一个有效的教学系统。②

上述几种定义反映了人们对教学设计内涵理解的不同角度以及各自的侧重点。有的突出教学设计的系统特征，如加涅、迪克与凯里、肯普、史密斯和雷根、乌美娜、何克抗；有的侧重于学习经验与学习环境的设计开发，如梅瑞尔；有的则从设计科学的角度出发，突出教学设计的设计本质，如帕顿。更进一步，我们可以看出有关教学设计研究的三种定位，即作为系统科学的教学设计、基于泛技术观的教学设计、作为设计科学的教学设计。

通过对这些定义的比较分析，可以认为，教学设计是运用系统方法分析、研究教学的问题和需求，确定解决它们的教学策略、教学方法和教学步骤，并对过程和结果做出评价的一种计划过程和操作程序。此外，我们应该认识到，教学设计的发展受到相关理论和技术的影响，其内涵不是一成不变的。教学设计不再是简单地设计之后加以实施的问题，而是一个在学与教的具体境脉中，

---

① 何克抗，林君芬，张文兰．教学系统设计[M]．北京：高等教育出版社，2006：2.

② 盛群力．教学设计[M]．北京：高等教育出版社，2005：4.

在学与教的互动中发展演化的过程。①

2. 教学设计的特点

教学设计是以解决教学问题、优化学习为目的的特殊设计活动，既具有设计学科的一般性质，又必须遵循教学的基本规律，因此它具有如下特征。

第一，教学设计是应用系统方法研究、探索教与学系统中各个要素之间及要素与整体之间的本质联系，并在设计中综合考虑和协调它们的关系，使各要素有机结合以完成教学系统的功能。如果不考虑影响解决方案实施的各个要素及其相互之间的关系，那么设计出来的解决方案就无法达到其预期的目标。

第二，教学设计的研究对象是不同层次的教与学的系统。这一系统包括了促进学生学习的内容、条件、资源、方法、活动等，教学设计的过程就是对这些影响教学效果的各个要素进行具体的计划。

第三，教学设计的目的是将学习理论和教学理论等基础理论的原理和方法转换成解决教学实际问题的方案，它不是为了发现客观存在的、尚不为人知的教学规律去创造性地解决教学中的问题，而是运用已知的教学规律去创造性地解决教学中的问题，教学设计的成果或产物是经过验证的、能实现预期功能的教学系统实施方案，包括教学目标以及为实现一定教学目标所需要的教学活动和实施计划以及相关的支撑材料。

第四，教学设计具有动态性和开放性。教学设计概念本身就是一个动态向前发展的概念，它不断汲取相关学科和领域的研究成果，不断丰富着自己的研究和实践领地，从而使自身逐渐走向成熟和完善。除此之外，教学设计过程也处处体现动态和开放的特征，“反馈—修正”的不断循环就是最好的例证。正是基于这种兼收并蓄、包容宽阔的视域，教学设计才能够日臻完善。

（三）网络教学设计的含义及特点

1. 网络教学设计的含义

网络技术的出现为教育、教学提供了丰富的资源，使网络教学真正成为现实，同时也为教育教学开辟了广阔的前景。

尽管作为一种先进有效的教学手段，网络教学已经在教学中发挥了积极的、重要的作用，但如何充分运用网络教学的特点，充分发挥网络教学的作用，仍是网络教学所面临的重要问题。加强网络教学中的教学设计，提高网络教学设计水平，是提高网络教学质量、提高教学效率、提高教学效益，发挥网

① ［美］戴维·H. 乔纳森. 学习环境的理论基础［M］. 郑太年，任友群，译. 上海：华东师范大学出版社，2002.

络教学优势的重要手段。

正是在这样的时代背景下，关于网络环境下的教学设计研究应运而生，并日益引起各级教育主管部门、理论工作者及实践工作者的关注。可以说，网络教学设计是教学和教学设计本身发展到网络时代的必然产物，一方面它秉承着传统教学设计的理论、方法和原则，另一方面网络时代的背景、文化和特征又决定了其自身的独特性和不可替代性。

在了解什么是网络教学设计之前，让我们先来了解一下什么是网络教学及其特点。网络教学是指利用互联网的功能和资源建立有意义的学习环境，以促进和支持学生学习的教学活动。网络教学通常包括利用网络资源的教学和基于网络环境的教学。

网络教学设计是针对网络环境下的教学而进行的设计活动，它是依据现代学习理论与教学理论，结合网络教学的特点，应用系统方法分析、研究网络教学中的问题和需求，合理选择和运用网络技术与工具，确定解决问题的教学策略、教学方法和教学步骤，并对网络教学过程和结果做出评价的一种计划过程与操作程序。

2. 网络教学设计的特点

网络教学设计是一种系统性的设计活动，它需要各种教学因素在网络教学中相互配合，相互作用，发挥协同增效作用，以使网络教学的效果和效益最大化。归纳起来，网络教学设计具有以下几个方面的特征。

第一，网络教学设计具有浓厚的时代气息。它是教学和教学设计本身发展到网络时代的必然产物，是对传统教学设计的传承与超越。因此，开展基于网络的教学设计，首先必须敏感地捕捉和把握网络给教育、教学和学习带来的冲击和影响。要能够聆听和感受来自各方的声音和要求，不断汲取营养和能量，保持鲜活的生命力。

第二，网络教学设计不仅是一种操作的技术，还是一种设计的艺术。它不仅与计算机、多媒体、网络等技术设施及其应用有关，更包括了最新的学习与教学理念在技术中的体现，以及用以实现确定的教学成果的系统设计过程，与个体学生和学生小组一起工作的步骤、方式和策略、测量与评估技术，是在不断的反思与总结的基础上进行的一种融理性与创造性为一体的设计艺术。

第三，网络教学设计超脱了艰难而狭窄的专业化路线，崇尚宽阔而包容的多元化路线。高文教授在其《教学设计研究的未来——教学设计研究的昨天、今天与明天(之三)》一文中，指出面向教学设计未来的两条不同路线：艰难而狭窄的专业化路线与宽阔而包容的多元化路线。而网络教学设计恰恰是对时代的回应，它渴求着超越传统，并向着一切新思想、新知识、新技术、新方法敞开大门，面向宽阔而包容的多元化路线。

第四，网络教学设计采用复杂系统思维对网络环境下的教与学系统的各组成部分做出统筹规划和安排，并根据不断进行的评价和反馈，对设计的结果做出动态的调整，以使系统功能得到最充分的发挥。同时，网络教学设计力求在“投入”和“产出”之间寻求一个最佳的制衡点。

二、教学评价与网络教学评价

依据教育目的对教育结果进行评价的工作由来已久，但真正受到国际教育界的重视，却是在第二次世界大战以后。特别是20世纪60年代以来，国际教育成就评价协会成立，形成性教育评价运动发起，联合国教科文组织还把教育评价的技术水平作为衡量一个国家发展水平的重要标志。进入20世纪80年代，我国也越来越重视教育评价的研究和运用。1984年，我国正式加入国际教育成就评价协会。1985年，《中共中央关于教育体制改革的决定》将教育评价提到全国性教育工作的议事日程，从而大大促进了教育评价工作的开展。教学评价是教育评价的一个重要组成部分，网络教学评价同样对网络时代的教育、教学有着举足轻重的作用。那么，什么是教学评价与网络教学评价呢？它们有何功能和特点呢？

（一）教学评价的含义及功能

最广泛意义上的评价是一种普遍的人类活动。在日常生活中，我们不断地根据某一价值体系，评估活动或事件的价值。狭义的评价是针对某一具体领域的，如课程、教学、产品等。但不管是针对何种对象进行的评价，其共同特征都是对事物的价值做出评定。

教学评价是指以教学目标为依据，制定科学的标准，运用一切有效的技术手段，对教学活动过程及其结果进行测定、衡量、并给予价值判断。教学评价对教学效果的促进作用，可概括为以下几个方面。

1. 诊断功能

评价是对教学结果及其成因的分析过程，借此可以了解到教学各个方面的情况，从而判断它的成效和缺陷、矛盾和问题。全面的评价工作不仅能估计学生的成绩在多大程度上实现了教学目标，而且能解释成绩不良的原因。例如，学校、家庭、社会和个人中哪个方面的因素是主要的。就学生个人来说，主要是由于智力因素还是学习动机等其他非智力因素的影响，抑或是两者兼而有之。在评价活动中，通过对搜集到的信息资料进行整理分析，常能发现评价对象，如教育方案、课程计划、教师工作、教学方法、学生学习等的优点及存在问题。

2. 激励功能

评价对教学过程有监督和控制的作用，对教师和学生则有鼓舞和激励作用。评价可以反映出教师的教学效果和学生的学习成绩。经验和研究表明，在一定限度内，经常进行记录成绩的测验对学生的学习动机具有很大的激发作用。这是因为，较高的评价能给教师、学生以心理上的满足和精神上的鼓舞，可激发他们向更高目标努力的积极性；即使评价较低，也能催人深思，激起师生奋进的情绪，起到推动和督促作用。

3. 调控功能

评价的结果必然是一种反馈信息。这种信息可以使教师及时知道自己的教学情况，也可以使学生得到学习成功和失败的体验，从而为师生调整教与学的行为提供客观依据。教师据此修订教学计划，改进教学方法，完善教学指导；学生据此变更学习策略，改进学习方法，增强学习的自觉性。教学评价有利于使教学过程成为一个随时得到反馈调节的可控系统，使教学效果越来越接近预期的目标。

4. 教学功能

评价本身也是一种教学活动。在这种活动中，学生的知识、技能将获得增长，甚至产生飞跃。例如，测验就是一种重要的学习经验，它要求学生事先对教材进行复习，巩固和整合已学到的知识技能，而事后对试题进行分析，又可以使学生确认、澄清和纠正一些观念。另外。教师可以在估计学生水平的前提下，将有关学习内容用测试题的形式呈现，使题目包含某些有意义的启示，让学生自己探索领悟，获得新的学习经验或达到更高的教学目标。

5. 导向功能

评价是根据一定的价值标准进行的价值判断活动。在评价活动中，评价者常以国家、社会的价值和需要为判断的准绳，设计一套评价指标和评价标准。被评价者为追求好的评价结果和达到其他目的，就会致力于满足评价标准的要求。评价指标和标准就成为被评价者的努力方向。

评价是设计者关于工作成果的价值观念被认同的重要措施，而价值观念的被认同是对教师最直接、最有力的奖赏，能使其在心理上获得成功感和满足的体验。因此，教学评价实际上是教学设计过程非常重要的内部动力，是使结果臻于完美的重要途径。

（二）教学评价的分类

教学评价的类型很多，从不同的角度和标准可以划分出不同的评价种类。在具体的运用过程中，不同类型的评价有着不同的特点、内容和用途。

1. 按照评价基准分类

按照评价基准的不同，教学评价可以分为相对评价、绝对评价和自身评价。

相对评价是指在被评价对象的群体或集合中建立基准，然后把各个对象逐一与基准进行比较，来判断群体中每个成员的相对优劣。对学习成绩的评定通常就是以群体的平均水平为基准，以个人成绩在这个群体中所处的位置来判断的。为相对评价而进行的测验一般被称为常模参照测验。它的试题取样范围广阔，命题方式直接明确，测验成绩主要表明学生学业的相对等级。由于所谓的常模实际上近似于学生群体的平均水平，所以这种测验的成绩自然形成了正态分布。利用相对评价可以了解学生的总体表现和学生之间的差异，比较群体学习成绩的优劣。它的缺点是基准会随着群体的不同而发生变化，因而易使评价标准偏离教学目标，不能充分反映教学上的优点和为改进教学提供依据。

绝对评价是将教学评价的基准建立在被评价对象的群体或集合之外，将群体中每个成员的某种指标逐一与基准进行对照，从而判断其优劣。教学评价的标准一般是教学大纲以及由此确定的评判细则。为绝对评价而进行的测验一般被称为标准参照测验。它的试题取样以预先规定的教学目标为标准，测验成绩主要表明教学目标的达成度，所以这种测验的成绩分布经常是偏态的。例如，低分多高分少为正偏态；反之为负偏态。绝对评价的优点是评价标准比较客观，如果使用得当，可使每个被评价者都能看到自己与客观标准之间的差距，以便不断向标准靠近。另外，教学管理部门通过这种评价，可以直接鉴别各项教学目标的完成情况，明确今后的工作重点。它的缺点是，在制定和掌握评价标准时，容易受评价者原有经验和主观意愿的影响，也不易分析出学生之间的学习差异。

自身评价既不是在被评价群体之内确立基准，也不是在群体之外确立基准，而是对被评价个体的过去和现在进行比较，或者是对其若干个侧面进行比较。例如，某学生上学期的教学成绩是 70 分，本学期是 80 分，则说明他进步了。自身评价的优点是尊重个性特点，照顾个别差异，通过对个体内部的各个方面进行纵横比较，判断其学习的现状和趋势。但由于被评价者没经过与具有相同条件的其他学生做比较，因而难以判定他的实际水平和与他人的差距，激励功能不明显。因此在实践中常需要将自身评价和相对评价结合起来使用。

2. 按照评价功能分类

按照评价功能的不同，教学评价可以分为诊断性评价、形成性评价和总结性评价。

诊断性评价也称教学前评价或前置评价。诊断性评价一般是在某项教学活动开始之前，对学生的知识和技能、智力和体力，以及情感等状况进行“摸底”，通过了解学生的实际水平和准备状况，判断他们是否具有实现新的教学目标所必需的基本条件，为教学决策提供依据，使教学活动适合学生的需要和背景。教育中的“诊断”是一个范围较大的概念，除了辨认学生的缺陷和问题，还包括对学生的各种优点和特殊才能禀赋的识别。因此，诊断性评价的目的是设计出可以满足不同起点水平和不同学习风格的学生所需的教学方案，并分别将学生置于最有益的教学程序中。

形成性评价是在某项教学活动的过程中，为使活动效果更好而不断进行的评价，它能及时了解阶段教学的结果和学生学习的进展情况、存在问题等，以便及时反馈、及时调整和改进教学工作。形成性评价进行得比较频繁，如一个章节或一个单元后的小测验。形成性评价一般又是绝对评价，即着重于判断前期工作的达标情况。在教学设计活动中进行的评价主要是形成性评价。例如，对新的教学方案进行评价通常是在该方案的试行过程中进行的，目的是为修改该方案收集有力的数据和资料。对于提高教学质量来说，重视形成性评价比重视总结性评价更有实际意义。

总结性评价又称事后评价，一般是在教学活动告一段落时为把握教学最终效果而进行的评价。具体有如学期末或学年末各门学科的考核、考试，目的是验明学生的学业是否达到了各科教学目标的要求。总结性评价注重的是教与学的结果，借以对被评价者所取得的较大成果做出全面鉴定、区分等级和对整个教学方案的有效性做出评定。

3. 按照评价分析方法分类

按照评价分析方法的不同，教学评价可分为定性评价和定量评价。

定性评价是对评价做“质”的分析，是运用分析和综合、比较和分类、归纳和演绎等逻辑分析的方法，对评价所获取的数据资料进行思维加工。分析的结果是一种描述性材料，数量化水平较低甚至没有数量化，另一种是与定量分析密切结合的定性分析。一般情况下定性评价不单用于对成果或产品的评价分析，更重视对过程和相互关系的动态分析，以评价变量之间相互影响的过程。

定量评价则是从“量”的角度运用统计分析、多元分析等数学方法，从复杂纷乱的评价数据中总结出规律性的结论。由于教学设计中的因素、变量及其关系是比较复杂的，因此为了揭示数据的特征和规律性，定量评价的方向、范围必须由定性评价来规定。可以说，定性评价与定量评价是密不可分的，而且互为补充，切不可片面强调一方而偏废另一方。

(三)网络教学评价的含义及特点

1. 网络教学评价的含义

网络教学评价是指在网络环境中，依据一定的教学目标，借助网络技术与工具，采用相应的评价方法，对网络教学过程及其结果进行测量，并做出价值性判断。网络教学评价致力于通过对网络教学的状况进行考核，促使教师不断修正网络教学的方法与策略，以造就更好的教学过程和结果，因此，在网络教学的生存与发展中，网络教学评价发挥着重要作用。

2. 网络教学评价的特点

网络教学评价与传统教学评价相比有其独特个性。在评价目标方面，网络教学评价以提升学生素养技能、促进学生发展为评价终极目的，传统教学评价主要为了甄别和选拔；在评价内容方面，网络教学评价更侧重学生核心素养的评价，传统教学评价重点考查学生对学科知识的记忆和理解；在评价方式方面，网络教学评价采用新兴智能处理技术，实现评价数据的收集、分析，以及结果的反馈，并有机结合定性评价和定量评价，传统教学评价方式相对单一，以纸笔为主，注重量化结果。

当前，云计算、大数据、物联网、移动计算等新技术逐步广泛应用，网络教学环境大幅改善，不断推动网络教学评价朝着智能化、智慧化方向发展，使得现阶段的网络教学评价具有不同于以往网络教学评价的特点。

(1)利用大数据

大数据能够收集在过去不可能集聚起来的反馈数据，其背后蕴藏的重要信息和隐形规律对于解密“教学黑箱”、提高教学有效性等具有重要作用。① 通过对网络教学系统采集的大数据进行挖掘和分析，教师可以探索教学评价、学习内容、学习方法等变量与学生学习效果的相关关系，使得教学评价更加全面、客观，进而使得预测、了解、评估教学行为更加简单、精准、科学。

(2)注重学习分析

网络教学评价依托学习分析为学生提供实时行为和内容活动反馈，推荐社交网络信息等分析报告等，主要目的在于优化学生的学习进程。

---

① 方海光．教育大数据：迈向共建、共享、开放、个性的未来教育[M]．北京：机械工业出版社，2016：78.

(3)强调过程动态性

网络教学评价强调对网络教学的过程进行实时监控，利用即时的反馈信息来指导、调控甚至补救网络教学与学习活动，不过分追求目标的标准化和方法的规范化。因此，网络教学评价强调实时动态性，注重评价标准的多维性、评价过程的对话性、评价方式的多样性、评价目的的发展性、评价机制的激励性等，进而实现网络教学评价系统与网络教学系统的无缝衔接。

第二节　网络教学设计与评价的基本内容

从学科性质上看，教学设计是一门应用学科，是架设在理论与实践间的一座桥梁。即便是到了网络时代，教学设计的处方性特征依然存在。不同的是，网络教学设计不再强调机械的、线性的操作流程，它更加关注复杂的、非线性的设计方法，提倡参与性设计，抵制理论霸权，允许多种声音的存在。这些都在网络教学设计的基本内容中得以体现。同时，网络教学的新内涵，赋予网络教学评价以新的内容。

一、网络教学设计的基本内容

教学设计的基本内容一般包括教学(学习)目标的分析、教学(学习)策略的确定、教学(学习)评价的设计等。为发挥网络环境的优势，体现学生的主体地位，根据当前建构主义学习理论对教学改革的指导意义，结合网络教学的特点，网络教学设计的基本内容可概括为前端分析、网络学习环境设计、网络学习资源设计、网络教学模式设计、网络教学评价设计方面。

(一)前端分析

一般来说，网络教学设计的前端分析包括教学目标分析、教学内容分析和学生特征分析三个方面。

1. 教学目标分析

网络教学设计强调对学生的批判性思维、创造性思维等高阶思维能力的培养，关注学生自主学习、科学探究、与人合作等能力的发展，重视学生信息素养、文化素养、道德品质等能力素质的培养。因此学习目标的确定应注意横向上的总体把握、纵向上的深化扩展。

所谓总体把握是指教学目标的确定首先要面向学生这一主体，即教学目标不仅仅是设计者或教师希望学生达到的终点能力，而是要面向个体学生，根据学生的知识基础、个性特征、能力素质等做出互不相同的、动态的调整。其次，在确定教学目标时必须符合学习主题及学习内容本身的内在逻辑体系。最后，在编写教学目标时，不应采用传统教学目标过分细化的做法，而应采取一种整体性的教学目标编写方法，防止过分注重逻辑上的线性序列，而要为学生的独立学习与发展留下空间。

深化扩展是指教学目标的确定不能仅仅停留在加强对学生低层次认知能力的培养上，而更要关注对学生高层次认知技能、协作学习能力和信息素养的培养，必须深化和拓展传统的教学目标分类方法，建立认知技能-协作能力-信息素养-文化道德四位一体的目标结构体系。

2. 教学内容分析

教学内容，就是指为了实现教学目标，要求学生系统学习的知识、技能和行为规范的总和。它通常指在一个科目、一个单元或一节课、一个具体教学活动中，作为师生教学对象的具体知识、主题、事实、观念和原理等。教学内容分析是网络教学设计前端分析的重要环节。一般情况下，教学内容分析包括三个方面：教学内容知识属性的分析，教学内容知识结构的分析，教学内容重、难点的分析。

(1)教学内容知识属性的分析

加涅曾对教学内容进行分类，指出每个知识点内容的属性可以分为事实、概念、技能、原理、问题解决五个类别。对于具体学科，可根据实际情况，结合学科的具体特点进行知识内容的分类。

(2)教学内容知识结构的分析

教师在分析教学内容时，应注意分析教学内容的知识结构关系，即弄清楚即将让学生学习的新内容与先前内容及后续内容之间的关联，以及即将让学生学习的新内容所涵盖知识点之间的关系。通常分析教学内容知识结构关系的方法有归类分析法、图解分析法、层级分析法和信息加工分析法。

(3)教学内容重、难点的分析

在分析教学内容的过程中，需要明确教学重点和教学难点。教学重点是指学生必须掌握的基础知识和基本技能。教学难点是学生不易理解的知识或不易掌握的技能技巧。一般来说，教学重点不一定是教学难点，教学难点也不一定是教学重点。教学重、难点的确定要依据教材和课程标准、教学内容的特点和学生的实际情况。

3. 学生特征分析

网络教学强调学生通过网络与教师、学生发生联系，进行自主学习与协作学习，实现知识的意义建构。因此，在网络教学设计中，分析学生不同的学习风格与学习内容的处理、学习方法的运用、网络资源的选择等关系，具有十分重要的意义。具体来说，在网络环境下，进行学生特征分析应围绕以下几个方面展开：学生的起点水平分析、学生的学习风格分析、学生的学习动机分析、学生的网络自我效能感分析。

(1)学生的起点水平分析

学生的起点水平分析包括认知结构分析、认知能力分析以及学习态度分析三个方面。由于认知结构具有层次性，教师可以使用概念图来判断学生的认知结构。分析学生的认知能力，主要是了解学生在不同认知发展阶段表现出来的感知、记忆、思维、逻辑、想象等方面的特征。分析学生的学习态度，主要是了解学生对将要学习的内容有无兴趣，对这门学科是否存在着偏见和误解，有没有畏难情绪，以及如何培养学生正确的学习态度。

(2)学生的学习风格分析

学习风格是指学生持续一贯的带有个性特征的学习方式和学习倾向。① 通常，人们采用专门的学习风格量表测量学生的学习风格，了解学生的学习风格类型。在众多的学习风格量表中，科伯(David Kolb)的学习风格理论在众多学者的研究中得到广泛的应用，他的学习风格测量问卷也通过这些实践不断地得以发展和扩充，具有极高的科学性和实践性。

(3)学生的学习动机分析

学习动机是指引起学生学习活动，维持学习活动，并指引学习活动趋向教师所设定的目标的心理倾向。② 奥苏贝尔(David Pawl Ausubel)认为学习动机至少应包括三个方面的内驱力决定成分，即认知内驱力(cognitive drive)、自我提高内驱力(ego-enhancement drive)和附属内驱力(affiliated drive)。凯勒(John Keller)等构建了学习动机模型，为深化学习动机的认识，了解学生的学习动机提供了依据。在分析学生的学习动机时，也可以采用不同的学习动机量表加以测量。

(4)学生的网络学习自我效能感分析

对于网络学习自我效能感的分析一般通过测量的方法进行。根据网络学习自我效能感的构成因素以及维度，借鉴国内外信度和效度比较高的量表，可以针对不同的对象构建适合的网络学习自我效能感量表。对学生的网络自我效能

① 谭顶良．学习风格论[M]．南京：江苏教育出版社，1995：12.

② 莫雷．教育心理学[M]．北京：教育科学出版社，2007：257-258.

感进行分析，将增加对学生的认识，最终帮助学生提高网络学习的效果。

（二）网络学习环境设计

环境对个人的影响总是大于个人对环境的影响，尤其在网络教学中，学习环境更是直接影响着学习过程和学习效果。因此，做好网络学习环境的设计对教学具有非常重要的意义。

网络学习环境是一种学习环境，它不仅包含构成网络环境的软、硬件设施，还包含软、硬件设施之外的一切影响教与学活动的条件和因素。网络学习环境为学生提供了一个虚拟学习空间，它具有在线学习资源共享、师生交流、问题解疑、评价测试等功能。网络学习环境具有开放式的学习情境，能够满足个性化的学习需求，具有丰富的交互形式等。它的构成要素具体包括网络学习平台、学习活动、学习共同体、学习资源及学习支持服务。

在网络学习环境下，学生是知识建构的主体，知识的建构离不开特定的学习情境，因此网络学习环境的设计应以现代学习环境理论为指导，以学习资源的开发利用为核心，以学习情境的创设为重点。根据网络学习环境的内涵与特征，在设计过程中要遵循“实用性、先进性、开放性、个性化”的原则。

智慧校园是数字校园发展的高级阶段，是新技术发展与教育进一步深度融合的结果。智慧校园是基于物联网和云计算等新一代信息技术的数字化校园，它通过物联网、传感器等技术与设备实现对物理校园的全面感知，借助物联网平台汇聚海量数据并产生新的信息，利用云计算对感知与汇聚的海量数据进行智能处理与分析，实现校园内任何人、任何物、任何信息载体、任何时间、任何地点的互联互通，从而给广大师生提供智能化的教育教学信息服务和管理。

智慧校园的建设内容一般包括基础支持环境建设、数字学习资源建设、应用系统建设以及机制保障建设四个方面。

（三）网络学习资源设计

网络学习资源是伴随着计算机技术、通信技术和网络技术的迅速发展而产生的一种新型学习资源，是指经过数字化处理，可以在多媒体计算机上或网络环境下运行的各种用于教与学活动的信息资源。网络学习资源具有资源共享性、形式多样性、双向交互性、内容生成性等特点。网络学习资源可分为网络课件、网络课程、专题学习网站、案例库、题库、多媒体资源库等类型。随着信息技术的发展与应用模式的创新，微课、网络课件、虚拟仿真教学资源、在线开放课程等新型网络学习资源不断涌现。不同类型的网络学习资源其设计方法、开发过程、应用范围与功能不同。

1. 微课的设计

微课全称“微型视频课程”，它是以教学视频为主要呈现方式，围绕学科知识点、例题习题、疑难问题、实验操作等进行的教学过程及相关资源的有机结合体。微课的设计分为教学设计和系统设计两大部分。教学设计包括选题设计、教学目标设计、教学媒体设计、教学过程设计以及呈现方式设计。

2. 网络课件的设计

网络课件是根据教学目标，针对某一个或几个知识点的教学而开发的网络学习资源，其主要解决的是单元知识点中的重点和难点，是对一个或几个知识点实施相对完整教学的辅助性网络教学软件。与普通课件的不同点在于它是在浏览器中运行的，通过网络被广大用户所共享使用的课件。

网络课件的设计可分为教学设计和系统设计两大部分。网络课件的教学设计包括教学目标与教学内容的确定、学生特征的分析、教学策略的选择、教学评价的设计等。网络课件的系统设计包括结构与功能的设计、导航的设计和交互界面的设计。

3. 虚拟仿真教学资源的设计

随着虚拟现实(Virtual Reality，VR)，增强现实(Augmented Reality，AR)以及混合现实(Mixed Reality，MR)等技术的发展，虚拟仿真教学资源建设日益受到关注。虚拟仿真教学资源是指利用虚拟现实技术仿真或虚构某些情境，供学生观察、操纵、建构其中的对象，使他们获得类似真实的体验，从而更牢固地掌握知识理论体系的规律或者获取某种技能的资源。[①] 虚拟仿真教学资源应用先进的多媒体技术、三维建模技术、计算机图形计算技术等建构出真实逼真的三维动态场景和人性化的交互操作，让学生身临其境，以第一人称的视角在三维场景中漫游和操作，主动进行相关训练和学习，进而有效掌握相关知识、提高动手能力。

虚拟仿真教学资源的设计包括虚拟仿真教学资源的需求分析、虚拟仿真教学资源的教学设计、虚拟仿真教学资源的系统设计。其中，虚拟仿真教学资源的系统设计包括结构和功能设计、用户界面设计、虚拟情境设计、模拟操作设计。

4. 在线开放课程的设计

在线开放课程随着慕课(Massive Open Online Course，大规模在线开放课程，MOOC)的兴起发展而来，指把教育扩大到课堂以外，免费为所有能够上网的人提供优质课程，由主讲教师负责、支持各种学习群体在线参与，由讲课

---

① 职业教育信息化课题组．职业教育信息化研究导论[M]．北京：清华大学出版社，2015：158-186.

视频、作业练习、论坛互动和考试相互交织的开放式网络课程。

在线开放课程的设计主要包括课程目标的设计、课程内容的设计、课程结构的设计、课程资源的设计、学习支持服务的设计以及课程评价的设计。

（四）网络教学模式设计

网络教学模式是指在一定教学思想和理论指导下，借助网络学习环境而形成的较为稳定的教学结构和程序的活动范式。网络教学模式一般由教学理念、教学目标、教师与学生、网络环境与数字化资源、教学活动、学习支持服务、教学评价等若干要素①组成，与一般的教学模式不同，它在传统教学模式的基础上形成了自己的特色。随着物联网、云计算和新一代移动网络技术等的兴起和快速发展，网络教学模式也有了新的发展，设计方法也有所不同，包括智慧课堂模式的设计、技术支持的综合实践模式的设计、在线教学模式的设计。

1. 智慧课堂模式的设计

目前，课堂教学模式包括个性化学习模式、翻转课堂教学模式、生成性教学模式、可视化教学模式。

(1)个性化学习模式

个性化学习既是一种理念，也是一种学习范式，还是一种过程。它强调，学习过程既是个性的展现和养成过程，也是自我实现和追求个性化的过程。近年来，电子书包的教学应用受到世界各国及地区的持续关注，人们尤其倾向于利用电子书包构建学习环境，采用个性化学习模式，以此促进学习效果的改善。在课堂教学中，为每位师生提供可接入互联网的电子书包，构建基于电子书包的一对一学习环境。学生不仅可应用电子书包的丰富资源、虚拟学具及学习服务支持，还可访问网络服务平台进行资源搜索及互动交流。

(2)翻转课堂教学模式

翻转课堂(Flipping Classroom，或译作"颠倒课堂")是使传统的"课堂上听教师讲解，课后回家做作业"的教学习惯、教学模式发生了"颠倒"或"翻转"，变成"课前在家里听看教师的视频讲解，课堂上在教师指导下做作业(或实验)"。② 翻转课堂实现了三个颠倒：首先，颠倒了传统课堂"以教师为中心"的教学理念，强调课下学生自主学习、课上学生协作学习以及教师针对性的指

① 谢幼如，张惠颜，吴利红，等．以 MOOCs 为代表的在线教育教与学模式的理论分析[J]．电化教育研究，2016(03)：50-58.

② 何克抗．从"翻转课堂"的本质，看"翻转课堂"在我国的未来发展[J]．电化教育研究，2014(07)：5-16.

导；其次，颠倒了传统的教学组织形式，把知识的学习放在课前，而在课堂上以小组协作形式完成练习并进行师生、生生交流互动；最后，颠倒了教师和学生的角色，教师变成了课堂活动的组织者、资源提供者，负责个别化指导和答疑解惑，学生成了主动内化知识的自主学生。此外，翻转课堂还改变了学习资源和学习环境，需要微视频资源和网络环境作为支持。

(3)生成性教学模式

生成性教学是在弹性预设基础上，师生充分交互，不断调整教学活动和行为，共同建构并形成新的信息、资源的动态过程，以实现教学目标和创生附加价值。生成性教学过程分为"弹性预设"→"交往-反馈"→"应对-建构"→"生成-创造"→"评价-反思"五个阶段。①

(4)可视化教学模式

可视化(visualization)是运用计算机图形学或一般图形学的原理和方法，将数据转换为图形、图像，以直观的形式表示出来的理论、方法和技术。可视化技术不仅能够为学生的学习过程提供可视化的支架与导航，还可作为认知工具支持学生知识的建构和问题的解决。随着时间的推移，可视化的发展经历了从科学计算可视化、数据可视化、信息可视化到知识可视化的过程。可视化技术的快速发展不仅为教师的教学活动提供了很大的便利，也为教学成绩的提高提供了保障。

2. 技术支持的综合实践模式的设计

技术支持的综合实践模式包括项目学习模式、创客教学模式。

(1)项目学习模式

项目学习是一种以学生为中心的教学模式，指的是学生从真实世界中的基本问题出发，围绕复杂的、来自真实情境的主题，在精心设计任务、活动的基础之上，以小组方式进行较长时期的开放性探究，并将学习结果以作品的形式表现出来，最终达到知识建构与自身能力提高的一种学习模式。信息技术支持的项目学习一般包括四个阶段：确定目标、项目设计、项目实施、项目评价。其中，项目的学习目标主要是解决真实问题和培养学生的综合能力；项目设计主要包括确定主题、明确任务、制订计划三个环节；项目实施包括活动探究、观察记录、资料收集、交流讨论等；项目评价主要通过自评互评、教师评价等对项目进行总结反思。

---

① 谢幼如，杨阳，柏晶，等．面向生成的智慧学习环境构建与应用——以电子书包为例[J]．华南师范大学学报(自然科学版)，2016(01)：126-132.

(2)创客教学模式

创客教育是一种融合信息技术，秉承“开放创新、探究体验”教育理念，以“创造中学”为主要学习方式和以培养各类创新型人才为目的的新型教育模式。[①] 创客教学是创客教育的教学实践。教育部《教育信息化“十三五”规划》强调，要“大力推进‘网络学习空间人人通’，网络学习空间应用普及化”，网络空间作为一种可以提供个性化服务的学习环境，能够为创客教学提供包括学习资源、学习工具、协作交流平台等多种功能支持，[②] 从而促进教与学方式的变革，促进创新型人才的培养。

3. 在线教学模式的设计

在线教学模式包括 MOOC 模式、SPOC(Small Private Online Course，小规模限制性在线课程)模式、混合学习(Blended Learning)模式等。

(1)MOOC 模式

MOOC，通常译为“大规模开放在线课程”，又称“慕课”，是通过网络自由、免费取得学习资源的大型开放式网络课程，课程没有人数、学籍限制，并且可以形成社群互动。MOOC 最典型的特征是大规模、免费开放、在线共享。近年来，MOOC 呈现出不同的课程设计倾向，在不断的实践探索中已形成多种 MOOC 模式。其中，较为经典的是基于联通主义学习理论的 MOOC 模式(cMOOC 模式)和基于行为主义学习理论的 MOOC 模式(xMOOC 模式)。但目前应用最多的是基于多种学习理论的 MOOC 模式。

(2)SPOC 模式

SPOC 是在 MOOC 基础上，针对 MOOC 的不足而提出的。Small(小规模)和 Private(限制性)是相对于 MOOC 中的 Massive(大规模)和 Open(开放)而言，Small 是指学生规模一般在几十人到几百人，Private 是指对学生设置限制性准入条件，达到要求的申请者才能被纳入 SPOC 课程。

(3)混合学习模式

混合学习是整合面对面(Face-to-Face)教学和在线学习(Online Learning 或 E-Learning)两种模式，以达到降低成本，提高效益的一种教学方式。[③] 混合学习的设计分为面向课堂的混合学习设计、面向课程的混合学习设计、面向专业

① 杨现民，李冀红．创客教育的价值潜能及其争议[J]．现代远程教育研究，2015(02)：23-34.

② 谢幼如，盛创新，杨晓彤，等．网络学习空间提升自我效能感的效果研究[J]．中国电化教育，2016(01)：34-40.

③ 李克东，赵建华．混合学习的原理与应用模式[J]．电化教育研究，2004(07)：1-6.

的混合学习设计和面向人才培养的混合学习设计。

(五)网络教学评价设计

网络教学评价设计是网络教学设计的重要组成部分，它不仅是评价网络教学效果的重要依据，也是改进网络教学活动的重要途径。

二、网络教学评价的基本内容

随着信息技术的发展，网络教学逐渐显示出其独特的优势。它不但克服了传统课堂教学的时空局限性，为终身学习、终身教育的实施开辟了广阔的天地，而且它关注个体学生的学习和发展，为学生提供了个性化的学习环境。因而网络教学日益为人们所接受和认可，并逐步发展成为现代教育的重要组成部分。

但是，网络教学在各方面日趋成熟的同时，也暴露了不少问题。为了改善和促进网络教学，保障教学质量，必须对其进行评价，通过评价发现网络教学的优势及不足所在，从而找到改进网络教学的切入口，促进网络教学的健康发展。

一般来讲，网络教学评价的基本内容包括以下四个方面：对学生的评价、对教师的评价、对网络学习资源的评价、对网络学习支持服务的评价。

(一)对学生的评价

学生是学习的主体，网络教学的主要目的在于为学生提供学习的途径、资源和方法，使学生获得知识与技能，培养学生的综合能力与素养，最终使学生获得全面发展。对学生的评价是网络教学评价的主要内容，其不仅注重对学生学习结果的评价，更注重对学生学习过程的评价。

通过对学习过程的评价，教师能够发现学生遇到的困难与问题，以及学生的学习积极性、主动性、态度、风格等不易直接观察而又对学习至关重要的方面，从而为学生提供个性化的服务与帮助。对学生学习过程的评价主要包括：对学生参与学习活动情况的评价，如交互程度、答疑情况、解决问题的策略与能力等；对学生资源利用状况的评价；对学生学习态度的评价。

网络教学中对学习结果的评价与传统教学不同，传统教学评价中对学习结果的评价主要是采用考试的方法对学习结果进行测量，依据学生的考试成绩，对学习结果做出判断。网络教学中对学生学习结果的评价主要围绕以下几个方面展开：目标达到程度、任务完成情况、达标测试成绩、实践作品质量、信息素养水平、创新精神发展等。

(二)对教师的评价

在网络教学中，教师的身份发生了重大的改变，教师不再是整个教学过程的“主宰者”和“独裁者”，而更像是“导游”和“合作伙伴”。教师的作用是“授之以渔”，是帮助学生在网络造就的知识海洋中，乘风破浪、顺利前行。因此，对教师的评价也不能再“一锤定音”，同样也应该从多角度、多层面展开。具体来讲，对教师的评价应围绕以下三个方面展开：教学活动组织、学习资源提供、学生学习成绩。

教师对网络教学活动的组织是一项职责也是一种能力。对其进行评价不仅要利用教师在线教学时间这一参数，还要看教师对学生学习行为的规范和调整，对学生信息搜索与获取能力的引导，以及活动本身的质量与价值等。

对教师提供的学习资源要从量和质两个方面进行综合评价，即教师不仅要及时为学生提供大量丰富的相关资源，而且要对这些资源进行加工与整理，以利于学生对其进行检索和利用。

教师的作用往往通过学生的学习成绩表现出来，因此在评价教师时，把学生的学习成绩作为其中一项重要的指标。

（三）对网络学习资源的评价

在传统教学中，教学内容的资料来源相对较少，往往来自固定的教材、辅导资料和教师，教师通常起主讲作用，学生获取的知识大多数来源于教师。而在网络教学中，教师的作用和地位发生了变化，教师成了学习的引导者和帮助者，学生获得的很大一部分知识来源于网络学习资源，而不是直接来自教师，因此对网络学习资源的评价成为反映网络教学质量的重要指标。

网络学习资源是学习内容的集合，是学生直接与之发生交互的对象。除了网络学习资源包含的内容会影响学习效果之外，网络学习资源的表征方式和组织形式也会影响学习效果。因此，通常情况下，对网络学习资源质量的评价主要是对网络学习资源的目标与内容、结构与功能、超链接与导航、多媒体表征与素材质量以及技术规范的评价。

（四）对网络学习支持服务的评价

在网络教学中，学习支持服务是实施网络教学的重要保障。其中，网络教学平台旨在为师生提供一个良好的网络教学环境，为师生课后交流提供方便，它通常包括通知、师生讨论、辅导答疑、作业发布、资料学习、网上测试等功能。对网络教学平台的评价主要包括对技术系统和教学系统的评价。

网络学习支持服务既包括教师给学生提供的教学指导服务，也包括 IT 技术人员提供的系统运行服务、工具使用服务、技能培训服务等。

本章小结

本章讨论了网络教学设计与评价的基本概念、基本内容。

1. 网络教学设计与评价的基本概念

教学设计是运用系统方法分析、研究教学的问题和需求，确定解决它们的教学策略、教学方法和教学步骤，并对过程和结果做出评价的一种计划过程和操作程序。

网络教学设计是针对网络环境下的教学而进行的设计活动，它是依据现代学习理论与教学理论，结合网络教学的特点，应用系统方法分析、研究网络教学中的问题和需求，合理选择和运用网络技术与工具，确定解决问题的教学策略、教学方法和教学步骤，并对网络教学过程和结果做出评价的一种计划过程与操作程序。

教学评价是指以教学目标为依据，制定科学的标准，运用一切有效的技术手段，对教学活动过程及其结果进行测定、衡量、并给予价值判断。

网络教学评价是指在网络环境中，依据一定的教学目标，借助网络技术与工具，采用相应的评价方法，对网络教学过程及其结果进行测量，并做出价值性判断。

2. 网络教学设计与评价的基本内容

网络教学设计的基本内容包括前端分析、网络学习环境设计、网络学习资源设计、网络教学模式设计、网络教学评价设计。

网络教学评价的基本内容包括：对学生的评价、对教师的评价、对网络学习资源的评价、对网络学习支持服务的评价。

思考与练习

1. 简述教学设计的发展历史，并谈谈你对网络教学设计的认识。
2. 列举四个以上国内外著名的有关教学设计的含义，并分别加以评述。
3. 论述网络教学设计的基本内容。
4. 分析网络教学评价的含义、功能及特点。

第二章　网络教学设计与评价的理论基础

内容结构

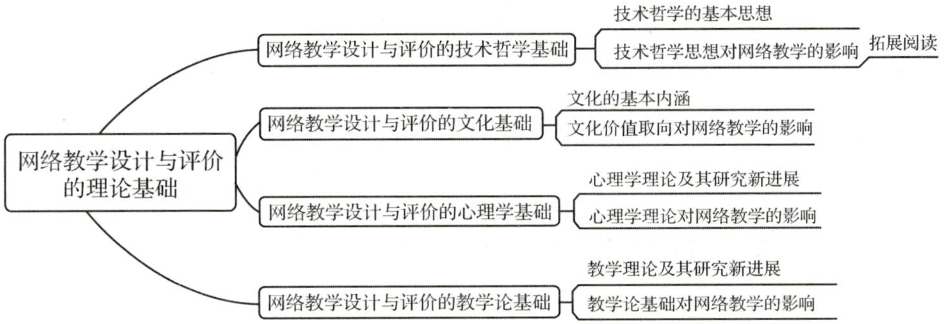

学习目标

1. 识记：技术、文化、有意义学习、情境学习、具身认知、交往教学、活动教学、创造性教学、生成性教学。

2. 了解：心理学的主要理论、教学论的主要理论。

3. 理解：技术哲学的基本思想及其对网络教学的影响、文化的内涵与文化价值取向对网络教学的影响、具身认知理论的观点、生成性教学理论的观点。

4. 应用：运用技术哲学、文化、心理学和教学论的相关知识与理论，选择一个教学问题进行考察与分析，并与学习伙伴交流自己的看法，提升多角度、多层面分析问题的意识和态度。

学习建议

1. 本章重点是网络教学设计与评价的心理学基础、网络教学设计与评价的教学论基础，难点是网络教学设计与评价的技术哲学基础、网络教学设计与评价的文化基础。

2. 第一、第二节可采用教师讲授-学生自学相结合的方式，第三、第四节可采用教师讲授-问题分析-师生讨论相结合的方式。

3. 教师应结合实际教学情境，提出问题，引导学生深入分析和理解技术哲学、文化、心理学和教学论对网络教学设计与评价的影响和指导意义。

4. 学生应自觉主动地开展学习，利用图书馆、互联网收集相关的研究论文，拓展自己的视野，意识到技术哲学、文化、心理学和教学论的重要意义，努力提高自己的理论水平。

随着信息技术的飞速发展与广泛应用，网络教学正悄然成为一种特殊的教学形态。与传统教学相比，网络教学具有学习环境智能化、学习资源数字化、教学过程个性化、教学评价基于大数据等鲜明的特点。为了实现网络教学的最优化，如何更新并践行教学设计与评价的理念尤为重要。这涉及多重因素的影响和制约，主要包括技术哲学、文化、心理学和教学论，它们对网络教学设计与评价的研究和实践产生了重大的奠基作用。

第一节　网络教学设计与评价的技术哲学基础

1877 年，德国哲学家卡普(Ernst Kapp)《技术哲学纲要》一书的出版，标志着技术哲学的诞生。20 世纪 70 年代以来，随着美国哲学与技术学会(Society for Philosophy and Technology，SPT)的建立，《哲学与技术研究》的创办以及第 16 届国际哲学大会确认技术哲学是一门新的、重要的哲学学科，技术哲学开始走上建制化的道路。在当代，随着哲学的“技术转向”，一大批哲学家在对技术进行哲学反思的基础上形成了内容与方法各异的技术理论。

从遥远的过去开始，遍及世界文化的各个角落，人类活动总是通过技术加以实现。[①] 当今，以互联网为代表的信息技术日新月异，对人类的思维、生产、生活和学习等各种活动正在产生深刻的影响。技术哲学关于技术的哲学反思对网络教学中技术的合理性与合法性问题有着积极的启示意义。

一、技术哲学的基本思想

当代哲学揭示，随着自然的日益文化化，文化已成为人类生活的普遍性主题。[②] 一种技术，当它在社会中得到普遍的认可和运用，并且普及成为人们日常生活的行为方式，就会成为一种文化。另外，技术本身是文化积累的产物，而文化又往往通过技术得到表征。人类运用技术与自然的生息之地紧密联系，

① [美]唐·伊德．技术与生活世界——从伊甸园到尘世[M]．韩连庆，译．北京：北京大学出版社，2012：24.

② 陈筠泉．新中国哲学事业 50 年回顾与展望[N]．光明日报，1999-09-17(5)[2017-06-30].

并依仗它使自己获得进一步的生存和发展能力，而文化则是人在生存斗争中所使用的一种精致的机制，一种超机体的方法和工具的机制。[①] 由此，技术哲学必然蕴含着“文化”特性，并走向文化取向的技术哲学，其根本旨趣是以人与技术的关系、人与文化的关系为本体，从而对技术的本质进行深入的探究和握持，借助于辩证逻辑的力量，揭示人、技术与文化的本质联系，追求“人-技术-文化”的整合统一。

（一）技术的本质

历史上，关于技术本质的探询存在着不同的理论和观点。其中，技术工具论和技术实在论较为普遍。

技术工具论认为，技术只不过是人类实现自身目的的工具，自身没有价值内涵，本质上是中性的。例如，雅斯贝尔斯(Karl Jaspers)认为，“技术仅是一种手段，它本身并无善恶。一切取决于人从中造出些什么，它为什么目的而服务于人，人将其置于什么条件之下”[②]。它如同伊索的舌头一样，听命于人的目的。哈贝马斯(Jürgen Habermas)也认为，“技术本质上是人的机体所具有的目的理性活动功能的实现和拓展形式，技术这个词首先同工具、机器和自动化联系在一起”[③]。技术工具论者将人与技术置于一种“目的-手段”关系中，认为技术是受人支配的，作为主体的人不会因使用不同技术而有所改变；技术本身同人对技术的应用是相互区分的，即技术无所谓好坏之分，只是在技术的使用者手里，技术才成为行善或施恶的力量。

技术实在论则认为，技术不仅仅是手段，还构成了人类的生存环境和生活方式；技术渗透到现代社会的各个领域之中，构成了一种新的文化体系，这个体系控制了整个人类社会和自然。这以海德格尔(Martin Heidegger)、芒福德(Lewis Munford)的技术观最为突出。海德格尔认为，“技术已成为一种超于人之上的异己力量，已成为一种驾驭着人的‘座架’(Gestell，‘各种装置的聚合’)。不是人摆置(stellen)、控制、支配着技术，恰恰相反，而是技术摆置、控制、支配着人。它支配着人们把一切存在物(包括作为‘人力资源’的人本身)筹划于技术系统或框架中，它们丧失了种种丰富的物性的完整性，成为技术所需要的单向的‘持存物’(Bestand)，即一种专门为技术所用的片面的东西”[④]。

---

① [美]怀特．文化科学——人和文明的研究[M]．曹锦涛，等，译．杭州：浙江人民出版社，1988：348.

② 宋新芳，刘成新．伊德技术哲学思想及其对教育技术研究的启示[J]．现代教育技术，2005(06)：14-17.

③ 阳海音．论哈贝马斯的科学技术观[J]．兰州学刊，2007(08)：15-17.

④ 夏基松．现代西方哲学[M]．上海：上海人民出版社，2006：285.

海德格尔向我们揭示了在技术高度发展的现代，技术与人的关系已不单纯地表现为“目的-手段”这样一种被动的关系，转而凸显出技术对人们生活的控制，技术成为人们生活的“座架”。在这种情况下，人的自主性被技术的自主性取代。芒福德对技术的自主性看法与海德格尔是极为相似的。他借用钟表与时间的关系，形象地表述了技术与人之间的关系。在很早之前，人们生活中的技术含量还不是很高的时候，牧羊人是从母羊的分娩来计量时间，农妇是从播种或期待收获来计量时间。但随着技术的发展，人们为了计量的便利，创造了钟表。这不仅改变了人们的生活节奏，而且也改变了人们的时间观念。时间成了一个独立的、机械的、可计量的世界，成了一种抽象时间，完全与生命的自身规律和人类的行为相分离。钟表，这一技术使时间从人的生活中抽离出来，变为一种支配人的行为和生活的存在。可见，技术实在论者强调技术的自主性和独立性。

尽管这两种观点有着很大的不同，但它们都基于同一个前提假设，即人们可以离开“人”而单独地谈“技术”，这无形之中将“人”与“技术”割裂开来，陷入了传统哲学的主客二分的本体论思维模式中——“技术是什么”。受海德格尔的一元的“生存本体论”的影响，伊德(Don Ihde)基于存在论的思维方式，在承认“技术存在着”的基础上，以“技术是怎样的?”或“技术以怎样的方式存在着?”作为提问方式，提出了技术的功能性本质论。他指出，技术的本质根源于人的生存，表现为此在的存在方式中技术的展现方式。人的生存或人的本质是为技术的本质奠基的。也就是说，不存在自在的技术，存在的只是与人类的活动一起展示自身的技术。借用卡西尔(Ernst Cassirer)在《人论》中的一句话，“如果有什么关于人的本性或‘本质’的定义的话，那么这种定义只能被理解为一种功能性的定义，而不能是一种实体性的定义”[①]。同样，正是因为技术是不可避免地与人联系在一起的，所以，技术没有固定的本质，任何关于技术本质的定义都不是一种实体性的定义，而应被理解为一种功能性的定义。

(二)人与技术的关系

当代，赵来越多的研究范式开始转变思维模式，走向“以关系作为基本单位去分析人类的行为和价值观”的方法论的关系主义(Methodological Relationalism)。正是基于这样的方法论转向，以探察“技术与人的生活世界相互关联”为旨趣的技术后现象学(Postphenomenology of Technology)作为一种新的技术哲学形态，为我们摆脱实体主义的对象性思维模式，唤起人们对“人与技术的

① [德]恩斯特·卡西尔. 人论[M]. 甘阳，译. 上海：上海译文出版社，1985：87.

关系”的关注。那么，技术与人是如何关联的呢？毋庸置疑，不同的技术对人类知觉乃至对人类建构世界的方式都会产生不同程度的影响。伊德从身体-感知关系提出了人与技术的四种基本关系①。

1. 具身关系(embodiment relations)

技术不仅仅是一种工具，更是人造物与使用者的一个共生体。技术成了身体的一部分，人与技术融为一体。人透过具身技术建立起对世界的感知，其关系可以用“(人-技术)→世界”来表征。其中，最典型的例子就是戴眼镜。当我们戴上眼镜时，我们与眼镜是一体的，但是我们关心的不是眼镜，而是通过眼镜所知觉到的世界。

2. 解释学关系(hermeneutic relations)

如果“具身关系”是技术对人的身体的延伸，那么，“解释学关系”则是技术对人的语言的延伸。它体现了人借助技术(仪器或设备)所显示的信息而获得对外部世界的感知，这类似于对文本材料的阅读与诠释。例如，在一个寒冷的冬天，你看看窗外，注意到外面风雪咆哮，但是你在暖气房里却温暖舒适。如果你想获知外面“冷”的感觉，除走出房门直接体验以外，还可以通过阅读挂在房门外的温度计的刻度和数字“知道”外面有多冷。“人→(技术-世界)”是对这种关系的形象表征。

3. 它异关系(alterity relations)

人把自身的本性投射给技术，让技术“拥有”人的特征，从而为自己塑造一个替代物。在这种关系中，人与技术的交互，就类似于人与他人的交互一样。伊德用“人→技术(-世界)”来表征这种关系。在它异关系中，技术是作为与人随时打交道的准它者(quasi-other)出现的，可以接受人赋予不同形式的它者的多重关注。

4. 背景关系(background relations)

技术在人与世界的关系中已经不再处在主要的位置，而是退到了幕后。人处处被技术人造物包围着，好像生活在一个“技术茧”之中。伊德将其描述为“人(-技术/世界)”。在背景关系中，技术只不过是“退到旁边了”(off to the side)而已，它们仍然属于环境中可以被感知的一部分，是一种存在性“缺席”(present absence)，这与传统现象学中所说的技术“缺席”是有着本质区别的。

实质上，四种关系揭示的都是“人-技术-世界”三者的相互关联，只不过依

① Don Ihde. Technology and the lifeworld: from garden to earth[M]. Bloomington: Indiana University Press, 1990: 72-111.

据技术的“透明”(transparency)程度，分别形成了“(人-技术)→世界”(具身关系)、“人→(技术-世界)”(解释学关系)、“人→技术(-世界)”(它异关系)和“人(-技术/世界)”(背景关系)。在技术后现象学看来，人与技术四种关系内蕴的是一种“变更-多重稳定”。伊德曾断言“没有任何一种技术是唯一，且应属于多样化的情境”①。技术只有在具体情境中才能成为现实的技术，技术“‘是’它与使用情境的关系之所是”——取决于生活世界之所是，取决于生活世界具体情境之所是，取决于生活世界具体情境中不同要素和他们的关系之所是。② 通常，一种具有多重稳定性的技术，同时也是一种具有多种变更(variation)的技术。每一种变更都是观察者采用不同视角，获得现象新的意义。

(三)技术与文化的关系

“文化的本质就是人的自我的生命存在及其活动，文化世界的本体就是人的自为的生命存在。”③换言之，人与文化是同一的，这也就决定了技术与文化是不相分割的。技术和文化都不能被孤立地理解。文化也只有在一定的实践中展示自己，而这种实践是由技术调整的；同样地，技术的意义依赖于特定的文化背景。

在技术与文化的关系上，技术哲学尤为强调“技术的文化转移”——“如果缺少更广泛的文化维度联结并构成各个体系的复杂技术，转移起来就相当艰难。这些技术就会保持它们原来被体现在原有母体文化时的那种样子，没有文化上的准备，转移就会遇到障碍”④。实际上，技术转移并非仅指某一项技术产品的转移，还包括与之相关的技术制度、意识形态的转移，是一种“技术文化”的转移。转移的技术是否为人所接受，取决于它是否适合一种现实的实践——至少在最初被人接受时是这样。但是，当技术被接受的时候，接受该技术的文化也会发生激烈的变化。从文化与技术的转移关系中，我们可以看到技术与文化具有一种双向互动性，而不是一种单向决定性。

二、技术哲学思想对网络教学的影响

(一)关注学习环境的创新设计

在互联网时代，技术是学习环境创新的“根本性境遇”。智慧学习环境、泛

① Don Ihde. Technology and prognostic predicaments[J]. AI & Society, 1999(13): 44-51.

② 舒红跃．技术与生活世界[M]. 北京：中国社会科学出版社，2006：48.

③ 李鹏程．当代文化哲学沉思[M]. 北京：人民出版社，1994：71.

④ Don Ihde. Technology and lifeworld: from garden to earth[M]. Bloomington: Indiana University Press, 1990: 221.

在学习环境、移动学习环境等各种新生样态的纷呈涌现可谓是对这一“根本性境遇”的生动注解，掀起的不仅是学习环境的层层浪潮，更是激起网络化学习新生态的圈圈涟漪。互联网时代的学习环境更加注重融入协同创新、开放共享、跨界融合等互联网思维，以云计算、移动互联、物联网以及增强现实、智能可穿戴技术等设备及工具为基础，形成“云＋网＋端”一体化的数字化、智能化、个性化、社会化的学习空间。从技术哲学的视角出发，学习环境不是单纯的技术集合体，而是学生最主要的“学习场”。在这一场域中，学生借助技术的中介作用，与学习环境实现交互，进而建构起学习经验，即技术与人和环境融为一体。循着技术哲学的理论逻辑，互联网时代的学习环境重构可朝两条路径推进，即创设身体“在场”的具身参与环境与创设灵活多变的适应性环境。①

1. 创设身体“在场”的具身参与环境

在互联网时代，各种新兴技术(如情境感知技术、虚拟现实技术、增强现实技术、触控技术等)的蓬勃发展，能为学生创设更为丰富和真切，且融合多感官参与和多通道交互的体验式学习环境，拓展学生的感知觉范围，增强学生的感知觉体验，让学生获得比现实世界更为强烈的沉浸感、真实感和在场感。那么，如何在真实学习环境的构建过程中增强学生的具身体验呢？具体说来，可以从三个方面切入。

(1)手势界面(gestural interface)环境的设计

手势界面也被称为自然用户界面(natural user interface)。一方面，界面向学生“敞开”和“展现”着外部世界；另一方面，学生利用自身的感觉器官通过界面直接去“感知”和“体悟”着外部世界，获得直接的参与性体验。界面包括两种类型：触控界面(touch interface)和自由形式界面(free-form interface)。触控界面要求用户直接触控设备，可以基于单点触控(如 SMART Board)或多点触控(如 SMART Table、iPad、Surface)。自由形式界面不需要用户直接触控或操作设备(如 Microsoft Kinect)。有研究者揭示，低年段学生使用 iPad 触控界面开展数学概念学习有利于帮助他们建立起手势概念映射(Gestural Conceptual Mapping)，加深对数学概念的理解，提高数学运算的思维能力。②

① 尹睿.“互联网＋”时代学习环境重构：技术后现象学的视角[J]. 现代远程教育研究，2016(3)：16-25.

② Ayelet Segal. Do gestural interfaces promote thinking? embodied interaction：congruent gestures and direct-touch promote performance in Math[D]. New York：Columbia University，2011.

(2)增强现实环境的设计

增强现实是指在借助显示技术、交互技术、传感技术和计算机图形技术设置虚实融合的环境，从而为学生营造一种超现实、高沉浸的交互空间。其实，增强现实展现的是具身关系和解释学关系的融合。例如，当学生佩戴了类似GOOGLE眼镜的智能穿戴设备时，他们不仅能获得对外部世界的感知，而且还能"读"到感知世界的意义。若能在课堂学习环境中融入增强现实，可以让学生置身于一个连接了现实与虚拟环境的更为开放的全息环境之中，获得超强的身临其境的知觉体验。由此，学生与生活世界就通过技术"无缝"衔接起来了。

(3)情境式游戏环境的设计

游戏不是单纯的一种"内容移植的载体"(content transmission platform)，而是一种供学生参与的具有真实情境的学习工具。游戏中的人物角色实际上是真实世界中人的"化身"(avatar)或者"代理"(agency)，与真实世界中人的身体有着非常强烈的一致性。学生通过操纵游戏角色，观察它的活动变化，从而实现知识理解的代理具身化。例如，有研究者使用一款名为GENTORO的数字故事情境式游戏系统在日本小学开展实证研究，发现学生将他们自己在现实生活情境中发生的故事借助游戏系统中的人物角色加以合作设计和演绎，这对提升学生的想象力、语言表达能力和逻辑思维能力有着显著影响。[①]

2. 创设灵活多变的适应性环境

《21世纪学习空间设计指南》研究报告指出，未来的学习空间应具备四个基本要素。[②] ①动机(motivation)。学习空间应能激发学生的学习动机，促进学生的学习投入。②协作(collaboration)。学习空间不仅能支持个人学习活动，而且能支持同伴或者群体的协作学习活动。③个性化(personalisation)。学习空间能满足学生自我规划、自我调控学习的需要，同时能因学生特征和学习方式的不同而调整。④灵活(flexibility)。学习空间融入可移动的设备(如可移动的墙面、可移动的桌椅、可移动的电子白板)和无线网络技术，支持更为广泛的教与学方式，实现正式学习与非正式学习的有机结合。那么，"如何利用各种新媒体和新技术构建一个灵活多变的适应性环境，满足学生个性化、多样化

① Sugimoto M, Fujita T, Mi H, et al. RoboTable2: A novel programming environment using physical robots on a tabletop platform. Proceedings of the 8th international conference on advances in computer entertainment technology, Lisbon, Portugal, November 8-11, 2011 [C]. New York: ACM, 2011: 1-8.

② JISC. Designing spaces for effective learning: a guide to 21st century learning space design [EB/OL]. [2016-01-16]. http: //max. book118. com/html/2015/1019/27545479. shtm.

的学习需求，实现学生更丰富的自由体验，促进学生的学习与发展”俨然受到广大教育研究者和实践者的关注。具体可以从三重视点考虑。

(1)基于教学方式变更的学习环境设计

教学方式是实现技术支撑的课堂学习环境变更的先决条件，并由此规定技术设备在教学情境中的综合设计。这意味着每一种不同的教学方式都决定了技术使能(technology enabling)的发挥，相应地决定了学习环境的构建。例如，若要开展关联学习(connected learning)，需要具备无线网络、可无线连接的平板电脑或手提电脑、可接入互联网的 PDA(掌上电脑)或移动电话、云端存储与分享、社交网络工具等；若要实施可视化和交互式学习(visual and interactive learning)，则需要视频会议系统、视频流媒体、图像投影系统、交互式电子白板和投票系统等。

(2)基于课目内容变更的学习环境设计

除了教学法这一教学情境要素，课目内容作为教学情境的其他要素也会对技术使能的作用及学习环境的创建产生影响。例如，要开展地理知识的探究学习，需要具备虚拟仿真工具、增强现实技术、视频通信工具等；要开展科学概念的建模学习，需要具备知识可视化工具、3D 打印设备、移动智能终端等。安格里(Charoula Angeli)和瓦兰奈德(Nicos Valanides)在“网络化课目教育学知识”(ICT-TPCK)框架基础上提出的“技术映射”模型(Technology Mapping, TM)①，将“教学法”“学生”“内容再现”和“工具给养”作为学习环境设计的四个基本要素。该模型包括体现了基于具体教学情境如何经由技术表征实现课目内容向学生个体“经验转化”。其核心是工具的“教学给养性”(pedagogical affordances)，即教师在设计学习环境时，应深刻把握技术的功能性和局限性，知道对特定的教学内容或任务而言，哪些技术是可用的、适宜的，以及这些内容或任务如何能够以最适合的教学方法被技术加以有效表征、改变与建构，从而促进学生的知识理解。

(3)基于学生特征变更的学习环境设计

学生的个体特征不同，对课目内容、教学方法的需求也不尽相同。智慧学习环境是一个典型代表。它集聚面向学习时空的环境感知、情境感知和学习适应技术，面向教学活动的教学评价与学习支持技术，面向学习活动的动态跟踪

① Angeli C, Valanides N. Epistemological and methodological issues for the conceptualization, development, and assessment of ICT-TPCK: Advances in technological pedagogical content knowledge[J]. Computer & Education, 2009, 52(01): 154-168.

与学习分析技术，面向学习内容的知识组织与重构技术来全面感知学习情境，识别学生特征，提供合适的学习资源与便利的互动工具，自动记录学习过程和测评学习结果。[①] 学生的学习特征（如认知特点、学习兴趣、学习风格、学习水平、情感状态等）是实现内容适配性推送、方法个性化支持的基础。在伊德看来，“人与技术的关系形成了一个连续统(continuum)，如果按照这个连续统，我们就会发现，很多技术更多地应用了我们的语言的、以意义为指向的能力”[②]。人与技术之间的这种解释学关系在课堂学习环境建构中显得尤为重要，具体体现在如何利用技术来“诠释”学生学习，对学生的学习状态给予可视化呈现，让学生对自身的学习进行诊断和预测，进而做出个性化调整，改善学习绩效。倘若智慧学习环境能对学生当前学习状态进行情境感知，并以大数据、数据挖掘、语义网络等为基础的学习分析技术，以可视化方式告知其未来学习状态，进而促进其改变当下的学习习惯、行为和方式，这将是互联网时代学习环境深化发展的一个突破。

（二）关注学生经验转化的问题

技术哲学认为，技术是实现人类经验转化的重要中介。人的学习依赖于“经验”。人的学习与动物的学习有着本质的区别，即人在社会生活实践中，以语言为中介，自觉地、积极主动地掌握社会和个体经验的独特活动方式。心理学的研究成果揭示：“学习是由于经验所引起的行为或思维的比较持久的变化。”[③]该定义表明：学习的发生是由经验所引起的，这种经验不仅包括外部环境的刺激、个体的练习，更重要的是包括个体与环境之间产生的复杂交互作用；学习不应简单地被认为凡是行为的变化都意味着学习的存在，学习是由练习或反复经验而产生的；学习是一个能动的过程，知识的产生需要借助于主体在活动中的参与和协调。个体的学习是在与环境的相互作用中完成的，刺激和个体的练习都可以纳入相互作用的范围之内。“经验”是学习的基本，没有“经验”就谈不上学习，更谈不上发展。在网络教学中，应如何实现学生的经验转化呢？

1. 关注技术促进学习的设计

随着技术的交替更新，技术在教育教学领域中的潜能和作用越发明显。“技术促进学习”(Technology-Enhanced Learning，TEL)逐渐成为可能。依据

---

① 北京师范大学智慧学习研究院．2015中国智慧学习环境白皮书(摘要版)[EB/OL]．[2016-01-16]．http：//sli.bnu.edu.cn/a/yanjiuchengguo/yanjiubaogao/2015/1225/78.html.

② [美]唐·伊德．让事物“说话”：后现象学与技术科学[M]．韩连庆，译．北京：北京大学出版社．2008：56.

③ 陈琦，刘儒德．当代教育心理学[M]．北京：北京师范大学出版社，1997：56.

劳瑞拉德(Diana Laurillard)等人的观点，“技术促进学习”强调技术不仅是改善学生现有学习情境(环境)的手段，而且是支持学生学习经验获得的中介；各种交互性和合作性的数字媒介具有智慧性、创造性的独特教育价值。[①] “技术促进学习”发生的条件要考虑真实性学习(authentic learning)，参与性教学(engaged teaching approach)，技术促进评估(technology-enhanced assessment)，融课程、课目内容、活动和评估的整合性策略设计，资源开放共享和知识实践共同体六个方面的因素。在互联网时代，新兴技术凸显出富媒体、跨终端、易获取、强交互等鲜明的特征，为网络教学提供了有力的支持。它们比以往任何时候更能支持学生开展多样化的学习，从而更好地发挥技术促进学习的强大优势。

有研究者创造性地提出了“教学 2.0”(Pedagogy2.0)的概念。“教学 2.0”强调通过师生的共同努力，彰显学习的“个体性”(personalization)、“参与性”(participation)和“生产性”(productivity)。[②]①个体性，主要指重视学生自身对学习资源和学习进度的选择、对学习活动的自我调节和自主管理。其核心是为学生创造“个性化学习环境”(personal learning environments)，即一种个性化的学习支持服务系统或工具集合。以往的学习管理系统(learning management systems)是以课程中心的立场(course-centric view)来看待学习的，个性化学习环境与此不同，是真正以学生为中心来观照学习。②参与性，主要指通过技术支持，突破个体学习的局限和教室的围墙，与更多的班外、校外同伴甚至校外专家联结形成共同体，就共同的学习主题进行沟通与协作。③生产性，主要指学生要能够创造和生产观点、概念和知识等，要能够为人类知识数量与质量的进步做出贡献。

在“教学 2.0”中，技术可以发挥四种重要的中介作用。①认知性中介(epistemic mediation)作用，主要有利于创造知识性人造物，如支持共同体成员便捷地共享人造物和有效地评论人造物，特别是将评论进行智能化分类整理，让对人造物同一关键点的评论出现在同一页面上，供共同体成员分享并作为改进完善人造物的依据。②实践性中介(pragmatic mediation)作用，主要有利于计

① Laurillard D, Oliver M, Wasson B, et al. Implementing technology-enhanced learning[M]. Balacheff N, Ludvigsen S, De Jong T, et al. Technology-Enhanced Learning. Dordrect: Springer, 2009: 289-306.

② McLoughlin C, Lee M J W. The three P's of Pedagogy for the networked society: personalization, participation, and productivity[J]. International Journal of Teaching and Learning in Higher Education, 2008(01): 10-27.

划、组织和协调知识创造的过程，如设置专门的状态栏显示人造物开发过程的操作计划和实际进度等。③社会性中介(social mediation)作用，主要有利于管理开展知识创造所需要的网络共同体及其社会关系，如为网络共同体的成员设置不同的角色，开发多种有效的沟通平台不仅促进同伴交流(peer communication)，更促进团队互动(team interaction)等。④反思性中介(reflective mediation)作用，主要有利于将知识创造过程可视化和反思知识创造的实践过程，如生成当前和过去的知识创造互动过程或人造物改进过程的详细结构图并呈现一些分析结论。

2. 关注多样化交互的设计

教学交互是学生以产生正确的意义建构为目的，学生与学习环境之间的相互交流和作用，具体内涵包括学生与学生、学生与教师、学生与物化资源之间的相互交流和相互作用。有研究者以劳瑞拉德的学习过程会话模型为原型，建构了教学交互层次塔(如图 2-1 所示)。该层次塔以媒体为平台，将网络学习中的教学交互按从具体到抽象，从低级到高级分为操作交互、信息交互和概念交互三个层次。其中，操作交互指学生与媒体界面的交互，信息交互包括学生与教师、学生与其他学生以及学生与学习资源之间的交互，概念交互指学生新、旧概念之间的交互。高层次教学交互的发生以低层次教学交互为条件和基础，即没有操作交互和信息交互，概念交互也不可能发生。三类交互中，操作交互综合体现了媒体界面的交互性和学生对媒体的熟练程度，信息交互与学生和学习支持人员的表现关系密切，而概念交互则是教学交互的最终目标，它可以用来衡量教学交互是否真正促进了有意义学习的发生。

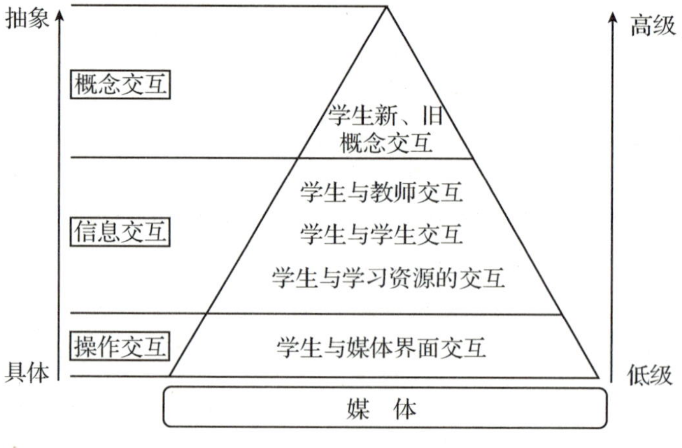

图 2-1　教学交互层次塔

也有研究者在此基础上将交互分为四个递进的层次，即适应性交互、理解性交互、操作性交互和反思性交互。

适应性交互：交互发生的前提是学生对学习情境（环境）的适应，即适应学习情境（环境）的性质、功能、要求等方面的规定性。适应，也是一种交互，学生既顺应学习情境（环境）的规定性，又因势而动地发生心理反应和做出心理决定。

理解性交互：理解性交互包括三个环节，即感知、判断和反馈。学习始于对学习内容或学习情境（环境）的信息感知，这是一个搜索和录入的过程。接着，要对录入的信息进行真伪识别、价值识别，这是一个判断和选择的过程。紧接着，该剔除的剔除，该储存的储存，该分类的分类，该合并的合并，并对信息源发出反馈信息或交换信息，这是一个有行为倾向的反馈过程。

操作性交互：掌握与建构是两种不同的学习操作，它们的交互方向和交互重点各不相同。在掌握性操作中，交互的方向是学生向着信息知识的结构规律进发，交互的重点是学生如何内化，师生交互和生生交互都以信息交互为掌握手段。在建构性操作中，交互的方向是学生向着信息知识的功能意义进发，交互的重点是学生如何适己、适情境，师生交互和生生交互都以信息交互为建构手段。

反思性交互：操作的完成并不意味着学习的完成，学生还需要把学习结果整合到自己的经验和性格中去，以促成学生的个性心理发生新的变化，即改变学生这个人。这就是学习所引起的反思。在反思过程中进行的交互，可称为反思性交互。在交互内容上，反思性交互包括有关学习活动的经验情感和有关学生本人的精神理念，这两个方面可以合称为情意性反思学习。在交互对象上，反思性交互包括学生个人在自己新、旧经验之间进行反思的内交互和在多个主体之间进行交流反思的主体际性交互。

拓展阅读：《“互联网＋”时代学习环境重构：技术后现象学的视角》

扫一扫，阅读《“互联网＋”时代学习环境重构：技术后现象学的视角》，理解技术后现象学思想对网络教学的影响。

第二节　网络教学设计与评价的文化基础

人类历史从诞生之日起就伴随着各种各样的文化活动。现代人类学证明，人与动物的主要区别不是制造工具，不是理性，也不是社会性，而是文化。人是文化的人，任何人的成长都在一定的文化中进行，并且必须依靠文化的作用。在教育领域中，教学的最终目的是培养人、发展人，这意味着教学与文化有着密不可分的关系。探究网络教学的文化基础，把握文化对网络教学的影响，意在促进网络教学理论与实践的发展，从而使学生更好地适应文化及社会发展的需要，也为网络教学的本土化研究奠定基础。

一、文化的基本内涵

文化指的是人们创造的一切物质财富和精神财富的总和，其实质是人的行为方式的集合，表现在物质层面、制度层面和心理层面，其核心是人的价值观及其行为规范。① 作为人的价值与行为规范体系的文化，不是与政治和经济等社会活动外在并列的具体的文化活动，而是内在于人的一切活动之中，影响人、制约人、左右人的行为方式的深层而机理性的东西。因此，文化虽然无所不在，但又是无形且难以直接把握的东西。

（一）文化的基本特性

1. 文化具有人为的性质，它是人的类本质活动的对象化

文化是人的自觉或不自觉的活动的历史积淀，是历史地凝结成的人的活动的产物。在这种意义上，文化就是人化。人生活在一个处处打上人的文化烙印的生活世界之中。所以，文化是人的文化，人是文化中的人。这正是文化的人为性质所在。人区别于动物的最本质的规定性就是实践活动，即人所特有的类本质活动。人所特有的类本质活动的对象化结果便是文化作为人的活动的内在机理和方式，具体表现在人的实践活动所具有的体现人的目的性的价值取向。② 例如，人要解决温饱问题，就要开展生产劳动。古人刀耕火种、打猎围捕；今人实现自动化操作、流水线生产，这其中蕴含的就是一种文化。

---

① 黄甫全．现代课程与教学论学程[M]．北京：人民教育出版社，2006：53.

② 衣俊卿．文化哲学十五讲[M]．北京：北京大学出版社，2005：33.

2. 文化具有内在的超越性、创造性和自由

正是由于文化具有人为规定性，是人的类本质活动的对象化，所以决定了文化具有超越性、创造性和自由的基本特性。文化是由人创造的，人又是在文化中成长和发展的，所以人首先必然要受到文化的制约和决定。但是，人永远不会满足于或停留于已有的文化，必然会以某种方式不断地超越、更新、创造已有的文化，而这种超越和创新是人的自由表现。人可以按照自己内在的尺度自由创造、重建新的文化。在新的文化中，人又得以创造性地发展。如此循环往复，是一个"人造文化、文化造人"的螺旋上升过程。在这种意义上，可以说，文化的发展史实质是人类的发展史。

3. 文化具有群体性

文化的群体性，意指文化是历史积淀下来的被群体所共同遵循或认可的共同的行为模式。因此，文化对于个体的存在往往具有先在的给定性或强制性。① 从人自身的角度看，文化便是人生存和活动的一种外在条件。在现实的生活世界中，文化的这种群体性也是相当明显的。例如，任何一个企业都有其独特的企业文化，这种文化是不同时期企业内部员工的历史凝结，每一个员工也要受到这种文化的约束，以便更好地适应企业的发展需要。对于学校教育亦如此，每一个学校都有自己的校园文化，甚至每一个学校内部都有各自不同的教师文化和学生文化。当前，"学习共同体""学习型社会"等成为教育教学领域的热点话题，它们实质上内在地体现了一种文化群体的构建。

(二)文化的基本功能

我们可以从两个方面描述文化的基本功能：在个体行为层面，文化主要体现为人自觉或不自觉地遵从的行为规范和价值规范体系；在社会运行层面，文化主要体现为政治、经济等社会活动的内在机理和图式。②

1. 个体层面的文化功能

在个体层面探讨文化的功能，主要回答文化对个体行为的规范和制约作用的问题。文化是满足人的各种需要的价值规范体系；进而还表现在，文化提供了特定时代公认的、普遍起制约作用的个体行为规范。③ 文化对个体行为的规范和约束作用，可通过家庭启蒙、学校教育、社会舆论、社会示范、新闻传媒等各种手段加以实现。从文化角度看，教学的根本目的在于向学生传递与解释人类文化中的知识，如所处社会及社会规范、价值、传统和信念等，进而协助

---

① 衣俊卿．文化哲学十五讲[M]．北京：北京大学出版社，2005：17.

②③ 衣俊卿．文化哲学十五讲[M]．北京：北京大学出版社，2005：36.

学生发展其个性。

2. 社会层面的文化功能

在社会层面上探讨文化的功能，主要涉及的问题是文化与政治、经济等其他社会活动或社会领域的关系问题。在许多历史条件下，经济运行和政治体制所遇到的问题实质上并不是具体的经济和政治问题，而是深层的文化机制问题。有时候需要从深层的文化模式和机理上加以分析和研究，才能得出深刻的理解，才能制定出更行之有效的改进方案。①

在教育教学领域，文化因素渗透于教学目标、教学模式、教学方法、评价标准等方方面面。我们必须对教学目标、教学模式、教学方法和评价标准等方面进行深刻剖析，如“我们设计的教学目标是基于什么考虑的”“为什么要采用这种模式/方法实施教学”“应该制定什么样的评价标准”等，进而揭示隐藏于教育教学领域的文化因素及其影响机制。因此，对教学研究而言，我们必须确立教学研究的文化视角，借助于文化视角来透视教育领域中的各种教学现象和教学问题，以此挖掘探寻教学的真谛与本质，构想出解决实际教学问题的最优决策。

二、文化价值取向对网络教学的影响

不同历史阶段、不同种族、不同国家、不同民族、不同家族甚至不同个体，其文化价值观念与行为方式都是不同的。“学校及其所处的文化，是动态系统，包含进化中与变革中的流动因素。学校及其课程，不能与其文化及社会背景相割离。”②文化的价值取向，直接影响、制约着教学的各个方面，集中表现在教学目标、教学方法和教学评价三个层面。

（一）对教学目标的影响

教育目的是学校中一切教育、教学活动的出发点和归宿，它通过一系列具体的教学目标落实到教学活动中，从而指导和制约着学校的一切教育、教学活动。教育目的的价值取向不同，教学目标的价值取向也不同。

自 20 世纪末 21 世纪初以来，经济合作与发展组织、欧洲联盟等均从理论和实践两个方面确立起影响深远的核心素养框架，以迎接信息时代的挑战。这是一个全球性教育趋势。核心素养是每个人发展与完善自我、融入社会及胜任工作所必需的基础性素养，是适应个人终生发展和社会发展所需要的必备品格与关键能力，是个体应具有的起基础和支撑作用的素养，是个体综合运用所学

---

① 衣俊卿．文化哲学十五讲[M]．北京：北京大学出版社，2005：43.

② 黄甫全．现代课程与教学论学程[M]．北京：人民教育出版社，2006：335.

知识分析和解决复杂问题的修养和能力。其中，创新能力、批判性思维、公民素养、合作与交流能力、自主发展能力、信息素养是核心，为国民素质提升指明了基本方向，也为推进课程与教学改革确立了重点。

为落实核心素养在三维目标中的具体体现，需要加强学科核心素养的确立。学科核心素养既是一门学科对人的核心素养发展的独特贡献和作用，又是一门学科独特教育价值在学生身上的体现和落实。学科核心素养使课程标准的形态从教学大纲(双基)、内容标准(三维目标)走向成就标准(核心素养)，即以学生应该达到的素养(成就)作为课程标准的纲领。① 因此，在确立教学目标时，教师应以学科核心素养为导向加以具体化。

(二)对教学方法的影响

随着“互联网+”理念的兴起与发展，多终端、虚拟化资源、数据挖掘与学习分析技术逐渐成为现实，彻底改变了传统教育、教学服务的模式，呈现出技术促进学习的文化样态。2015 年，美国联邦教育部教育技术办公室颁布了第 5 个“美国教育技术规划”——《为未来做准备的学习：重塑技术在教育中的角色》，对全球教育信息化发展规划具有重要的参考和借鉴价值。该“规划”共包含学习、教学、领导力、评价和基础设施五大部分。其中，学习是核心部分。在这一部分设立的目标是：赋予所有的学生参与正式和非正式情境中的学习体验，帮助他们在全球化的互联社会中成为活跃的、创造性的、知识渊博的和符合伦理道德规范的参与者。②

该“规划”指出，为了达到这一目标，首先应该明确需要学习什么。为了应对全球性的竞争和培养数字公民，学校需要担负起培养学生 21 世纪能力和知识的重任。21 世纪能力包括认知能力和非认知能力。认知能力包括批判性思维、复杂问题解决和协作能力，除此之外还需要发展学生在学习过程中的代理意识，即自我选择学习内容和方法，自定学习计划，有意识地将自己融入学习的各个环节；非认知能力包括智力开放性、责任心、自我引导、自我调节和意志力等方面。③ 为了培养数字公民，学校还应该培养学生安全有效使用技术的能力。例如，帮助学生学习使用恰当的网络礼节，了解他们的个人信息是如何被收集和在线使用的。

---

① 余文森．从三维目标走向核心素养[J]．华东师范大学学报(教育科学版)，2016(01)：11-13.

②③ U. S. Department of Education Office of Educational Technology. Future ready learning：re-imagining the role of technology in education[EB/OL]．[2016-12-20]．http：//tech. ed. gov/files/2015/12/NETP16. pdf.

该“规划”还提出了以下五种在正式和非正式环境中技术改进和促进学习的具体形式。[①] ①技术能够实现个性化学习。通过技术持续性地对学生学习相关数据的收集和分析，实现真正意义上的个性化学习，教师允许学生在课堂中自主选择学习内容和方式。②技术能够实现基于项目的学习。通过仿真和虚拟现实等技术能够模仿真实世界中的情景，使学生能够开展基于项目的学习，并通过交流工具与全世界的研究者和学生交流和分享学习所得，帮助学生提高创新力和协作能力，形成批判性思维。③技术能够实现跨越课堂的学习。通过网络技术和虚拟现实技术，将学生的学习迁移到博物馆、图书馆等学校以外的场景，实现共享阅读等全新的学习方式。④技术能够帮助学生保持学习热情和兴趣，逐渐养成一种终身学习的习惯。⑤平等获取的技术能够缩短数字鸿沟，使所有的学生都能平等获得变革学习的机会。

（三）对教学评价的影响

当下，人们越来越重视学习文化的建构，催生了“学习中心方式”(learning-centered approach)。“学习中心方式，就是聚焦学习活动和确保学习活动的适宜性。”[②]对于教学评价领域而言，为了消解评估限制甚至阻碍学生学习的负面作用，发挥评估促进学生学习的积极功能，“学习为本评估”(learning-oriented assessment，learning-based assessment)迅速崛起，并受到广泛关注和探索。学习为本评估涵括并融汇了学习化评估(assessment as learning)、学习性评估(assessment for learning)和学习段评估(assessment of learning)三种形式，体现出鲜明的学评融合。这一融合首先贯穿在教学活动层面，表现为基于目标测量而得的评估数据同时两用，既用于矫正和促进教师的教学，也用于矫正和促进学生的学习；其次渗透在目标发展层面，外在的教育目标和内生的学习目标相结合，实现一种“双目的驱动”。在学习为本评估中，学生将评估视为一个探究过程，将评估经验转化为学习经验，并在内心深处不断反思“这对学习意味着什么”，从而努力生发出个性化方式提升和监控自己的学习过程。这就与“深层学习即理解”(deep learning as understanding)这一隐喻不谋而合。学生不仅从世界中接收智慧，而且也试图理解为什么要接收这些智慧；前者是认知层面的学习，后者则是意识、理解世界层面的深层学习。据此，学生不仅评估自

① U. S. Department of Education Office of Educational Technology. Future ready learning: reimagining the role of technology in education[EB/OL]. [2016-12-20]. http: //tech. ed. gov/files/2015/12/NETP16. pdf.

② Borst J A. Should schooling be learner-centred or learning-centred? [J]. CCPA Education Monitor, 1999(01): 25-36.

己的学习状态，还要思考与实现评估对自己的概念发展和深层理解的功用。

因此，学习为本评估实质上是一种新型的整体性评估方法论，以自我导向学习为基础，需要合作活动学习环境予以支持，综合运用学习化评估、学习性评估和学习段评估多种评估方式，旨在优化师生对评估的理解和体验，改进师生的教与学，并最终通过发展学生的元认知优化所有学生的学习。① 学习为本评估要发挥促进学习的作用，可以从以下几个方面考虑。② ①评估任务即学习任务。将课程目标、内容和评估有效统一起来，学生完成评估任务的过程，就是获得深刻的学习体验，提升自己学业水平的过程。②学生投入评估。通过让学生参与学习目标、具体成功指标和评估标准等的研制并取得共识，提升整个评估过程的透明度，促进学生对学习目标有更深入的理解，从而更积极地投入达成目标的活动之中。③学生获得及时的适当反馈以作为进一步学习的前馈。教师可以适时提供反馈，也可以通过精心设计促使学生成为同伴学习的反馈提供者。

在网络教学评价中，可以借助学习分析技术对在线学习平台的数据进行挖掘，从而实现对学生学习状态进行综合性描述，对学生学习问题进行及时诊断，对学生未来学习进行个性化预测和干预。这是因为在线学习平台能够根据已记录的学生在线学习活动的行为数据、交互内容数据以及相应的绩效表征文本，对学生的行为和经验进行建模和分类，从而提供最直接、最有效的学习诊断和预测，进而给学生提升学习效率和效果提出有价值的建议。有研究者据此构建了以投入度、主动性、调控度、完成度和联通度为核心的五维度学习为本评估模型。③ ①投入度。从活跃性、持续性等方面对学生在线学习的投入程度进行评价。对投入度的评价除了行为投入以外，还包括更深层次的认知以及情感投入。投入度是对学生学习过程进行表征的重要维度。②主动性。主动性包括完成自主学习任务的主动性、参与教师指定教学活动的主动性以及进行交互的主动性等，主动性在一定程度上表征了学生的学习动机水平与变化情况。③调控度。从学习的规律性、持续性、效率等方面对学生调控自己学习过程的水平进行评价，调控度是对学生认知策略、自主学习能力进行表征和评价的重要维度。④完成度。以课程的教学目标为标准对学生实际完成情况进行评价，对于不同类型的课程，教学目标的侧重点不同，完成度的指标以及权重设置也会进行相应的调整。⑤联通度。对学生建立社会化认知网络的能力进行评价，包

①② 曾文婕，黄甫全．学本评估：缘起、观点与应用[J]．课程·教材·教法，2015(06)：33-41.

③ 郑勤华，陈耀华，孙洪涛，等．基于学习分析的在线学习测评建模与应用——学生综合评价参考模型研究[J]．电化教育研究，2016(09)：33-40.

括建立连接的能力、维护连接的能力等。联通度的评价核心是交互，包括学生与学习资源的交互、学生与教师以及与其他学习同伴的交互。

第三节　网络教学设计与评价的心理学基础

学习心理学是研究人和动物在后天经验或练习的影响下心理与行为变化的过程和条件的心理学分支学科。在学习心理学中，“人是如何学习的”这一问题始终是研究的焦点。对于这一问题，不同研究者有着不同的出发点。

一、心理学理论及其研究新进展

行为主义把对动物学习研究的结论推广到人类学习上，把人和动物等同起来，过于简单化、机械化，难以用来解释人类复杂的学习现象。自认知主义心理学发展以来，人们越来越关注“个体内部心智获得与加工的过程”以及“个体与其所处环境的互动过程”，涌现出一系列较为经典的心理学理论。

(一)有意义学习理论

奥苏贝尔认为，学生的学习主要是有意义的接受学习，是通过同化将当前的知识与原有的认知结构建立实质的、非人为的联系，使知识结构不断发展的过程。

1. 有意义学习

奥苏贝尔依据学习材料的性质及学生的理解程度，将“学习”分为“机械学习”和“有意义学习”。前者是指学习一系列相互之间不存在意义联系的材料，或学生在学习中并未理解材料之间的意义联系。后者则是指通过理解学习材料的意义联系而掌握学习内容的学习。有意义学习的实质是符号所代表的新知识与学生认知结构中已有的相应知识、观念建立实质性和非人为的联系。要成为有意义学习，需要具备三个先决条件。

第一，有意义学习的心向。学生必须具有有意义学习的心向，即表现出一种在新学的内容与自己已有的知识之间建立联系的倾向。

第二，学习内容的逻辑关系。学习内容本身具有逻辑关系，即新、旧知识在人类认知范围内可以建立起非人为性和实质性的联系。

第三，认知结构与新知识的关系。奥苏贝尔认为，当学生把新知识与自己的认知结构联系起来，有意义学习便会发生。认知结构是指学生现有知识的数量、清晰度和组织方式，它是由学生眼下能回忆出的事实、概念、命题和理论等构成的。因此，要想学习有意义，在学生的认知结构中必须具有同化新知识的有关概念。

由此可见，有意义学习是通过新知识与学生认知结构中已有的有关概念的相互作用才得以发生的。学生能否习得新知识，主要取决于他们认知结构中已有的有关概念。

2. 先行组织者

奥苏贝尔坚持认为，新知识只有和现存认知结构中有关的概念联系起来的时候，才能有效地被学习和保持。如果新知识与现存的认知结构有着严重的矛盾或者毫无联系的话，它就不可能被吸收和保持。为了促进学生对新知识的学习，奥苏贝尔提出教学过程中应遵循两条原则：逐渐分化的原则(principle of progressive differentiation)和整合协调的原则(principle of integrative reconciliation)。前者是指学生首先应该学习包摄性最广、概括水平最高、最一般的观念，然后逐渐学习概括水平较低、较具体的知识。后者是指对认知结构的已有知识重新加以组合，通过类推、分析、比较、综合，明确新、旧知识间的区别和联系，消除可能产生的混淆，从不同角度以不同的关键特征为根据在各项新、旧知识点之间建立精细的联系，使所学知识能综合贯通，构成清晰、稳定、整合的知识体系。

为了有效地贯彻“逐渐分化”和“整合协调”原则，奥苏贝尔提出了“先行组织者”(advance organizer)的策略。教师在讲授新知识之前，先给学生提供一些包摄性较广的、概括水平较高的学习材料，用学生能理解的语言和方式来表述，以便给学生在学习新知识时提供一个较好的固定点，将它与原有知识结构联系起来，这种预先提供的起组织作用的学习材料就叫作“先行组织者”。先行组织者在三个方面有助于促进学习和保持信息。① 首先，如果设计得当，它们可以使学生注意到自己认知结构中已有的那些可起固定作用的概念，并把新知识建立在其上；其次，它们通过把有关方面的知识包括起来，并说明统括各种知识的基本的原理，从而为新知识提供一种“脚手架”；最后，这种稳定的和清晰的组织，使学生不必采用机械学习的方式。

（二）认知发展理论

皮亚杰(Jean Piaget)的认知发展理论突破了传统认知主义将认知看作一成不变的静止状态的保守观点，而是将认知看作一个呈螺旋上升趋势的、不断变化与发展的动态过程。知识既不是客观的东西，也不是主观的东西，而是个体

① 施良方．学习论——学习心理学的理论与原理[M]．北京：人民教育出版社，1994：251.

在与环境交互作用的过程中逐渐建构的结果。

图式(schema)是皮亚杰认知发展理论的核心概念。图式是指个体对世界的知觉、理解和思考的方式。[①] 它是认知结构的起点和核心，是个体认识事物的基础。图式的形成和变化是认知发展的实质。皮亚杰认为，认知发展是受三个基本过程影响的：同化、顺应和平衡。

1. 同化(assimilation)

同化指把外部环境中的有关信息吸收进来并结合到儿童已有的认知结构中，即个体把外界刺激整合到自己的认知结构中的过程。随着儿童认知的发展，同化依次经历了下列三种形式：再现性同化、再认性同化和概括性同化。再现性同化是基于儿童对出现的某一刺激做出相同的重复反应；再认性同化是基于儿童辨别物体之间差异借以做出不同反应的能力；概括性同化是基于儿童知觉物体之间的相似性并把它们归于不同类别的能力。

2. 顺应(accommodation)

顺应指外部环境发生变化而已有的认知结构无法同化新信息时所引起的儿童认知结构发生改变的过程，即个体的认知结构因外部刺激的影响而发生改变的过程。顺应与同化是伴随而行的，没有纯粹的同化，也没有单纯的顺应。同化是认知结构数量的扩充(图式扩充)，而顺应则是认知结构性质的变化(图式改变)。因此，认知个体的发展是同化与顺应之间的对立统一过程的产物。

3. 平衡(equilibration)

平衡指个体通过自我调节机制使认知发展从一个平衡状态向另一个较高平衡状态过渡的过程。认知个体(儿童)通过同化与顺应这两种形式达到与周围环境的平衡：当儿童能用现有图式去同化新刺激时，他处于一种平衡的认知状态；而当现有图式不能同化新刺激时，平衡即被破坏，而修改或创造新图式(顺应)的过程就是寻找新的平衡的过程。儿童的认知结构就是通过同化与顺应过程逐步建构起来，并在“平衡—不平衡—新的平衡”的无限循环中得到不断的丰富、提高和发展。

(三)社会心理发展理论

在皮亚杰认知发展理论的基础上，苏联心理学家维果茨基(Lev Vygotsky)则从“社会-文化-历史”的观点，探讨了人的心理发展，尤其是人的高级心理机能的发展。他关于人的心理发展理论主要由三个相互联系的学说组成。

---

① 施良方．学习论——学习心理学的理论与原理[M]．北京：人民教育出版社，1994：180.

1. 心理发展的活动说

心理发展的活动说是维果茨基有关心理发展理论的重要组成部分之一。早在20世纪20年代，他就注意到活动在高级心理机能形成中的重要作用，认识到意识与活动的统一性。由此，他明确指出，儿童与同伴、儿童与成人之间的共同活动是儿童发展的重要源泉。

2. 心理发展的中介说

维果茨基将人的心理机能分为两种形式：低级心理机能和高级心理机能。前者具有自然的、直接的形式，后者则具有社会的、间接的形式。人所特有的高级心理机能是以社会文化的产物——符号为中介的，尤其是"语言"这一符号中介。

3. 心理发展的内化说

维果茨基曾提出了人的心理发展的两条客观规律：一是人所特有的被中介的心理机能不是从内部自发产生的，它们只能产生于人们的协同活动和人与人的交往之中；二是人所特有的新的心理过程结构最初必须在人的外部活动中形成，随后才有可能转移至内部，成为人的内部心理过程的结构。据此，他指出："在儿童的发展中，所有的高级心理机能都是两次登台：第一次是作为集体活动、社会活动，即作为心理间的机能；第二次是作为个体活动，作为儿童的内部思维方式，作为内部心理机能。"①显然，这种从集体的、社会的活动形式向个体的活动形式的转换，从外部的、心理间的活动形式向内部的心理过程的转化，就其实质而言，就是人的心理发展的一般机制——"内化"机制。

（四）学习科学视域中的心理学发展

索耶(R. Keith Sawyer)在《剑桥学习科学手册》一书中，明确指出，"学习科学是一个研究教和学的跨学科领域。它研究各种情境下的学习——不仅包括学校课堂里的正式学习，也包括发生在家里、工作期间以及同伴之间的非正式学习。学习科学研究的目标，首先是为了更好地理解认知过程和社会化过程以产生最有效的学习，其次便是为了用学习科学的知识来重新设计我们的课堂和其他学习环境，从而使学生能够更有效和深入地进行学习"②。作为一个跨学科研究领域，学习科学兴起于20世纪80年代末，之后在世界范围内迅猛发展，吸引了神经科学、心理学、社会学、计算机科学、教育学等相关学科研究者的极大兴趣，并在此基础上逐渐形成了日趋明晰的学习科学专业领域。其

---

① 维果茨基．维果茨基教育论著选[M]．余震球，选译．北京：人民教育出版社，1994：403.

② ［美］R. 基思·索耶．剑桥学习科学手册[M]．徐晓东，等，译．北京：教育科学出版社，2010.

中，心理学的发展，尤其是认知心理学的发展，是助推学习科学发展的重要方面。从学习科学的研究目标出发，心理学研究开始关注情境学习、具身认知、整体性学习等理论。

1. 情境学习理论

1929年，英国数学家、逻辑学家和哲学家怀特海(Alfred North Whitehead)在《教育的目的》一文中，犀利地揭露了当时学校教育方式导致"惰性知识"(inert knowledge)的产生。[①] 由此，人们在反思学校教育所暴露的弊端时，逐渐意识到在人类学习中情境的重要性。

有关学习的情境性研究是多视角的，其中主要包括以布朗(John Brown)、科林斯(Allan Collins)与杜吉德(Paul Duguid)为代表的心理学视角和以莱夫(Jean Lave)、温格(Etienne Wenger)为代表的人类学视角。心理学视角的情境学习理论十分关注学校情境中的学习。1987年，研究者就校内学习和校外的社会情境中的学习之间的差异进行了比较，引起了人们对校内与校外文化情境差异的关注。人类学视角的情境学习理论则聚焦于共同体中的学习。1991年，莱夫和温格从研究从业者(如裁缝、产婆、航海家等)的学习开始关注日常认知和实践中的认知，进而推进到对情境学习的深入研究，并首次提出"实践共同体"(Community of Practice，CoP)这一术语，来体现活动将个体与共同体加以联系的重要性和共同体使个体实践合法化的重要性。在实践共同体中，新成员从老成员的经验中承袭了共同的目标、意义和实践，从比较边缘的参与逐步发展到核心的实质性参与，并逐步形成自己在共同体中的身份，确立自己与共同体相互依赖的关系。实践共同体强调学习是学生文化适应与获得特定的实践共同体成员身份的过程。

(1)学习是具有情境性的

知识并非是孤立而抽象的，其含义是由使用者所在群体的文化以及活动共同决定的，知识是活动与文化情境的产物。所以，学习都是处在特定的情境之中的；不存在非情境化的学习。学习只有在特定的情境中才有意义。"情境性在所有认知活动中都是根本性的……使学习的内涵远远超过了理解的获得；学习包含着建立一个'对他们在其中使用工具的世界，和对工具本身进行日益丰富的内在的理解'"。[②]

---

① 王文静．情境认知与学习理论研究述评[J]．全球教育展望，2002(01)：51-55.

② [美]戴维·H．乔纳森．学习环境的理论基础[M]．郑太年，任友群，译．上海：华东师范大学出版社，2002：27.

(2)学习是具有参与性的

学习是个体主动参与共同体实践活动的过程。在实践共同体中，个体通过观察和实践具有成熟经验的某个成员的行为，逐渐建构并形成一种身份。这种身份使个体不断沿着旁观者、同伴到成熟实践的示范者这个轨迹前进，即从边缘参与者一直到核心成员。

2. 具身认知理论

由于受笛卡儿身心二元论立场的影响，传统认知心理学研究认为，心理过程是一个计算机化的机械过程，而心理对象就是这一计算机化的机械过程操作的一些符号化的结构，即认知仅仅是一种心理功能，而身体则被排除在认知之外。即使像“情境认知”这样高度强调情境、活动的理论，也只是将活动看作一种与身体分离的认知过程，身体仅是主体的附加工具，而不是人类认知不可分割的一部分。①

20世纪90年代以来，一种试图打破笛卡儿身心二元论的新认知科学开始崛起，发展了对认知的新观点——认知是“具身”(有身体的参与)而不是“离身”(没有身体的参与)的。认知的具身有两重基本含义，一是处于具身的状态，二是表现出具身的行动。② 所谓处于具身的状态，是指主体在准备认知时，身体和心理均做好了参与的准备。所谓表现出具身的行动，即主体在认知的过程中，身体和心理均参与其中。③ 二者都是在特定境脉中展开的。因此，对心理的认识必须在其与和外部世界进行交互的物质肉身的关系这一境脉中进行。④

具身认知理论作为当代认知理论研究的最新进展，一方面建立在认知论、语言学、人类学、计算机科学以及神经科学等跨学科领域研究的理论探讨上，另一方面扎根于大量认知心理学实验的基础之上。它重新将“身体”置于认知实践的中心地位，是一种强调身体(具身的)过程和心智过程同一存在并密切关联的认知。其核心要义包括：认知过程的进行方式和步骤实际上是被身体的物理属性所决定的；认知的内容是身体提供的；认知、身体、环境是一体的，认知

---

① Rambusch J, Ziemke T. The role of embodiment in situated learning. Proceedings of the 27th Annual Conference of the Cognitive Science Society, Stresa, Italy, July 21-23, 2005[C]. Mahwah: Lawrence Erlbaum Associates, 2005: 1803-1808.

② Hirose N, Ziemke T. An ecological approach to embodiment and cognition[J]. Cognitive Systems Research, 2002(03): 289-299.

③ 郑旭东，杨九民，苗浩．反思性实践的认识论：教学设计实践审视与教学设计人员成长的新视角[J]. 中国电化教育，2015(05)：25-29.

④ Wilson M. Six views of embodied cognition[J]. Psychonomic bulletin & review, 2002(04): 625-636.

存在于大脑，大脑存在于身体，身体存在于环境。① 也就是说，认知过程深深地植根于身体与它周边物理环境的交互之中。在某种程度上，我们所有的经验几乎都来自我们的身体，甚至最抽象的、涉及学习(诸如概念发展和理解)的认知过程也是建立在物理的具身基础之上的。由是观之，具身认知理论坚持身心不可分的一元论立场，认为身体，特别是身体系统的进化为感知、行动及情感奠定了基础，并对更为高阶的认知过程做出了重要贡献。人类的认知正体现了“心智”与“身体”二者边界消融的一体化思路与进程。正如梅洛-庞蒂（Maurice Merleau-Ponty)所言，这二者的融合与统一即人类存在于这个世界的存在方式以及与该世界打交道的认知途径，“身体是在世界上存在的媒介物，拥有一个身体，对于一个生物来说就是介入一个确定的环境，参与某些计划和继续置身于其中”②。

3. 整体性学习理论

学习总是嵌入在一个社会性的情境之中，而非仅仅发生在单个个体身上，体现出个体和社会的双重属性。伊列雷斯(Knud Illeris)从两组学习过程(获得过程和互动过程)和两组三维交互关系(“内容-动机-互动”和“个体-群体-环境”)出发，提出了一个理解人类学习的整体框架③(如图 2-2 所示)。该框架既关注个体的认知过程，也重视社会的境脉作用，融合了心理学关于学习研究的综合视角。

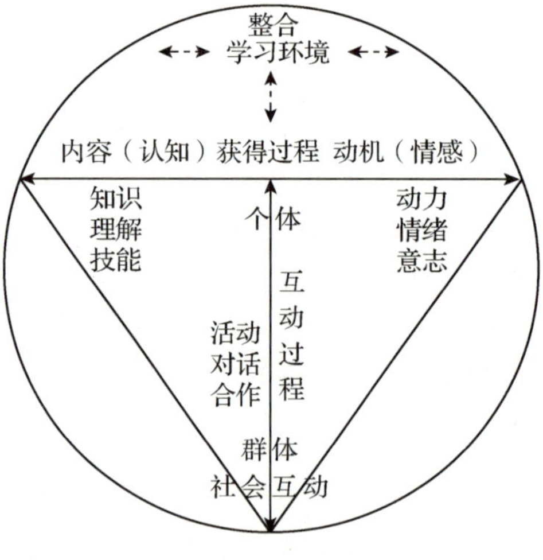

图 2-2 理解学习过程的三维整体框架

① 叶浩生．具身认知：认知心理学的新取向[J]．心理科学进展，2010(05)：705-710.

② [法]莫里斯·梅洛-庞蒂．知觉现象学[M]．姜志辉，译．北京：商务印书馆，2003：112-114.

③ [丹]克努兹·伊列雷斯．我们如何学习：全视角学习理论[M]．孙玫璐，译．北京：教育科学出版社，2010：23-30.

由图 2-2 可以看出，个体的心理活动过程总是包含着内容与动机要素。内容要素是关于我们所学的东西，性质上可以是知识、技能、理解、观点、意义等主要元素；动机要素则涵盖动力、情绪和意志等。二者处于学习获得过程的两端，如果没有所学之物，学习就会失去意义；如果没有源自个体互动所蕴含的冲动，学习活动便无法激活和保持下去。学习的互动过程依赖于环境的社会和物理特征，而且依赖于时间和空间。因而，可以将之扩展为包括个体与群体的社会交互，也包括个体对学习发生所处情境之中的其他学习资源和物品的感知与交互，一同置于整个“学习环境”范畴内加以考虑，形成“个体-群体-学习环境”的三维交互关系，并且总是在各自的形成过程中以一种“整合”的方式进行着互动。在这个维度上的重要因素是活动、对话和合作。

二、心理学理论对网络教学的影响

上述心理学理论都从不同维度、不同角度对“人是如何学习”这一问题做了深入探察。它们的观点对网络教学设计与评价将产生不同程度的影响，主要表现在如下两个方面。

（一）关注情感化教学设计

情感存在(emotional presence)，是学生与支持网络学习的技术工具、课程内容、同伴以及教师交互过程中各种情绪和情感的外化，是情感投入的具体表现。[①] 它广泛地存在于认知存在(cognitive presence)、社会存在(social presence)和教学存在(teaching presence)中。只有当学生在情感上接纳认同网络学习的意义和价值时，他们才会愿意投入并努力学习。然而，长期以来网络教学设计无一不是聚焦在知识内容(认知)的学习这一端上，而对另一端的动机(情感)关注少之又少。将动机等情感要素纳入教学设计中加以考虑，通过对情感的设计，实现对学习的干预，从而促进学生深度学习和知识的获得，这种被称为“情感化”的设计范式正成为当今教学设计发展的新方向。[②]

情感化教学设计的主要思想是，教学设计根据学生在完成同一学习目标时所表现的不同情感来选择不同的教学策略或提供不同的学习任务，以实现适应性的个性化教学。比如，我国有研究者在这一相关理论的基础上，构建了网络英语教学的情感化设计框架，并根据学生在听、读、写、译的英语学习任务中

---

① Cleveland-Innes M, Campbell P. Emotional presence, learning, and the online learning environment[J]. International Review of Research in Open and Distance Learning, 2012(04): 269-292.

② 杨南昌，刘晓艳．学习科学融合视域下教学设计理论创新的路径与方法[J]．电化教育研究，2016(11)：5-11.

自评判断的情感变量(焦虑、紧张、信心、兴奋和喜悦)来设计与之相适应的协调教学任务与策略，取得了较好的实证教学效果。情感化教学设计融合了认知领域的交互设计理论和学习理论，主要围绕感官交互、行为(使用)体验、内心思考对应的三个情感加工层次(本能水平、行为水平和反思水平)来进行教学设计，目前比较多地应用于技术环境支持下的教学设计，如网络课程和微课的情感化设计。①②

(二)关注具身学习设计

近年来，在学习科学领域推出的《学习环境的理论基础》(第二版)和《剑桥学习科学手册》(第二版)中，新增了"具身认知与学习环境设计""具身与具身设计"方面的内容；而与此同时，学习科学的重要期刊《学习科学杂志》也在近期推出了"具身认知与数学学习"专辑，预示着一种基于具身认知的学习研究兴起。具身学习(embodied learning)是基于具身认知的一种新型学习，是一个整合学习科学和人机交互研究的新兴领域。③ 它强调知识和概念通过我们的身体活动而生成，是一股促进学习的强大力量，更是生成新学习的一个重要催化剂。④ 具身学习研究者认为，充分利用身体动作来学习的学生比他们只是简单地坐在桌子或计算机边要学得更投入。

最近，从多点触摸显示到可触摸感应桌面，再到身体传感器和增强现实，不断涌现的新技术更为深入地嵌入物理世界，为具身学习提供了多种实现的可能。这些新交互技术能将自然的人的身体动作(如姿态动作、触摸等)作为交互数字环境进行输入，提供了设计更加活跃的、动手的、与物理情境直接相关的交互和学习的机会，为促进社会中介学习的交流与协作以及作为外部认知支持的新工具提供了新的设计机会。

技术支持的具身交互将产生三类新的学习空间：物理空间、虚拟空间和混合现实空间。在物理空间中，学生通过与嵌入技术的计算机等设备进行交互，从而营造一种置身"真实世界"之感，此时，面向学习的技术不再仅是计算机屏幕，而是身体行动、物理对象、整个物理空间(如课堂空间)和真实世界环境的

① 李婷．网络课程的情感化设计研究[D]．长春：吉林大学，2010.

② 郑炜冬．微课情感化设计：理念、内涵、模型与策略[J]．中国电化教育，2014(06)：101-106.

③ SMALLab Learning. What is embodied learning? [DB/OL]. [2016-12-20]. http: //smallablearning. com/embodied _ learning.

④ Lindgren R, Johnson-Glenberg M C. Emboldened by embodiment: how research on embodied learning and mixed reality technologies should be different. [DB/OL]. [2016-12-20]. http: //egl. lsi. asu. edu/publications/EmbodiedLearninginMixedReality. pdf.

统一。在虚拟空间(如虚拟世界和计算机游戏)中，强调学习内容内嵌于具身经验，使得意义制定和知识建构发生在合适的情境中，而非是一系列剥离活动的事实学习，如学生通过计算机游戏等虚拟世界环境获得高度沉浸感的学习活动。混合现实空间则是将真实世界和虚拟世界有机融合。例如，在网络学习环境中，混合现实提供了自学和远距离合作学习的具身交互机会，这对于形成学生的共同体感、共享的现场感以及课程参与感具有积极的推动作用。

相关研究正从不同的维度，探索和建构具身学习设计的分类框架与原则，以解决有关具身认知促进学习的不同观点。例如，布莱克(John B. Black)等人提出了一个可用于课堂场景的具身教学框架(Instructional Embodied Framework，IEF)。① 该框架指向正式教学场景，通过设计不同类型的具身作为学生的投入性活动，以利用行动和感知来发展对概念的理解。IEF 由物理具身和想象具身两大类组成。其中，物理具身分为直接具身(direct)、代理具身(surrogate)和增强具身(augmented)三种。直接具身完全基于学生的身体生成所学，以此获得本体感受经验(proprioceptive experience)；代理具身由学生控制，通过操作一个外在的“代理”来表征这个个体；增强具身指利用一个表征系统(如化身)连同一个增强反馈系统(如 Microsoft Kinect 体感设备和显示系统)将具身的学生嵌入一个增强的表征系统中。最近的技术发展能捕捉人的整体轮廓，并将其嵌入一个虚拟空间之中。在这个空间里，学生不再远离现实，而是通过一个表征的化身实例化了，这个化身反过来变成了学生在一个学习阶段的增强。

第四节　网络教学设计与评价的教学论基础

作为教育学的一门分支学科，教学论的基本任务是：认识教学现象，揭示教学规律，指导教学实践。教学设计被喻为连接教学理论和教学实践的桥梁，而教学评价又是对教学设计结果的价值性判断。因此，教学设计与评价质量的高低，在一定程度上受教学论思想的影响。

一、教学论及其研究新进展

下面我们将对几种现代教学论思想进行简要论述，以期为网络教学设计与

① Black J B，Segal A，Vitale J，et al. Embodied cognition and learning environment design[C]//Jonassen D，Lund S. Theoretical Foundations of Learning Environments. London：Routledge，2012.

评价提供科学依据。

（一）交往教学理论

在呼唤“个性回归”“个性张扬”的时代，教育教学研究将焦点集中在教学的主体性上，而忽视了教学的社会性。从社会学的角度出发，教学本质上是一种教师与学生之间的特殊的交往实践过程。交往教学理论对教与学关系予以全新的解读，也为建构当代新型的教与学关系提供了新的视点。

交往教学理论并非当代产物。早在100年前，杜威就曾说过：“教育过程有两个方面：一个是心理学的，一个是社会学的。它们是并列并重的，哪一个也不能偏废。”“教育的个人是社会的个人，而社会便是许多个人的有机结合。如果从儿童身上舍去社会的因素，我们便只剩下一个抽象的东西；如果我们从社会方面舍去个人的因素，我们便只剩下一个死板的，没有生命力的集体。”“社会生活不仅和交往完全相同，而且一切交往都具有教育性。”①可见，他从心理的和社会的有机联系的角度说明了教学过程的属性。在杜威之后，维果茨基的“心理发展的文化历史理论”就指出人们特有的心理机能不是从内部自发产生的，而只能产生于人们的协同活动和人与人的交往之中，人所特有的思维根植于社会的、历史的、文化的和物质的过程，并与它们交织在一起。个体的知识生成与社会共享的理解过程是不可分离的，其中，人际间的相互交流起着决定性作用。他所提出的“最近发展区”唤起和引发了教学这一特殊的交往形式与儿童心理发展的关系问题。

1. 交往教学的内涵

交往教学理论认为，学生学习的最高目标是“解放”，教学活动应尽可能地发展学生的个性，强调学生个性的“自我实现”，使学生具有独立的人格以及独立的能力。② 在教学活动中，教师无论在知识、能力、社会地位等方面都与学生存在差别，学生要取得与教师平等交往的自由，他们必须不断地提高自己、发展自己，努力使自己具备各种才干和能力。这就是交往教学理论中“解放”这一目标的内涵。

2. 交往教学中的师生关系

在交往教学中，学生是完整的人，不是抽象的学生，而是有着丰富个性的实实在在的生命个体。学生是发展的人，是处在发展过程中，有着巨大的发展潜能的，其身心发展是有规律的。学生是独特的人，每个学生都有自己的个性

---

① [美]约翰·杜威．民主主义与教育[M]．王承绪，译．北京：人民教育出版社，1990：6.

② 顾明远，孟繁华．国际教育新理念[M]．海口：海南出版社，2001：235.

和与其他人的差异。学生是有独立意义的人，其独立于教师的头脑之外，不以教师的意志为转移，具有自主性和能动性。针对传统教学的师生关系的对立问题，以全新的学生观来透视和观照，树立全新的师生关系是交往教学的落脚点。

在交往教学中，师生之间不再是授受关系、指导与被指导关系、命令与服从关系，而是一种平等的“我-你”关系。在“我-你”的关系中，师生双方都作为整体的、独特的个人而相遇与交往，在相互对话与理解中接纳对方。教师要真正体会到学生作为独特个体的需要以及情感、态度和发展的意向，体会到学生作为发展中的主体的独特个性以及自由和创造的需要，并且尊重学生、信任学生，而不是以权威的长者居高临下，对学生耳提面命。

师生之间的“我-你”关系并不是消除了教师在教学中的独特地位，也没有消除师生之间的教学关系，而是把教学活动建立在师生相互理解的平等交往的基础上，使教育、学习真正地与学生的生活世界和精神发展相关联，使教师在与学生的真诚交往中，对学生进行整体教育，让教学“焕发出生命的活力”，从而达到真、善、美的和谐统一。后现代教育的著名代表多尔(William E. Doll)也曾指出，在交往教学中，教师的作用没有被抛弃，而是得以重新建构，从外在于情境转向与情境共存，权威也转入情境之中。①

3. 交往教学的实践形式

教学就其本质而言，是交往的过程，是对话的活动，是师生通过对话在交往与沟通活动中共同创造意义的过程。教学中的“交往”常常需要借助“对话”来实现，“对话”是交往教学的基本实践形式。在教学活动中，教学主体之间的对话与日常生活中人与人之间的交谈并不是同一概念。对话不仅仅是指教学主体之间狭隘的言语交谈，更是指教学主体之间内部精神世界的敞开和沟通，是对对方真诚的接纳，是在教学主体之间相互理解的过程中实现的观点、思想和精神上的包容与相通，从而达到生命质量的提升和精神世界的完满建构。② 可见，交往教学中的“对话”，是教学主体之间的相互作用、相互交流、相互沟通和相互理解的过程，是一种真正意义上的平等的精神沟通与内在交融的过程。

(1)教学主体之间的对话是一种民主、平等的“我-你”关系③

在传统教学中，教学被看成是一个知识传授的过程。教师是知识的拥有

① [美]小威廉姆·E. 多尔．后现代课程观[M]. 王红宇，译．北京：教育科学出版社，2000：238.

② 裴娣娜．现代教学论(第二卷)[M]. 北京：人民教育出版社，2005：133.

③ 裴娣娜．现代教学论(第二卷)[M]. 北京：人民教育出版社，2005：134.

者，学生是知识的接受者，教学成了教师的一种“独白”，教师将学生视作接受知识的容器而实施灌输式教学，学生作为活生生个体的“人性”被束缚和限制，导致教师和学生之间形成一种缺少对话和沟通的“我-它”关系，即教师与学生之间是一种“主体”与“客体”的对象性关系。在交往教学中，教师和学生之间在相互理解、相互尊重、相互信任和平等相处的基础上进行对话、沟通，形成一种民主平等的“我-你”关系，即教师与学生之间是一种平等的伙伴关系，教师作为教学过程的控制者、主宰者的权威被“解除”，学生的个性得以“解放”。强调教学的“我-你”关系，并不意味着解构教学的师生关系，而是试图从一种新的角度对师生关系做一种新的阐释。

在教学活动中，尽管教师与学生的年龄、经验、地位不同，但是必须要平等对待。因此，在设计和评价的过程中，教师要把自己外在的职责和角色权威转化为内在的人格威信，即在人格独立、平等的基础上，与学生进行教学交往，在教学中尽量采用学识和交往技巧说服学生，避免使用角色权威压服学生。此外，教师在营造“对话”“沟通”的交往氛围的过程中，不可放弃教师的职责而对学生采取放任自流的态度，要尽可能地启发和引导学生。

(2)教学主体之间的对话是一种“共享”关系①

在教学活动中，教学主体之间的对话作为一种平等的精神性交流和沟通，实质上是一种“共享”关系，是教学主体之间共享知识、共享经验、共享智慧、共享精神、共享价值的过程。教学主体从自己的情感需求、价值体验和感受出发，以各种不同的方式共同参与到对话中，自由地发表自己独特的观点和意见，产生“思想碰撞”“视界交融”，激起“情感共鸣”“心灵相通”，从而有助于克服个体认识和理解上的独断性和自我中心性。在教学活动中，教学主体之间的“共享”关系，不仅表现为知识经验的共享，师生之间通过对话沟通获得新知，更表现为精神价值的共享，师生之间相互理解，共同传递和感受一种精神体验。

在教学设计和评价中，教师应该尽可能给予学生“说话”的权利和机会，教师必须抱有尊重、理解的心态，从心底里乐于接受学生提出的不同意见，乐于对自己的意见表示怀疑，鼓励学生大胆发表自己独到的见解。此外，教师可以与学生共同商定对话的形式和内容，让学生真正感受到“学习主人”的情感体验。

① 裴娣娜．现代教学论(第二卷)[M]．北京：人民教育出版社，2005：136.

(3)教学主体之间的对话是一种人与人之间的相互理解和自我理解的过程①

交往行为是一种以理解为导向的行为，也是一种以达到理解为目标的行为。在教学活动中，教学主体之间的“相互理解”是指交往双方能够认识到每一个人都是一个完整、独特的主体性存在，相互之间是平等、和谐的关系。在对话沟通过程中，双方能够站在对方的立场上看问题，尊重、承认和接受对方的独特性，对于不同的观点、思想和见解具有包容和支持的态度，彼此之间相互敞开和相互接纳，相互进入对方的精神世界。

交往教学强调学生个性的“自我实现”。由此，教学主体之间的对话既是一个教学主体之间的相互理解过程，更是一个教学主体的自我理解过程。教学主体之间的相互理解是教学主体的自我理解的前提和基础。正如布伯(Martin Buber)所说，“我与你的对话不仅是言语上的你来我往，而是寓于‘生活深处’的具体体验”②。在教学活动中，通过对话和沟通，个体能积极主动地把原先不属于自我理解范围之内的新经验，在自我理解中融入自己的精神世界，扩大自身的知识经验范围；通过对话和沟通，个体能对自己进行反思，对自己进行重新定位，从而促使个体不断地去提升自己，超越和完善自己，实现自我潜能的发挥。正因为如此，创造性和生成性被看作交往教学的重要特性。

(二)活动教学理论

从历史上看，活动教学思想经历了一个长期演变、发展的过程，它是在不断批判以灌输、记诵、被动接受为特征的旧教育体系的过程中逐步确立起来的。活动教学理论最初萌芽于欧洲文艺复兴时期以维多利诺(Vittorino da Feltre)、拉伯雷(Francois Rabelais)和蒙田(Michel de Montaigne)为代表的一批人文主义教育家的活动教学观点，后来在以卢梭(Jean-Jacques Rousseau)为代表的近代浪漫自然主义教育思想的滋润下得到迅速发展。真正给活动教学理论发展以极大推动的是当代活动教育的集大成者——杜威。他认为，教育应以儿童及其活动为起点、为目的、为中心，个体要获得真知，就必须在活动中主动去体验、尝试、改造，必须去“做”，由此他提出了“做中学”和“活动课程”，极大地丰富了活动教学理论的内涵，推动了活动教学在实践中的发展。

---

① 裴娣娜．现代教学论(第二卷)[M]．北京：人民教育出版社，2005：137.

② 黄忠敬．教学理论：走向交往与对话的时代[J]．教育理论与实践，2001(07)：33-35.

1. 活动教学的内涵

活动教学，主要指以在教学过程中建构具有教育性、创造性、实践性、操作性的学生主体活动为主要形式，以鼓励学生主动参与、主动探索、主动思考、主动实践为基本特征，以实现学生多方面能力综合发展为核心，以促进学生的整体素质全面提高为目的的一种新型教学观和教学形式。①

作为一种教学观，活动教学将教学过程视为一种特殊的活动过程，强调活动在学生认知、情感和个性行为发展中的重要作用，提高教学认识的关键在于建构学生的主体性学习活动，在于通过活动促进学生的主动发展。

作为一种教学形式，活动教学必须突现它的个性和特殊性，必须形成一套有自己鲜明主张和特定目标、内容、方法要求的教学规范，以区别于其他教学形式。

首先，活动教学以“活动促进发展”为基本指导思想，学生主体活动是学生认知、情感和个性行为发展的基础。

其次，活动教学以学生能力培养和素质整体发展为目标。只有在丰富多样的主体实践活动中，学生知识的获得、情感的丰富、能力的发展、人格的独立和完善以及素质的整体提高才可能实现。

再次，活动教学以问题性、策略性、情感性、技能性等程序性知识为基本学习内容，让学生通过自己的操作、探究、体验等活动方式实现知识的建构和内化。

最后，活动教学倡导以主动学习为学生的基本学习方式，“主张以主动探索发现和解决问题方式掌握人类长期积累起来的关于自然和社会的系统知识，并在经验重组和交流活动中实现对已有认识的突破和创新，达到情感、行为的升华和提高”②。

2. 活动教学的特征

在活动教学的意义上，“活动”主要是指学校教育教学过程中学生自主参与的，以学生学习兴趣和内在需要为基础，以学生主动探索、变革、改造活动对象为特征，以实现学生主体能力综合发展为目的的主体实践活动。③ 由此，活动教学的基本特征主要表现在以下五个方面。

---

① 裴娣娜．现代教学论(第二卷)[M]．北京：人民教育出版社，2005：294.

② 宋宁娜．活动教学论[M]．南京：江苏教育出版社，1999：10.

③ 田慧生．关于活动教学几个理论问题的认识[J]．教育研究，1998(04)：46-53.

(1)对象性

人的任何活动都是指向一定的对象的，这是人的活动的本质特征。在活动教学中，学生主体活动也是指向特定的学习对象的。学生学习活动的对象可概括为两类：一类是以实物存在的客观事物和客观环境；另一类是以心理映像或符号存在的心理表象、观念、情感、知识体系、学科结构等。① 在设计、组织和实施活动教学时，既要充分激励学生参与活动的积极性和能动性，使他们在对活动对象占有、改造的过程中主动地实现主体能力的发展；又要有针对性地根据活动对象的特点和内容(如学科的特点、知识的属性等)合理地设计多样化的活动，逐步建立和形成能体现活动教学特色的独特的内容体系。

(2)实践性

从哲学的角度看，实践是指人类有目的地、能动地改造和探索世界的一切社会性的客观物质活动。活动教学中的实践不以改造客观世界为直接目的，而是借助一定的物质手段，通过学生的主体活动，改造学生的主观世界，塑造学生的人格品质，促进学生的主体发展。

(3)整体性

学生的主体活动具有整体性，主要体现在活动结构的整体性和活动过程的整体性两个层面。所谓活动结构的整体性，是指完整的活动既包括外部活动，又包括内部活动。学生主体的外部活动是指教学中学生操作客体或改变自身外部形体的有形活动，如感知、操作和言语等；学生主体的内部活动是指在学生头脑中进行的观念性、内潜性的无形活动，如认知、情感和意志等。② 认知活动，是学生主体对教学客体的观念把握；情感活动，是学生主体对内在需要、动机和外在行为、状态的价值性情绪体验；意志活动，是学生主体为完成教学任务而进行的确定目的、支配行为的活动。所谓活动过程的整体性，是指活动过程是个体实现主体客体化和客体主体化的双向转化过程，即教学过程是学生主体的外部活动和内部活动的双向转化过程，是学生主体活动内化和外化的统一。学生主体外部活动的内化，是学生的外部感知、操作活动经过不断的概括化、言语化、简缩化，逐步形成概念的过程。学生主体内部活动的外化，是将内部过程在操作和言语上展开、呈现出来，是解决实际问题的过程。通过学生主体的外部活动、内部活动、外部活动的内化及其内部活动的外化，学生才能真正实现对知识的掌握及主体的发展。

---

① 田慧生．关于活动教学几个理论问题的认识[J]．教育研究，1998(04)：46-53.

② 黄甫全．现代课程与教学论学程[M]．北京：人民教育出版社，2006：335.

(4)开放性

开放性是针对传统教学活动的封闭性而言的。它包含几个层面的含义：活动内容的开放，即主张为学生提供丰富多样的内容，学生可以根据自己的兴趣爱好自主地做出选择，以满足自己的学习需求；活动过程的开放，即主张活动的过程是动态发展的，学生是活动的“主人”，学生在活动过程中的表现和需求应成为教师调整教学设计的重要依据，即活动并非事先预设好的，而是动态变化的，是“活”的；活动空间的开放，即要求教学活动不一定完全局限于课堂内进行，根据活动的需要，活动空间可以由课内向课外乃至校外延伸。

(5)灵活性

学生主体活动和主体发展是活动教学的出发点和归宿。活动教学中的活动既包括简单的实物操作，也包括复杂的思维运演；既包括个体活动，也包括群体活动。总而言之，活动教学中的活动具有多种层次和形式，不能单纯地理解为外显的动手操作。各种形式的活动可以灵活地加以组织，满足学生自主选择的需求。

从学生个体发展的角度看，学生活动的内容、形式在一定程度上受制于学生身心发展的年龄特征。教师必须依据学生身心发展的规律，灵活地设计出符合学生年龄特征的各种形式的活动。例如，学前期儿童思维发展处于动作思维阶段，他们对外部事物的认识以动作把握为主。为此，小学中、低年级的教学应该依据学生的认知特点，通过组织各种观察活动，提供丰富的感性材料和接触实物、接触现实生活的机会，促进学生形象思维的发展；高年级的教学则应在丰富的感性实践活动的基础上，提供探索、研究、讨论活动的机会，促进学生抽象思维的发展。

(三)创造性教学理论

创造性教学研究在美国经历了从面向精英儿童的创造性教学阶段到面向普通儿童的创造性教学阶段，再到面向家庭与社会的创造性教学阶段，创生出多种创造性教学模式。在国内，创造性教学的研究可以追溯至20世纪三四十年代人民教育家陶行知对创造教育的系统研究。21世纪是知识经济和信息时代，是“财富源于人力资源”的新时代。世界各国之间的竞争，是综合国力的竞争，更是国民创造力的竞争，是创造性人才的创造速度和创造效率的竞争。创新是民族进步的灵魂，是国家兴旺发达的不竭动力，一个民族缺乏独创能力，就难以屹立于世界民族之林。可见，创造性教学理论对网络教学设计与评价的指导作用。

1. 创造性教学的内涵

创造性教学是指以创造学、创造性心理学和创造教育学的基本原则为指导，运用科学的教学方法和教学途径，在传授知识、发展智能的同时，培养创造性、开发创造力的教学。创造性教学是教与学、传授知识和提高能力并重，教、学、做三合一的一种新型教学方法。其教学灵活，有利于学生形成最佳知识结构，而且能提高学生的创造性，培养他们的创造意识和应用能力，以满足现阶段社会、经济发展的需要。其中的创造性是指根据一定的目的，运用一切已知信息，产生出某种新颖、独特、有社会意义或个人价值的产品的智力品质，其产生原因在于主体对知识经验或思维材料高度概括后集中而系统的迁移，进行新颖的组合分析，找出新异的层次和交结点。这里的“产品”，即以某种形式存在的思维成果，它既可以是一个新概念、新思想、新理论，也可以是一种新技术、新工艺、新作品。

创造性教学的内涵很丰富，包括四个方面的内容：创造性意识的培养、创造性思维的培养、创造性技能的培养、创造性情感和创新人格的培养。我们必须全面理解创造性教学的内涵，其教学过程应包括教师创造性地教的过程和学生创造性地学的过程。其教学结果必须促进学生创造性学习能力的提高和素质的全面发展，同时也促使教师专业化地发展，不断挖掘自身潜能，提升自身的创造性。总之，创造性教学是一种以培养学生创新精神和创新能力为核心的素质教育，是一种顺应时代要求的完整的“人的教育”。

2. 创造性教学的特征

与传统教学和一般性常规教学不同，创造性教学具有如下特征。①

(1)结构的整体性

第一，它把人的创造力结构中的思维品质与个性品质结合起来，达到了创造力结构的整体性；第二，它坚持人的创造性思维结构的整体性和创造性个性结构的整体性。研究已证明，创造性思维结构包括流畅性、变通性、精密性与独创性四个品质。流畅性标志思维的速度，变通性标志思维的广度，精密性标志思维的深度，独创性标志思维的新颖度，它们共同构成了一个人创造性思维的相互联系和相互影响的有机结构。创造性个性品质结构包括好奇心、想象力、挑战性和冒险性四个品质。好奇心是个性是否开放、活跃的表现，想象力是个性是否丰富、开朗、超脱的表现，挑战性是个性是否具有独立性、自主性和勇气的表现，冒险性是个性是否果断、大胆的表现，它们共同构成了一个人

① 裴娣娜．现代教学论(第三卷)[M]．北京：人民教育出版社，2005：237-239.

创造性个性的相互联系和相互影响的有机结构。

(2)功能的多面性

创造性教学除了对培养学生的创造性思维品质与个性品质有突出功能以外，对学生的学业成绩和人格发展也有着积极的明显成效。采用创造性教学培养的学生对人热情、友好，与人相处和谐，关心、帮助他人的行为表现多，为学生获得发展自身健康完善人格提供了良好的条件。

(3)形式的多样性

创造性教学本质上遵循有关创造学的有关原理，以及人的创造活动规律和创造素质培养的规律，在实践操作上其形式是多样化的。教师可以根据学生的兴趣、特长和教学实际需要，选择适当的教学策略加以表现。例如，教师可以运用辩论教学策略，也可以运用反思教学策略，还可以运用类比教学策略等。

(四)生成性教学理论

说起苏格拉底的“产婆术”，人们肯定耳熟能详；提及我国著名教育家孔子的“教学相长”，大家更是不会感到陌生。不论是“产婆术”还是“教学相长”，我们都能从中窥见和体悟暗藏其后的“生成”意蕴。前者我们可以理解为教师协助学生将其潜在的能力不断诱发出来，后者则可理解为教师与学生在对话与交流中实现知识的互惠式协同创造。

21 世纪是一个不断求变创新的时代，从国家政策引领层面，大众创业、万众创新的宣传语即有力的证明；从时代发展的趋势来看，这是一个愈加注重知识生成和创造的自媒体社会。反观当代教育的发展态势，一股不再满足于程序式僵化教学模式的反思浪潮显得越发激荡，怎样的教学才能培养出能适应当今知识社会生存的创新性人才？如何在“互联网＋”时代更好地帮助学生实现能力和素养的形成和提升？鉴于此，人们逐渐将视野转向对生成性教学理论的探索与实践。

1. 生成性教学的内涵

(1)何为“生成”

《教育大辞典》对“生成”的解释是，“强调学习过程是学生原有认知结构与从环境中接受的感受信息相互作用、主动建构意义生成的过程”①。雅斯贝尔斯曾说：“生成来源于历史的积聚和自身不断重复努力。”②由此可见，动态性、过程性、发展性是“生成”的突出特征。

① 顾明远．教育大辞典：第五卷[M]．上海：上海教育出版社，1992：1628.

② [德]雅斯贝尔斯．什么是教育[M]．邹进，译．北京：生活·读书·新知三联书店，1991：8.

(2)何为“生成性教学”

不同研究者对生成性教学的内涵有不同解读：或认为生成性教学是一种教学哲学或教学理念[①]；或把生成性教学看作生成性思维视角下的一种教学形态，是教师根据课堂中的互动状态及时地调整教学思路和教学行为的教学形态[②③]；或认为生成性教学是一种教学过程[④]。不管哪种看法，从“生成”的含义出发，生成性教学可以指的是在弹性预设基础上，师生充分交互，不断调整教学活动和行为，共同建构并形成新的信息、资源的动态过程，以实现教学目标和创生附加价值。

2. 生成性教学的特征

生成性教学具有如下几个方面的特征。

(1)人文发展性

从教学理念来看，生成性教学注重以人为本。生成性教学的重心在于回归教育中的人本身，立旨于人的成长和发展。[⑤] 生成性教学强调人文关怀，尊重生命，实现学生主动、持续的生长和发展，同时也促进教师自身的成长和发展。

(2)动态非线性

从教学过程来看，生成性更加强调动态生成。与预设性教学不同，生成性教学是师生及多种因素之间动态的相互作用的推进过程。教师根据学生的学习反馈或者出现的教学事件，灵活动态地调整教学环节或者教学活动。

(3)交互参与性

从教学方法来看，生成性教学更侧重交往互动，注重学生的全员参与。交往互动是生成的前提，同时也是生成的表现。教学中主要采用讨论、协作、探究等互动的方法促使教学互动进一步的发展与完善，为教学生成创造更多的条件和机会。

(4)附加价值性

从教学效果来看，生成性教学关注教学的附加价值。附加价值是指教学中的意外事件带给学生的发展价值，是预设之外的价值。[⑥] 生成性教学不仅是为了完成预设目标，更关注学生在教学过程中个性化的表现，促使学生从教学意

---

① 李雁冰，程良宏．生成性教学：教学哲学的分析视角[J]．教育发展研究，2008(08)：22-26.

② 罗祖兵．生成性教学及其基本理念[J]．课程·教材·教法，2006(10)：28-33.

③ 王鉴，张晓洁．论教学的二重性[J]．高等教育研究，2007(01)：67-72.

④ 郑金洲．课改新课型[M]．北京：教育科学出版社，2009：32.

⑤ 张广君．生成论教学哲学论纲：架构与特征[J]．当代教育与文化，2011(04)：28-33.

⑥ 罗祖兵．生成性教学的基本理念及其实践诉求[J]．高等教育研究，2006(08)：9-16.

外中获得积极价值。

3. 生成性教学的过程

生成性教学过程分为弹性预设→交往-反馈→应对-建构→生成-创造→评价-反思五个阶段，且每一阶段的实施均有外力加以推动。[①]

(1)弹性预设

弹性预设是生成性教学的基础。在教学中，一定的教学预设是非常必要的，应是有弹性、有空白的预设。[②] 教师要在深入了解学生和教材的基础上，对课堂教学进行弹性设计。学生课前进行学习准备，形成获取新知的认知基础。课前的弹性预设需要教师进行有效指导，并推送丰富的学习资源。

(2)交往-反馈

交往与反馈是生成性教学的前提。在教学中创设情境，教师密切关注学生反应，并留意发生的教学事件，对学生的学习状态与学习情况做出反馈，为教学生成创造机会。在这一过程中，会产生大量的、丰富的而又转瞬即逝的生成性信息，教师需要对这些信息进行及时的捕捉和记录。

(3)应对-建构

应对与建构是生成性教学的关键。教师根据学生的学习状态及时调整教学行为和教学方法，提供有力的“脚手架”。在交往与反馈中产生的生成性信息，一部分可以直接内化为学生的生成性知识，另一部分则被教师及时捕捉并积极应对，以语言、文字、行为等方式外显出来，形成生成性资源，通过存储和共享来支持学生的意义建构。

(4)生成-创造

生成与创造是生成性教学的目标。学生在教师的引导下，构建生成性知识并同化或顺应已有认知结构。除此之外，也包括教学目标、教学成果以及附加价值等的生成和创造。生成与创造的结果通过可视化等方式呈现并展示共享。

(5)评价-反思

评价与反思是促进生成性教学的有效手段，为下一步教学的预设与生成提供经验和指导。评价反思也是提升教师生成性教学能力的方法。

---

① 谢幼如，杨阳，柏晶，等．面向生成的智慧学习环境构建与应用——以电子书包为例[J]．华南师范大学学报(自然科学版)，2016(01)：126-132.

② 李祎，涂荣豹．生成性教学的基本特征与设计[J]．教育研究，2007(01)：41-44.

二、教学论基础对网络教学的影响

教学论主要关心两大问题，一是教师的教是如何影响学生的学的；二是怎样教才是有效的，对教学行为进行一定的规范，并给教师提供一系列使教学有效的建议或处方。[①] 上述国内外较有影响的教学论，为网络教学提供了有利的借鉴。

（一）注重师生之间的互动性

在网络教学中，教师与学生之间应打破传统的“独白式”的教授关系，建立起“对话式”的交往关系。教师不再处于“话语霸权”的地位，而是应营造一个民主、和谐的开放式学习氛围，允许学生利用网络资源开展探究学习、协作学习和自主学习，允许学生挑战“权威”，敢于质疑教师或教材的观点，赋予学生在教学中的平等地位。

各种新兴的网络通信技术也使得师生之间的交往关系实现从简单的单一性向广泛的多边性发展。对于教师而言，他所面向的交往对象不仅仅是本班学生，可以是来自更大地域范围内的学生。对于学生来说，亦是如此。例如，来自不同国家、地区和学校的学生与教师，可以围绕着共同感兴趣的热点问题，组成学习共同体，利用社会性媒介进行在线同步或异步交流。

（二）注重学习环境的创造性

学习环境不再局限于支持单向度信息获得的“信息功能”，也不再满足于支持双向式社会交互的“交流功能”，而是追求知识人造物合作开发及其实践的“创造功能”。[②] 可以预计，知识创造学习环境设计必将成为学习环境设计的主流形态。[③] 在知识创造学习环境中，技术不仅充当着认知性中介的作用，发挥着社会性中介的作用，更凸显出实践性中介的作用。

在“互联网＋”时代，如何融合技术的认知性、社会性和实践性的中介作用，创设一个实现知识创造的课堂学习环境呢？基于实践共同体的学习环境设计提供了一个很好的思路。“互联网＋”时代的课堂学习环境不再是一个封闭的

---

① 施良方，崔允漷．教学理论：课堂教学的原理、策略与研究[M]．上海：华东师范大学出版社，2001：25.

② Lakkala M，Paavola S，Kosonen K，et al. Main functionalities of the knowledge practices environment（KPE） affording knowledge creation practices in education. Computer Supported Collaborative Learning Practices：CSCL2009 Conference Proceedings，Rhodes，Greece，June 8-13，2009[C]. [S. L.]：International Society of the Learning Sciences，2009：297-306.

③ 刘大军，黄甫全，左璜．从知识共享到知识创造：学习环境设计认识论基础的嬗变[J]．开放教育研究，2015(01)：34-43.

空间，而是开放的，甚至是跨界的。可以说，课堂学习环境是一种以知识实践共同体为中心的环境。在"共同体视角"审视下，学生可以突破现有课堂学习环境的时空界限，与跨领域、跨地域的专家、教师和其他学生个体开展跨文化交流和协同性知识创新。不同学生之间借助技术围绕知识人造物进行交互并创造知识。这一过程专注于利用可视化工具显现不同学生合作进行知识创造的过程。具体包括以下过程。[①] ①对知识人造物操作的过程。例如，采用可视化编辑工具(笔记本、草稿本等)，以自由视像编排和连接的方式来表征和共享人造物；采用可视化交流工具(聊天日志)，以嵌入和标签的方式展现围绕知识人造物的讨论；采用包含语义特征信息的元数据工具(标签、标签表等)，以重用和整合的方式完成对知识人造物的操作。②围绕知识人造物的实践过程。例如，利用甘特图(Gantt chart)以图示的方式通过活动列表和时间刻度，形象地表示出学生规划任务及完成任务的活动顺序与持续时间，从而在空间和时间维度建立起任务和过程的联系，监控任务完成的情况；促使学生针对知识创造过程产生的不同共享知识人造物，将其对应的知识创造过程的阶段加以截取(tailor)和放大，以集中突出展示某一阶段的知识创造过程；赋予知识创造过程中的任务和人造物以"自觉意识"(awareness)，通过视觉线索和在线公告的方式将学生在同步和异步合作交互中产生的隐性知识与其知识实践过程相联系，为学生规划任务和合作交互提供导引。

(三)注重教学过程的活动化

学习内容与学生经验、学习过程与学习结果的整合都需要以"活动"为中介。所以，在网络教学过程中，我们应创设多样化的活动形式。例如，利用网络资源进行自主阅读活动，利用仿真工具进行虚拟实验活动，利用网络游戏进行探究学习活动，利用交流工具进行协商讨论活动，利用在线评价系统进行在线评测活动，激发学生在活动中获取知识、掌握技能和发展能力，在活动中实现知识迁移与经验转化，在活动中培养和发展学生的核心素养。

本章小结

本章阐述了网络教学设计与评价的四个主要理论基础：技术哲学基础、文

---

① Lakkala M，Paavola S，Kosonen K，et al. Main functionalities of the knowledge practices environment(KPE) affording knowledge creation practices in education. Computer Supported Collaborative Learning Practices：CSCL2009 Conference Proceedings，Rhodes，Greece，June 8-13，2009[C].[S. L.]：International Society of the Learning Sciences，2009：297-306.

化基础、心理学基础和教学论基础。

1. 网络教学设计与评价的技术哲学基础

当代，技术哲学蕴含着“文化”特性，并走向文化取向的技术哲学，其根本旨趣是以人与技术的关系、人与文化的关系为本体，从而对技术的本质进行深入的探究和握持，借助于辩证逻辑的力量，揭示人、技术与文化的本质联系，追求“人-技术-文化”的整合同一。它对网络教学的影响主要体现在两个方面：一是关注学习环境的创新设计，尤其是身体“在场”的具身参与环境的创设与灵活多变的适应性环境的创设；二是关注学生经验转化的问题，特别是关注技术促进学习的设计和多样化交互的设计。

2. 网络教学设计与评价的文化基础

文化的价值取向，直接影响、制约着教学的各个方面。其中，集中表现在教学目标、教学方法和教学评价三个层面。①教学目标倾向于发展学生的核心素养，具体落实在学科核心素养的实践上。②教学方法提倡赋予所有的学生参与正式和非正式情境中的学习体验，鼓励个性化学习、基于项目的学习、真实场所的学习等正式与非正式的学习方式，帮助学生在全球化的互联社会中成为活跃的、创造性的、知识渊博的和符合伦理道德规范的参与者。③教学评价凸显“学习为本评估”的整体性评估方法论。学习为本评估以自我导向学习为基础，需要合作活动学习环境予以支持，综合运用学习化评估、学习性评估和学习段评估的多种评估方式，旨在优化师生对评估的理解和体验，改进师生的教与学，并最终通过发展学生的元认知优化所有学生的学习。

3. 网络教学设计与评价的心理学基础

在学习心理学中，“人是如何学习的”这一问题始终是研究的焦点。自认知主义心理学发展以来，人们越来越关注“个体内部心智获得与加工的过程”以及“个体与其所处环境的互动过程”，涌现出一系列较为经典的心理学理论。本章主要介绍了奥苏贝尔的“有意义学习理论”、皮亚杰的“认知发展理论”和维果茨基的“社会心理发展理论”。随着学习科学的兴起与发展，心理学研究开始关注情境学习、具身认知、整体性学习等理论。这些理论观点对网络教学设计与评价的影响可以表现在两个方面：一是关注情感化教学设计；二是关注具身学习设计。

4. 网络教学设计与评价的教学论基础

教学理论主要关心两大问题，一是教师的教是如何影响学生的学的；二是怎样教才是有效的，对教学行为进行一定的规范，并给教师提供一系列使教学有效的建议或处方。本章主要介绍了交往教学理论、活动教学理论、创造性教学理论和生成性教学理论。这些理论观点对网络教学设计与评价的影响主要表现在三个方面：一是注重师生之间的互动性；二是注重学习环境的创造性；三是注重教学过程的活动化。

思考与练习

1. 简述技术哲学对网络教学的影响。

2. 简述文化对网络教学的影响。

3. 针对当前网络教学设计与评价的一个热点话题，运用心理学的相关理论进行分析，说出你的观点与理由。

4. 针对当前网络教学设计与评价的一个热点话题，运用教学论的相关理论进行分析，说出你的观点与理由。

第三章　网络教学设计的前端分析

内容结构

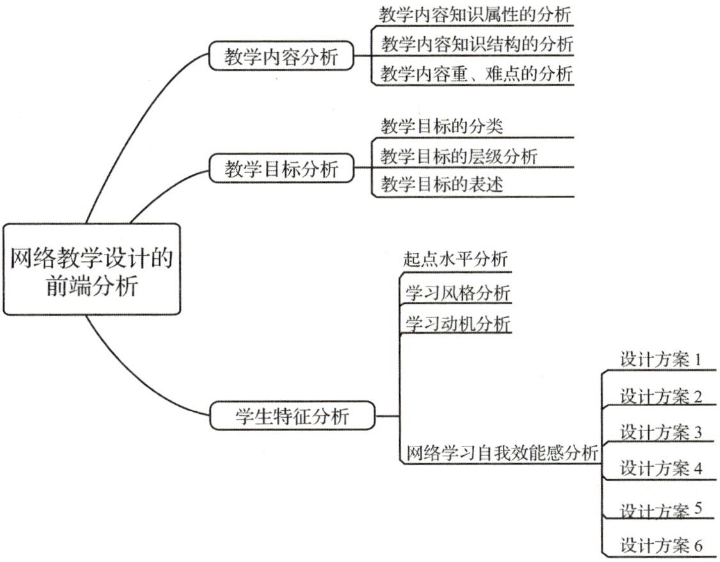

学习目标

1. 识记：教学目标、起点水平、学习风格、学习动机。

2. 了解：教学内容的知识属性、布卢姆等人的教学目标分类、加涅的学习结果分类、学习风格的分类。

3. 理解：教学内容分析的方法、教学目标分析与表述的方法、学生特征分析的方法。

4. 应用：根据教学内容分析、教学目标分析与学生特征分析方法，选择某门课程的某一单元(专题)教学内容进行前端分析。

5. 评价：能对一份教学设计方案中的“教学内容分析”“教学目标分析”“学生特征分析”的内容进行评价，指出其优、缺点，并对其进行优化完善。

学习建议

1. 本章重点是教学内容分析的方法、教学目标分析与表述的方法、学生特征分析的方法，难点是教学目标的分析与表述方法。

2. 本章内容建议采用案例教学法，教师可提供不同学科的教学设计方案，突出“教学内容分析”“教学目标分析”和“学生特征分析”的内容，引导学生进行分析，以掌握理解教学内容分析、教学目标分析和学生特征分析的方法。

3. 学生应积极投入，尝试运用所学的知识，选择某门课程的某一单元(专题)教学内容进行前端分析，或是对一份教学设计方案进行评价分析与优化完善。

开展网络教学设计活动，首先需要进行一系列的前端分析。一般来说，网络教学设计的前端分析包括“教学内容分析”“教学目标分析”和“学生特征分析”三个方面。

第一节　教学内容分析

教学内容，就是指为了实现教学目标，要求学生系统学习的知识、技能和行为规范的总和。它通常指在一个科目、一个单元或一节课、一个具体教学活动中，作为师生教学对象的具体知识、主题、事实、观念和原理等。教学内容分析是网络教学设计前端分析的重要环节。一般情况下，教学内容分析包括三个方面。

一、教学内容知识属性的分析

根据学生不同的智能活动，可将学习分为三大类，即知识学习(包括事实、概念和原理的学习)，技能学习，问题解决学习。对于具体学科，可根据实际情况，结合学科的具体特点进行知识内容的分类。例如，物理学科的知识内容可分解为三个方面。物理知识包括现象与事实，概念(名称、术语、物理量、重要常数)，原理(定律、定理、定则、公式)等；物理技能主要指实验、观察技能，包括仪器的使用、安装，辨认实验对象，准确观察测量，数据处理等；问题解决的方法主要有实验方法、数学方法、逻辑方法、系统方法等。

加涅曾对教学内容进行分类，指出每个知识点内容的属性可以分为事实、概念、技能、原理、问题解决五个类别。

(一)事实

事实指一些术语，如姓名、时间、地点、一些事件的名称以及可确定的事件。例如，初中历史中关于“虎门销烟”这一历史事件，有关事件发生的时间、地点和历史人物等知识属于事实类内容。

（二）概念

概念指将具有同样特征的事物进行归类，用来表征这种事物的属性以及名称的名词。例如，小学数学“图形认识”这一教学内容，有关“三角形”“长方形”“正方形”“圆”等表征图形的名称属于概念类内容。

（三）技能

技能指一系列动作的连锁化(语言＋智力＋手工＋机械操作＋综合)。这里主要是指智力的技能。例如，用圆规绘制圆，用几何画板绘制椭圆。

（四）原理

原理指把若干个概念组合在一起，用来陈述事物的因果关系和规律。例如，“三角形内角和定律：三角形的内角和是 180°”“电阻定律：对于由一定材料制成的横截面积均匀的导体，在一定的温度下，它的电阻 R 和导体的长度 l 成正比，和横截面积 S 成反比”“阿伏伽德罗定律：在同一温度和同一压强条件下，相同体积的任何气体中都含有相同数目的分子”。

（五）问题解决

问题解决指发现问题、提出假说、搜集事实、做出解释论证的程序和方法。

以下是小学数学“圆的认识”这一教学内容的知识属性分析：

根据教学内容的知识点属性，“圆、圆心、半径、直径等的含义”属于概念类内容，“学会用圆规画圆”属于技能类内容，“圆的基本特征”属于原理类内容，“圆在实际生活中的应用”属于问题解决类内容。

二、教学内容知识结构的分析

奥苏贝尔的有意义学习理论指出，有意义学习是指在学习过程中，符号所代表的新知识与学生认知结构中已有的适当观念建立实质性和非人为性的联系的过程。因此，为了促进有意义学习，教师应善于系统地引导学生利用先前所学的内容来学习新的内容，从而加深对新内容的理解。这意味着，教师在分析教学内容时，应注意分析教学内容的知识结构关系，即弄清楚即将让学生学习的新内容与先前内容及后续内容之间的关联，以及即将让学生学习的新内容所涵盖的知识点之间的关系。

通常，分析教学内容知识结构关系的方法有归类分析法、图解分析法、层级分析法和信息加工分析法。

（一）归类分析法

归类分析法主要是研究对有关信息进行分类的方法，旨在鉴别为实现教学目标所需学习的知识点。例如，一个国家的省、市名称可按地理区域的划分来归类，人体外表各部位的名称可由上向下，按头、颈、躯干、上肢、下肢分类等。确定分类方法后，可用图示或列提纲的形式把实现教学目标所需学习的知识归纳成若干方面，从而确定教学内容的范围。图 3-1 是生物学关于“细胞的化学成分”这部分教学内容的分析。需要说明的是，从形式上看，图 3-1 所示的分析图与后面将讨论的层级分析图相似，但在归类分析法中，各知识点之间本质上不存在难度的层级关系。

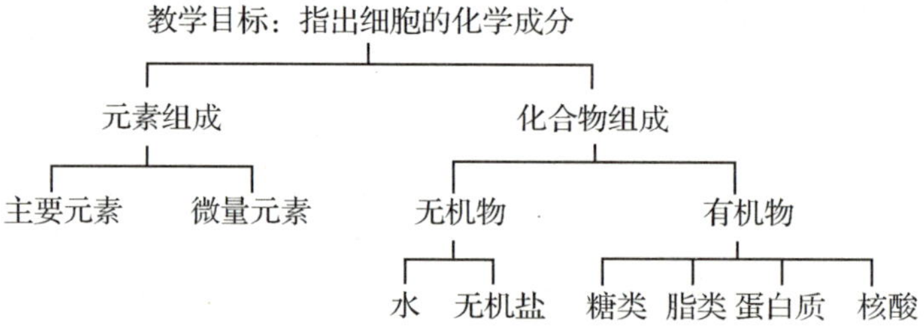

图 3-1 “细胞的化学成分”教学内容的归类分析

（二）图解分析法

图解分析法是一种用直观形式揭示教学内容要素及其相互联系的内容分析方法，用于对认知类教学内容的分析。图解分析的结果是简明扼要、提纲挈领地从内容和逻辑上高度概括教学内容的一套图表或符号。图 3-2 是一个关于 DNA 内容的图解分析，从证据、结构和功能三个方面将 DNA 的相关内容简洁地反映在图解之中。这种方法的优点是使分析者容易觉察内容的残缺或多余部分以及相互联系中的割裂现象。

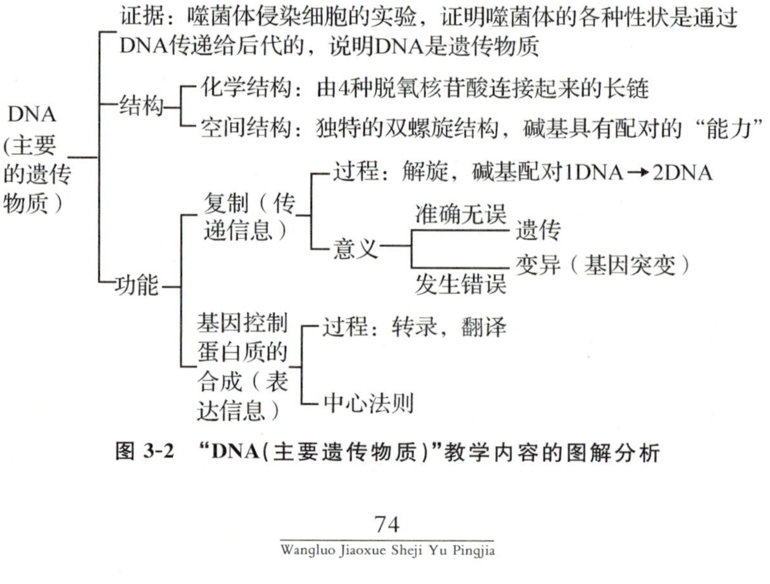

图 3-2 “DNA(主要遗传物质)”教学内容的图解分析

（三）层级分析法

层级分析法是用来揭示教学目标所要求掌握的从属技能的一种内容分析方法。这是一个逆向分析的过程，即从已确定的教学目标出发，考虑学生为了掌握该目标所规定的概念或能力必须先掌握哪些低一级的从属概念或能力，而要掌握这些低一级的概念或能力又要先掌握哪些更低一级的从属概念或能力，依此类推。可见，在层级分析中，各层次的知识点具有不同的难度等级——越是在底层的知识点，难度等级越低（越容易），越是在上层的知识点，难度等级越高（越难）。

层级分析的原则虽然简单，但具体做起来却不容易。它要求参加教学设计的学科专家、学科教师和教学设计者熟悉学科内容，了解教学对象的原有能力基础，并具备较丰富的心理学知识。

（四）信息加工分析法

信息加工分析法是将教学目标要求的心理操作过程揭示出来的一种内容分析方法。这种心理操作过程及其所涉及的能力构成教学内容。例如，求算术平均数的解题过程即反映了这种信息加工过程（如图 3-3 所示）。

列出各个体的标志值 $x_1, x_2, x_3, \cdots, x_n$	计算标志总量 $\Sigma x=x_1+x_2+x_3, \cdots, x_n$	计算个体的总数n	标志总量 Σx 除以个体的总数n，得到算术平均数x
（第1步）	（第2步）	（第3步）	（第4步）

图 3-3　“求算术平均数”教学内容的信息加工分析

在许多教学内容中，完成任务的操作步骤不是按“$1 \to 2 \to 3 \to \cdots \to n$”的线性程序进行的。当某一步骤结束后，需根据出现的结果判断下一步怎么做。在这种情况下，就要使用流程图表现该操作过程。流程图除直观地表现出整个操作过程及各步骤以外，还表现出其中一系列决策点及可供选择的不同行动路线。信息加工分析不仅能将内隐的心理操作过程显示出来，也适用于描述或记录外显的动作技能的操作过程。

三、教学内容重、难点的分析

在分析教学内容的过程中，需要明确教学重点和教学难点，进而在接下来的教学设计和教学实施中突出教学重点，突破教学难点，从而实现教学目标。

教学重点是指学生必须掌握的基础知识和基本技能。教学难点是学生不易理解的知识，或不易掌握的技能技巧。一般来说，教学重点不一定是教学难点，教学难点也不一定是教学重点。

教学重、难点的确定要依据教材和课程标准、教学内容的特点和学生的实际情况。在实际教学中教学难点不是固定不变的，具有相对性。同一知识点对一些学生可能是教学难点，而对另一些学生可能就不是，所以教学难点的设计还要根据学生的实际学习情况进行修订。

案例一：人教版语文二年级下册“雷锋叔叔，你在哪里”第二课时教学重、难点分析

“雷锋叔叔，你在哪里”第二课时的教学内容是生字的写法、词语的用法和雷锋精神。

教学重点：识字、写字和朗读课文。

教学难点：对课文的理解和领会雷锋精神。

“雷锋叔叔，你在哪里”描写了雷锋叔叔的感人事迹，教育学生懂得奉献爱心，助人为乐。助人为乐是小学生应该养成的行为规范，但在实际行动中孩子们却缺乏主动意识和自觉行为。因此教学重点除了识字、记字以外，还包括有感情地朗诵课文，教学难点是让学生体会雷锋精神，将奉献精神内化心灵，外化行动。

案例二：人教版数学四年级下册“三角形的分类”第一课时教学重、难点的修订

“三角形的分类”第一课时的教学内容是三角形的分类、三角形之间的关系和特殊三角形的特征。教师在教学设计时根据教学经验将难点定为“区别和掌握各种三角形的特征”，但是通过试教发现该难点设置比较笼统，对指导实际教学有欠缺，故根据具体情况对教学重、难点进行修正(如表 3-1 所示)。

表 3-1 “三角形的分类”教学重、难点修订前后对照

	修订前	修订后
教学重点	感受分类思想，学会从不同角度给三角形分类。	按角和边对三角形进行分类。
教学难点	区别和掌握各种三角形的特征。	按边对三角形进行分类，掌握三角形特征，辨析各种三角形。

案例三：北师大版数学八年级上册“二元一次方程与一次函数”第一课时教学重、难点分析

“二元一次方程与一次函数”第一课时的教学内容是二元一次方程与一次函数的关系和二元一次方程组的解与图像之间的关系。

教学重点：理解二元一次方程和一次函数的关系。

教学难点：通过数形结合和转化的思想意识，准确理解并清楚地表达二元一次方程与一次函数的关系。

由于方程的数学表达式较抽象，而八年级的学生虽然具有一定的抽象思维能力，但是还是经验性的，这样容易造成学生对方程理解的困难。因此，“二元一次方程与一次函数”的教学重点确定为理解二元一次方程和一次函数的关系，教学难点确定为二元一次方程和一次函数之间的对应关系，即数形结合的意识和能力。

案例四：高职“景观化的生态护岸设计”教学重、难点分析

“景观化的生态护岸设计”是高职水土保持技术专业生态工程课程的教学专题之一。该专题的教学内容是景观化的生态护岸的概念、特征与类型，生态护岸工程设计的技术做法和处理方法，景观化的生态护岸方案设计。

教学重点：生态护岸工程设计的技术做法。

教学难点：合理表达景观化的生态护岸设计方案。

“景观化的生态护岸设计”专题要求高职学生能够设计并合理表达景观化的生态护岸设计方案。学生要完成方案的设计必须先学会景观化的生态护岸设计原理和方法，而将设计的方案合理表达需要具备一定的设计和建模技术。因此，将教学重点确定为生态护岸工程设计的技术做法，教学难点确定为将生态护岸与景观结合、表达视觉仿真效果的方法。

第二节　教学目标分析

教学目标，是指对学生通过教学应该表现出来的可见行为的具体明确的表述，也是指教学中师生预期达到的学习结果和标准。对教学目标的阐明，可以使这种结果或标准具体化、明确化，为制定教学策略提供依据。我们可以从三个方面来理解教学目标：①教学目标表述的是学生的学习结果，而不是说明教师将要做什么；②教学目标应力求明确、具体，可以观察和测量；③教学目标应该反映学习结果的类型。

一、教学目标的分类

纵观国内外众多心理学家和教育家从不同角度对教学目标的研究，现已形成了多种教学目标分类。此处主要对布卢姆等人的教学目标分类、加涅的学习结果分类和我国新课程改革倡导的三维目标进行重点介绍。

(一)布卢姆等人的教学目标分类

1956年，布卢姆等人在《教育目标分类学》中提出了教学目标分类理论。在这个理论体系中，布卢姆等人将教学目标分为认知、情感和动作技能三大领域。① 每一领域又细分为若干目标层次，这些层次具有阶梯关系，即较高层次的目标包含且源自较低层次的目标。

1. 认知领域目标分类

布卢姆等人将认知领域的教学目标由低级到高级共分为识记、理解、运用、分析、综合和评价六个层次。

(1)识记(knowledge)

识记指对先前学习过的知识材料的回忆，包括对具体事实、方法、过程、理论等的回忆，如记忆名词、事实、基本观念、原则等。其所要求的心理过程主要是记忆。这是最低水平的认知学习结果。

(2)理解(comprehension)

理解指把握知识材料意义的能力。可以通过三种形式来表明对知识材料的领会。一是转换，即用自己的话或用与原先不同的方式来表达所学的内容。二是解释，即对一项信息(如图表、数据等)加以说明或概述。三是推断，即预测将来的趋势(预期的后果)。理解超越了单纯的记忆，代表了最低水平的理解。

(3)运用(application)

运用指把学到的知识应用于新的情境。它包括概念、原理、方法和理论的应用。运用的能力以识记和理解为基础，是较高水平的理解。

(4)分析(analysis)

分析指把复杂的知识整体分解为组成部分并理解各部分之间联系的能力。它包括部分的鉴别、部分之间关系的分析和认识其中的组织结构。例如，能区分因果关系，能识别史料中作者的观点或倾向等。分析代表了比运用更高的智力水平，因为它既要理解知识材料的内容，又要理解其结构。

(5)综合(synthesis)

综合指将所学知识的各部分重新组合，形成一个新的知识整体。它包括发表一篇内容独特的演说或文章，拟定一项操作计划或概括出一套抽象关系。它所强调的是创造能力，即形成新的模式或结构的能力。

---

① Bloom B S. Taxonomy of Educational Objectives, Handbook I: Cognitive Domain[M]. New York: David McKay, 1956.

(6)评价(evaluation)

评价指对材料(如论文、观点、研究报告等)做价值判断的能力。它包括对材料的内在标准(如组织结构)或外在标准(如某种学术观点)进行价值判断。例如，判断实验结论是否有充分的数据支持，或评价某篇文章的水平与价值。这是最高水平的认知学习结果，因为它要求超越原先的学习内容，综合多方面的知识并要基于明确的标准才能做出评价。

在上述布卢姆等人的分类系统中，“识记”只要求对信息进行简单的记忆，不需要对原输入的信息做多大改动或加工。而以后的五个层次与“识记”的不同之处在于：它们是加工知识的方式，需要学生在心理上对知识进行组织或重新组织。这个分类系统为我们确定教学目标提供了一个很好的思考框架。

2. 情感领域目标分类

1964 年，克拉斯伍(David Krathwohl)等人依据价值内化的程度，由低级到高级将情感领域的教学目标分为接受、反应、价值化、价值观组织、品格形成五个层次。

(1)接受(receiving)

接受或注意指学生愿意注意某特定的现象或刺激。例如，静听讲解，参加班级活动，意识到某问题的重要性等。学习结果包括从意识到某事物存在的简单注意到选择性注意，是低级的价值内化水平。

(2)反应(responding)

反应指学生主动参与，积极反应，表现出较高的兴趣。例如，完成教师布置的作业，提出意见和建议，参加小组讨论，遵守校纪校规等。学习的结果包括默认、愿意反应和满意的反应。这类目标与教师通常所说的“兴趣”类似，强调对特定活动的选择与满足。

(3)价值化(valuing)

价值化指学生用一定的价值标准对特定的现象、行为或事物进行评判。它包括接受或偏爱某种价值标准和为某种价值标准做出奉献。例如，欣赏文学作品，在讨论问题中提出自己的观点，刻苦学习外语等。这一阶段的学习结果所涉及的行为表现出一致性和稳定性，与通常所说的“态度”和“欣赏”类似。

(4)价值观组织(organization)

价值观组织指学生在遇到多种价值观念呈现的复杂情境时，将价值观组织成一个体系，对各种价值观加以比较，确定它们的相互关系及它们的相对重要性，接受自己认为重要的价值观，形成个人的价值观体系。例如，先处理集体的事，然后考虑个人的事；形成一种与自身能力、兴趣、信仰等协调的生活方式等。值得重视的是，个人已建立的价值观体系可以因为新观念的介入而改变。

(5)品格形成(characterization)

品格形成是指学生通过对价值观体系的组织，逐渐形成个人的品性，各种价值被置于一个内在和谐的构架之中，并形成一定的体系。个人言行受该价值体系的支配，观念、信仰和态度等融为一体，最终的表现是个人世界观的形成。达到这一阶段以后，行为是一致的和可以预测的。例如，保持谦虚态度和良好的行为习惯，在团体中表现出合作精神等。

3. 动作技能领域目标分类

1972 年，辛普森(Elizabeth Simpson)将动作技能领域的目标由低到高分为知觉、准备、有指导的反应、机械动作、复杂的外显反应、适应和创作七个层次。

(1)知觉(perception)

知觉指学生运用感官获得信息以指导动作，如背诵仪器操作方法等。

(2)准备(set)

准备指学生为适应某动作技能的学习而做好心理和生理上的准备，如了解动作的难度、要领和动作进程，使身体到位以便开始练习。知觉和准备阶段是技能学习的认知阶段。

(3)有指导的反应(guided response)

有指导的反应指学生在教师指导下表现相关动作，包括模仿和尝试错误，如能模仿教师的动作，在教师指导下进行练习直至形成正确动作等。

(4)机械动作(mechanism)

机械动作指学生能以某种熟练和自信的水平完成动作，包括各种简单形式的操作技能，如能正确、迅速地切片制作标本等。

(5)复杂的外显反应(complex overt response)

复杂的外显反应通常指复杂动作模式的熟练操作。操作的熟练性以准确、迅速、连贯协调和轻松稳定为指标，通常表现为能用最少的时间和精力完成全套动作技能，如精确迅速地完成解剖任务、快速排除机器故障等。

(6)适应(adaptation)

适应指学生已经练就的动作技能具有应变能力，能根据具体情境的需要或特殊的装置修正自己的动作模式。

(7)创作(origination)

创作指学生在学习某些动作技能的过程中形成了一种创造新的动作技能的

能力，如能改造实验操作方法、创造新的表演节目等。

（二）加涅的学习结果分类

加涅在《学习的条件》一书中，对学习结果进行了分类。他提出了五种学习结果：言语信息、智力技能、认知策略、动作技能和态度。

1. 言语信息(verbal information)

言语信息是指学生通过学习以后，能记忆诸如事物的名称、符号、地点、时间，定义对事物的描述等具体的事实，能够在需要时将这些事实陈述出来。他们所陈述的信息是基于一种或多种形式的句子(或命题)，是被语言化的，所以称“言语信息”。判断学生是否获得言语信息主要是看学生是否能把所获得的信息表述出来。

2. 智力技能(intellectual skills)

智力技能是指学生通过学习获得了使用符号与环境相互作用的能力。智力技能与言语信息不同，言语信息与知道“是什么”有关，而智力技能则与知道“怎样做”有关。例如，知道什么是分数和小数，是言语信息的学习结果；而掌握分数和小数的概念以及怎样把分数化为小数，就是智力技能的学习结果。言语信息的学习是从不知到知，由知之甚少到知之甚多的过程，智力技能的发展则是从简单到复杂、从低级到高级的过程。

智力技能又可以细分为若干小类，分别是“辨别”“概念”“规则”和“高级规则”。“辨别”是概念的基础；“概念”是规则学习的基础；“规则”揭示两个或更多的概念之间的关系；“高级规则”适合于解决不同内容范围的问题或是更复杂的问题，是学生在解决问题过程中的思维产物。

3. 认知策略(cognitive strategies)

认知策略是指学生借以调节他们自己的注意、感知、记忆和思维等内部心理过程的技能。上面所述的智力技能是运用符号处理问题的能力，即处理外部世界的能力，而认知策略是自我控制与调节的能力，即处理内部世界的能力。学生通过认知策略指挥他自身对环境中刺激物的一定特点予以注意，对学习的事物进行选择和编码，对学习所得进行检索。学生的认知策略还影响他对已掌握的言语信息和智力技能的综合思考，以提出解决问题的高级规则。可以说，认知策略是学生操纵管理自己学习过程和解决问题的方式，是学生学会如何学习的核心成分。

4. 动作技能(motor skills)

动作技能包括两种成分：一是描述如何进行动作的规则，即动作的程序；二是因练习与反馈逐渐变得精确和连贯的实际肌肉运动。因此，动作技能是一种习得能力，以此技能为基础的行为结果表现为身体运动的迅速、准确、有力或连贯等方面，如乐器演奏、绘画、实验操作、打球等。动作技能也可存在于不使用器具或设施的活动中，如竞走、练拳、唱歌、舞蹈等活动中也有动作技能。

5. 态度(attitude)

态度是习得的、影响个人对特定对象做出行为选择的有组织的内部准备状态。特定对象包括事物、人和活动。当教学目标是使学生形成先前未有的态度、改变当前积极的或消极的态度时，这意味着我们要求学生从事一项有关态度的学习任务。

(三)新课程改革的三维目标

教育部2001年颁布的《基础教育课程改革纲要(试行)》(以下简称《纲要》)吹响了我国课程改革的号角。该《纲要》赋予基础教育课程改革的第一个具体目标就是要“改变课程过于注重知识传授的倾向，强调形成积极主动的学习态度，使获得基础知识与基本技能的过程同时成为学会学习和形成正确价值观的过程”。《纲要》规定了国家的课程标准“应体现国家对不同阶段的学生在知识与技能、过程与方法、情感态度与价值观等方面的基本要求”。这就是新课程三维目标。

知识与技能目标，是用于描述学生学习过程中对基本知识的掌握和基本技能的形成。过程与方法目标，是对为了完成教学任务而必须经历的活动程序和采用的方法(尤指学生的学习方法)的描述，其本质在于强调学生在教学过程中的体验和思维方式变化。情感态度与价值观目标，是指学生的学习态度、科学态度、生活态度和人生态度的变化。三维目标之间相互联系，相互作用。首先，知识与技能目标是达成过程与方法目标、情感态度与价值观目标的基础，是学生经历体验学习过程、形成学习方法的前提，也是提高能力、培养情感、形成态度和价值观的载体；其次，过程与方法目标是掌握知识与技能以及形成情感态度与价值观的中介机制，贯穿于知识与技能、情感态度与价值观形成的全过程；最后，情感态度与价值观目标是掌握相应的知识与技能、逐步形成科学的过程与方法的动力，它对前两个目标具有明显的调控作用。

21世纪以来，世界各国或地区纷纷启动以核心素养为基础的教育目标体系研究，建构符合本国或本地区实际需要的核心素养模型，并在此基础上提出以培养学生核心素养为基础的课程改革方案。核心素养是学生接受相应学段的教育过程，逐步形成适应个人终身发展和社会发展需要的必备品格和关键能力。① 从形成机制来讲，核心素养来自三维目标，是三维目标的进一步提炼与

① 林崇德．中国学生发展核心素养：深入回答“立什么德、树什么人”[J]．人民教育，2016(19)：14-16.

整合，把知识与技能、过程与方法提炼为能力，把情感态度与价值观提炼为品格；从表现形态来讲，核心素养又高于三维目标，是个体在知识经济和信息化时代，面对复杂的、不确定的情境时，综合应用学科的知识、观念与方法解决现实问题所表现出来的关键能力与必备品格。[①] 可以说，核心素养为教学目标改革、学生学习方式转变以及教师教学方法创新指明了方向。

二、教学目标的层级分析

梅瑞尔认为知识由行为水平和内容类型构成了两维分类，行为维度有记忆、运用、发现，内容维度有事实、概念、过程和原理，并建立了“目标-内容”二维模型。[②] 借鉴该模型，有学者吸收布卢姆等人认知领域教学目标分类作为行为维度的扩充(行为维度：知识、理解、应用、分析、综合/评价)，形成了教学内容-教学目标的二维层次模型(如图 3-4 所示)。该模型建立起教学内容与教学目标层次的对应关系，为教学目标的层次分析提供了依据。

				(15) 问题解决- 综合/评价
			(10) 原理-分析	(14) 问题解决-分析
		(6) 技能-应用	(9) 原理-应用	(13) 问题解决-应用
	(3) 概念-理解	(5) 技能-理解	(8) 原理-理解	(12) 问题解决-理解
(1) 事实-识记	(2) 概念-识记	(4) 技能-识记	(7) 原理-识记	(11) 问题解决-识记

图 3-4　教学内容-教学目标二维层次模型

教学目标-教学内容二维层次模型具有如下特征。

第一，二维层次模型中的每一个小格都是教学内容和教学目标的结合体。从图 3-4 中可见，模型中共有 15 个小格，第 1 个小格是事实和识记的结合，第 2 个小格是概念和识记的结合，第 3 个小格是概念和理解的结合……依此类推，第 15 个小格是问题解决和综合/评价的结合。

第二，二维层次模型中的 15 个小格是循序渐进的，每一步都不能遗漏。

① 余文森．从三维目标走向核心素养[J]．华东师范大学学报(教育科学版)，2016(01)：11-13.

② Merrill M D. Component display theory[M]//Reigeluth C M. Instructional design theories and models：An overview of their current status. Hillsdale：Lawrence Erlbaum Associates，1983.

每一步的学习都以前一步为基础，前一步的学习未掌握，后一步的学习便会陷入困境。

第三，二维层次模型清楚地显示出不同类型的教学内容所要达到的认知层次。“事实”的学习只需在“识记”层次，“概念”的学习需达到“理解”的层次，“技能”的学习需达到“应用”的层次。同理，“原理”的学习应达到“分析”的层次，到“问题解决”的学习，则要求达到“综合”与“评价”的认知层次。

第四，二维层次模型直接地表达了随着层级的递进，教学内容由简单到复杂，认知层次由低水平上升到高水平。

三、教学目标的表述

在进行教学目标设计时，还必须对每一层次的目标做出具体而明确的表述，从而确保为后续的教学策略设计提供科学依据。多年来，许多教育心理学家致力于设计一套描述和分析教学目标的方法。关于教学目标的表述，大致有行为主义心理学与认知主义心理学两种不同取向。行为主义心理学强调用可以观察或可以测量的行为来描述教学目标；而认知主义心理学则强调用内部心理过程来描述教学目标。此处将主要介绍“行为目标的ABCD表述法”“内部过程与外显行为相结合的表述法”和“表现性目标的表述法”三类教学目标表述的方法。这三类教学目标表述的方法同样适用于网络教学目标的表述。

(一)行为目标的ABCD表述法

1962年，马杰(Robert Marger)根据行为主义心理学提出行为目标的理论与技术。行为目标，指用可观察和可测量的行为陈述的目标。马杰认为，一个教学目标的表述包括四个要素，分别是“对象”(audience)、“行为”(behavior)、“条件”(condition)和“标准”(degree)，取这四个要素的英文单词的首字母，简称为“行为目标的ABCD表述法”。

1. 行为目标的ABCD表述法的四个要素

(1)对象的表述

教学目标的表述中应注明教学对象，如“小学三年级的学生”。有的学者还主张在教学目标中说明对象的基本特点。

(2)行为的表述

教学目标中，行为的表述是最基本的成分，说明学生在教学结束后，应该获得怎样的能力。描述行为的基本方法是使用一个动宾结构的短语，其中行为动词说明操作的行为，宾语则说明学习的内容。例如，“操作”“说出”“列举”“比较”“区分”等都是行为动词，在它们后面加上动作的对象，就构成了学习目标中关于行为的表述。例如，“操作圆规”“区分锐角三角形、直角三角形和钝角三角形”“找出文章中的比喻句”。教学目标的表述明确与否，很大程度上取决于行为动词的可观察性和可测量性，所以应尽量避免使用“知道”“理解”“掌握”“欣赏”等含义不易确切把握的词语。

(3)条件的表述

条件表示学生完成规定行为时所处的情境，即说明在评价学生的学习结果时，应在哪种情况下评价。例如，要求学生“能跑1000米”，条件则可能指“在什么气候下？在什么地区？在什么道路上？”等环境因素。条件的表述常与诸如“能不能解决常见的计算机故障？”“有没有工具？”“有没有时间限制？”等问题有关。

(4)标准的表述

标准是行为完成质量可被接受的最低程度的衡量依据。对行为标准做出具体描述，是为了使教学目标具有可测量的特点。标准一般从行为的速度、准确性和质量三个方面来确定，例如，“在1分钟以内跑完200米(速度)”“测量三角形的角度误差在0.5度以内(准确性)”“普通话要达到国家一级乙(质量)”等。

以下是用该方法表述的目标例句。

①提供10道除法的算式，小学二年级学生能算出正确答案，准确率达90%。

②历史系二年级的学生阅读所布置的7篇材料后，能撰文对两种古代文化的差异进行比较，至少列举每种古代文化的5种特征。

③提供一篇文章，学生能将文章中陈述事实与发表议论的句子分类，至少85%的句子分得正确。

就具体表述来说，并不是每条教学目标都需要包含上述四个要素，有时可以省略一些要素。例如，既然所有目标的主体都是学生，故常省略。另外，并不是所有目标都需要行为条件，故有时也会省略。但是任何目标都必须以清晰、可评价为前提。所谓清晰，即能清楚地表达出预期的学习结果(包括成果、过程与创造)是什么；所谓可评价，即该目标除了清晰，还需要可测量、可检测。

因此，在运用行为目标的ABCD表述法表述教学目标时，可以参考如下四种语法结构。

第一种：(行为主体)+行为表现(动词或动词+名词)。例如，能用自己喜爱的乐器参与表演；会创作一首诗。

第二种：(行为主体)+行为表现+标准。例如，能写出至少500字的小短文。

第三种：行为条件+(行为主体)+行为表现。例如，在课堂讨论中，能复述发言同学的主要观点；通过对实际问题的分析，体会二次函数的意义。

第四种：行为条件+(行为主体)+行为表现+标准。例如，通过有感情地朗读相关段落，体会作者热爱父亲的情感，至少能说出五句话的感受；利用教师提供的相关材料，制作简单的脸谱；在地形图上，能识别五种主要的地形类型。

2. 运用行为目标的ABCD表述法的注意事项

在运用该方法表述教学目标时，需要注意以下几点要求。

第一，教学目标的行为主体须是学生，而不能是教师。

在这个意义上，诸如“培养学生的英语听说能力”这样的目标表述是不恰当的。因为，它的行为主体是教师而不是学生。这样表述意味着，只要教师组织学生进行了相关活动，目标就算达成了。至于学生达到了多少预期的学习结果，则是另外一件事了。

第二，教学目标须用教学活动的结果而不能用教学活动的过程或手段来描述。

在这个意义上，诸如“学生应受到观察的训练”也是一个不合格的目标表述。虽然这一目标的行为主体是学生，但它没有表达教学活动最终要达到的结果。我们可以这样表述，“小学四年级学生在观看各种云的图片时，应能将卷云、层云、积云和雨云分别标记出来，准确率达90%”，显然“将卷云、层云、积云和雨云分别标记出来”表达了具体观察的教学结果。

第三，教学目标的行为动词须是具体的而不能是抽象的。

所谓具体，是指这一动词所对应的行为或动作是可观察的。像“知道”“理解”“掌握”“欣赏”等抽象动词，由于含义较广，各人均可从不同角度理解，给以后的教学评价带来困难。这些词语可用来表述总括性的课程目标和单元目标，但在编写教学目标时应避免使用。

(二)内部过程与外显行为相结合的表述法

行为目标虽然避免了用传统方法表述目标的含糊性，但它本身也有缺点：只强调了行为结果，而未注意内在的心理过程，因而可能引导人们只注意学生外在行为变化而忽视其内在的心理和情感的变化。但这些内在心理变化，如理解、欣赏、热爱等，不能直接进行客观观察和测量。为了能间接地观察和测量这些内在心理变化，还需要列举反映这些内在变化的行为表现。

1978年，格朗伦(Norman Gronlund)在《课堂教学目标的表述》中，提出先用描述内部心理过程的术语来表述学习目标，以反映理解、运用、分析、创造、欣赏、尊重等内在的心理变化，然后列举反映这些内在变化的例子，从而使这些内在心理变化可以观察和测量。这就是内部过程与外显行为相结合的表述法。例如，理解议论文写作中的“类比法”：

用自己的话解释运用类比法的条件；

在课文中找出运用类比法阐明论点的句子；

对提供的含有类比法和喻证法的课文，能指出包含了类比法的句子。

（三）表现性目标的表述法

有时，人的认识和情感变化并不是参加一两次教育活动以后即能见效的，教师也很难预期通过一定的教育活动后学生的内部心理过程将产生什么变化，这种情况在情感教育方面尤为明显。为了弥补上述编写方法的不足，艾斯纳(Elliot Eisner)提出了表现性目标。表现性目标，指学生在具体的教育情境、教学活动和学习活动中的个性化表现，旨在培养学生的创造性，强调学习及其结果的个性化。这种目标要求明确规定学生应参加的活动或项目，但不精确规定学生应从教学活动中习得什么。例如，

观看保护野生动物的纪录片，交流自己的想法；

用自己的语言描述《题西林壁》的意境；

运用几何画板，设计一个轴对称图形。

其中，“交流自己的想法”“描述《题西林壁》的意境”和“设计一个轴对称图形”，均指出学生应参加的活动或项目，对学生的学习结果如何并未指定。

进入21世纪，个性化、合作、沟通、非正式学习、生产效率和内容创新，这些都是要求学生掌握的能力和技能的核心，也是21世纪学习总体愿景的关键部分。① 这些能力和技能的发展，特别关注在学生参与教与学活动中形成。因此，表现性目标的表述法为如何表述学生在学习过程中的参与表现提供了一个很好的思路。

下面几个案例详细展示了教学目标的表述方法。

案例一：小学语文“雷锋叔叔，你在哪里”第二课时教学目标

· 知识与技能

①说出生词的读音、意义；

---

① ［美］辛西娅·露娜·斯科特．21世纪需要哪一类学习？——总体愿景与“四个学会”新解［J］．和茜茜，盛群力，编译．数字教育，2016(04)：79-86.

②分析重、难点句子，并能运用句式进行仿写；

③以正确的笔画书写生字词。

· 过程与方法

①通过教学平板电脑进行小组学习，体验合作过程，提升合作能力；

②通过专题网站解决学习问题，促进个性化地学习；

③通过参与小组讨论交流和汇报，提升表达能力与合作能力。

· 情感与态度

①学生通过云平台获取并分享学习资源，进行自主学习，提升主动学习能力，增强分享意识；

②学生通过教学平板电脑进行个性化学习，形成自己的个性及特定的兴趣；

③学习文章后，理解雷锋精神，说出自己得到的启示，形成乐于助人的品质。

案例二：初中数学“二元一次方程与一次函数”第一课时教学目标

· 知识与技能

①能解释二元一次方程(组)与一次函数的关系；

②能利用函数图像写出二元一次方程组的解，能通过解方程组求直线的交点坐标。

· 过程与方法

经历一次函数与二元一次方程(组)关系的探索，学会用函数的观点去认识问题，体会转化的思想方法、数形结合的思想方法、特殊与一般的思想方法。

· 情感与态度

①通过探究活动，养成严谨的学习态度；

②通过师生、生生交流与小组活动，感受学习的乐趣，体验数学的价值和神奇。

案例三：高职“景观化的生态护岸设计”专题教学目标

· 知识目标

①识记景观化的生态护岸的概念、特征与类型；

②概述生态护岸的设计原则和要求；

③归纳护岸工程技术的依据和做法。

· 技能目标

①整理生态护岸工程设计的技术做法；

②总结生态护岸景观化处理的方法；

③设计并合理表达景观化的生态护岸设计方案。

· 素质目标

①体验自主学习的方法；

②养成团队协作的能力。

第三节　学生特征分析

教学设计是为了有效促进学生的学习，而学生是学习活动的主体，学生具有的认知的、情感的、社会的等特征都将对学习的信息加工过程产生影响。因此，教学设计是否与学生的特点相匹配，是决定教学设计成功与否的关键因素。当前，以 MOOC 为代表的在线学习、以智慧学习环境为支撑的智慧学习逐渐成为新兴的学习潮流。在线学习与智慧学习要获得可持续发展，必须重视和满足学生的个别化需求，支持学生的多样化参与和个性化学习。在这个意义上，在线学习与智慧学习的设计适切性在很大程度上依赖于对学生个性化学习特征的认知程度。所以，了解学生特征、构建学生特征模型，对在线学习与智慧学习设计具有深远而重要的意义。

进行学生特征分析时，重在了解那些对教学设计产生直接、重要影响的因素，一般包括学生的认知发展特征、知识基础和起点水平、对所学内容的学习动机或态度、学习风格等。对网络教学设计而言，学生的起点水平分析、学习风格分析、学习动机分析和网络学习自我效能感分析显得尤为重要。

一、起点水平分析

奥苏贝尔曾经说过："假如让我把全部教育心理学仅仅归结为一条原理，我可以一言以蔽之：影响学习的最重要的因素，就是学生已经知道了什么。要探明这一点，并应据此进行教学。"因此，"学生的发展水平是教学的出发点。所以必须在开始教学以前就确定这个出发点"。

任何一个学生都是把他原来所学的知识和技能带入新的学习过程中。因此，教师必须了解学生原来已经具备的知识和技能，我们称之为"起点水平"或"起点能力"。起点水平分析包括"认知结构分析""认知能力分析"以及"学习态度分析"三个方面。

（一）认知结构分析

1. 认知结构的含义

认知结构是指学生在长期的认识与改造客观世界的过程中，在其大脑内逐渐形成，并按一定组织结构存储的全部知识与经验系统。原有的认知结构是影响新的有意义学习与习得意义保持的关键因素，即有意义学习的发生与习得意义的保持都受学生认知结构特征的影响。

2. 认知结构的分析

由于认知结构具有层次性，我们可以使用概念图来判断学生的认知结构。概念图是由美国康乃尔大学的诺瓦克(Joseph Novak)根据奥苏贝尔的有意义学习理论提出的。它是一种用节点代表概念、连线表示概念间关系的图示法。一个概念图包括节点、连接、层次和命题四个要素。节点表示概念，概念指同类事物的共同属性。连接表示两个概念之间存在的相互关系。层次有两个含义：一是指同一知识领域内的结构，即同一知识领域中的概念依据其概括性水平不同来排布，概括性最强、最一般的概念处于图的最上层，从属的放在其下，具体的事例位于图的最下层；二是不同知识领域间的结构，即不同知识领域的概念图之间可以分层超链接。命题是两个概念通过连接形成的意义关系。

由于每个学生对于教学内容的理解存在差异，所以绘制的概念图也会有所差异。例如，小学二年级自然常识课的知识结构可以用如下概念图呈现(如图3-5所示)。学生可以提取这节课学习内容中的物质关键词——空气、水、冰、石灰石，列出各物质的特性并根据其特性建立连接关系。例如，水的特性是能够结冰，水和冰是由同样的物质组成的，那么“水”和“冰”两个关键词就建立了连接关系。通过概念图可以了解学生关键词提取的能力和连接建立的准确性与完整度，由此了解学生的认知结构水平。

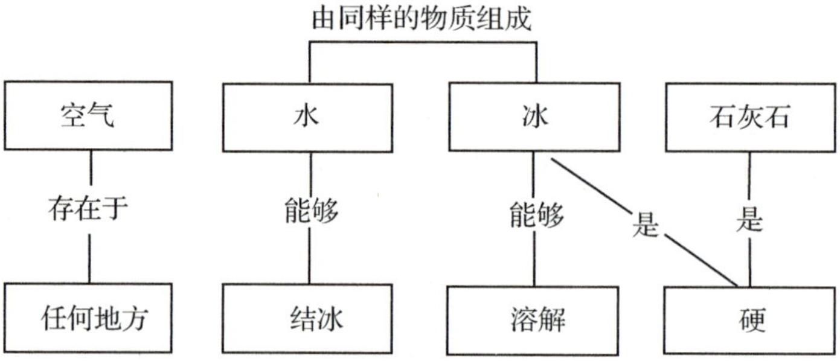

图3-5　小学二年级自然常识概念图

（二）认知能力分析

分析学生的认知能力，主要是了解学生在不同认知发展阶段表现出来的感知、记忆、思维、逻辑想象等方面的特征。皮亚杰的认知发展阶段理论认为，儿童的认知能力可划分为四个发展阶段：感知运动阶段、前运算阶段、具体运算阶段和形式运算阶段。由于后三个阶段与学校教育关系较密切，所以，在此主要介绍后三个阶段的主要内容。

1. 前运算阶段(约两岁至六七岁)

这一阶段正值入学之前与入学之初，在教育上特别重要。因而，对这一时期儿童认知发展所从事的研究最多。所谓前运算是指儿童遇到问题时会运用思维，但思维方式常常是不符合逻辑的，其思维主要有以下特征。

(1)知觉的集中倾向性(perceptual centration)

知觉的集中倾向性指前运算思维期的儿童在面对问题情境时，只凭知觉所及，集中注意于事物的单一维度或层面，忽略事物的其他维度或层面，缺乏守恒。所谓守恒，是指物体某方面特征(如重量或体积)的变化不因其另一方面特征(如形状)的改变而改变。

(2)不可逆性(irreversibility)

不可逆性与可逆性是相对的两个概念。可逆性是指考虑问题时可以从正面去想，也可以从反面去想；可以从原因去看结果，也可以从结果去分析原因。因此，不可逆性即指儿童无法改变思维的方向，使之回到起点。

(3)自我中心主义(egocentrism)

皮亚杰用“自我中心主义”一词表达前运算阶段儿童的思维特征。其含义并不带有“自私”的意思，只是用以说明这一阶段的儿童面对问题情境时，只会从自己的观点着眼，不会考虑别人的不同看法。换句话说，前运算阶段的儿童只能主观看世界，不能客观地予以分析。

在语言方面，这个阶段的儿童已经掌握了口头语言，头脑中有了事物的表象，而且能用词语代表头脑中的表象。他们能进行初级的抽象活动，能理解和使用从具体经验中学得的概念及其之间的关系。

2. 具体运算阶段(七八岁至十一二岁)

这一阶段的儿童思维已经具有了明显的符号性和逻辑性。例如，儿童已能进行如下简单的逻辑推演，如果 A＞B，B＞C，则 A＞C，基本克服了思维的自我中心性。但这个阶段的儿童的思维活动在很大程度上仍局限于具体的事物以及过去的经验，缺乏抽象性。儿童进入具体运算阶段以后的最大收获是具有了心理操作能力。儿童可以用这种心理操作能力去认识、表征和反映内部和外部世界，使其认知活动更具深刻性、灵活性和广泛性。例如，儿童能在心里自如地转换物体的空间排列方式；能找到物体间的某种一一对应的关系。处于具体运算阶段的儿童已能解决许多问题，但其思维的抽象程度还很低，在面对某些数学问题、物理问题以及社会问题时，仍显得无能为力。

在语言方面，尽管这一阶段的儿童已能通过下定义的方式获得概念，但在获得和使用此类概念时需要实际经验或借助具体形象的支持。

3. 形式运算阶段(十一二岁以上)

这一阶段的儿童或青少年已完全具备进行以下思维的能力：假设-演绎思维，即不仅可以在逻辑上考虑现实的情境，而且能够根据可能的情境进行思维；抽象思维，即能运用符号进行思维；系统思维，即在解决问题时能够在心理上控制若干变量，同时还能考虑到其他几个变量。在此阶段，认知趋于成熟的儿童逐渐摆脱了实际经验的支柱，能够理解并使用相互关联的抽象概念。

皮亚杰认为，在这一阶段的青少年，其思维的抽象性获得了很大的提高：他们可以在头脑中设想出许多可能的画面，尽管这些画面与其自身的经验相去甚远；他们开始思考许多诸如社会存在、公正、真理及道德等抽象的社会问题。

(三)学习态度分析

学习态度分析，主要是了解学生对将要学习的内容有无兴趣，对这门学科是否存在着偏见和误解，有没有畏难情绪，以及如何培养学生正确的学习态度。这都是教学设计过程中必须考虑的因素。因此，学生对教学内容所持的态度对教学效果会产生一定的影响。

在网络教学中，学生对技术媒介的理解和接受成为影响其决定付出的努力程度的重要因素之一。有研究表明，学生对自己所使用的技术媒介和所处的学习环境缺乏控制力，就会削弱其付出努力的决心。戴维斯(Fred Davis)等人将社会心理学中的理性行为运用到管理信息系统，吸收了期望理论、自我效能感理论，以解释和预测用户对信息技术接受程度，形成了技术接受模型(Technology Acceptance Model，TAM)。该模型认为用户对技术的实际行为受行为意愿直接影响(如图 3-6 所示)，行为意愿受使用态度和感知有用性影响、感知易用性影响使用态度和感知有用性。外部变量包括系统特征、任务难度和政府支持等，直接影响感知易用性和有用性，最终影响使用行为。[①] 伴随着平板电脑等移动终端的兴起及其在课堂教学中应用的渗透，有不少研究者基于技术接受模型调查学生对平板电脑的技术接受度及其与学习方法、学习动机等的关

① 高峰．教师接受网络教育技术的影响因素研究[J]．开放教育研究，2010(05)：94-98.

系，结果表明：学习方法会影响学生接受平板电脑的行为意愿，深层学习动机和学习策略会影响学生对平板电脑有效性的认知程度；同时，学生操作平板电脑的难易程度和轻松程度会影响其学习的内在兴趣和探究知识的能力及思考问题的能力。①

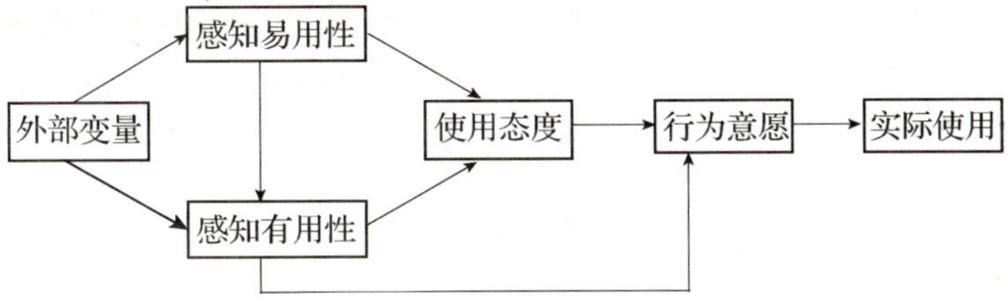

图 3-6　技术接受模型框架图

当前，如何运用信息技术支持个性化学习的需求日益强烈。学习分析技术以为学生提供个性化学习服务、为教学过程提供准确的改进策略为目标，成为技术促进学习（Technology-Enhanced Learning，TEL）领域又一重要技术。②学习分析技术能整合与学生相关的背景信息、学习过程数据，运用多类分析方法和数据模型解释与预测学生的学习表现③，也能基于行为数据和学习轨迹分析，提供基于个性化需求的学习路径和适应性帮助④。在智慧学习环境中，学习分析系统可以即时检测获知学生的起点水平信息，根据数据挖掘和反馈的结果，由系统自适应地推送系统所认为适合学生的学习资源，并且把学习资源以适合学生风格、偏好的方式呈现给学生。在在线课程学习中，学习分析系统可以向教师反馈学生的知识背景，为其推荐优化的学习路径、合适的学习帮助和建议。

二、学习风格分析

（一）学习风格的含义

学习风格（learning style）是反映学生个体差异的重要概念之一，学习风格

---

① 刘妍，吴敏华，孙众．小学生对平板电脑的技术接受度及其与学习方法的路径关系[J]. 中国远程教育，2014(21)：50-57.

② Ferguson R. Learning analytics：drivers，developments and challenges[J]. International Journal of Technology Enhanced Learning，2012(05/06)：304-317.

③ Lee M J W，Kirschner P A，Kester L. Learning analytics in massively multi-user virtual environments and courses[J]. Journal of Computer Assisted Learning，2016(03)：187-189.

④ Jovanovic J，Gasevic D，Brooks C，et al. LOCO-Analyst：Semantic web technologies in learning content usage analysis[J]. International Journal of Continuing Engineering Education and Life-Long Learning，2008(01)：54-76.

自1954年由美国学者塞伦(Herbert Thelen)首次提出以来，便引起了许多学者的积极关注。关于学习风格的定义，由于国内外研究者们各自研究领域及兴趣存在着差异，他们从不同的侧面对学习风格的内涵进行了诠释与界定。在我国，比较公认的是谭顶良对学习风格所下的定义：学习风格是指学生持续一贯的带有个性特征的学习方式和学习倾向[①]。学习方式指学生为完成学习任务而采用的方法、技术，而学习倾向则指学生对学习活动的情绪、态度、动机、坚持性，以及对学习环境、学习内容的不同偏好。

(二)学习风格类型

1. 科伯的学习风格分类

科伯根据经验性学习理论(Experiential Learning Theory)模型划分出学习风格的四种类型：发散型(diverger)、同化型(assimilator)、聚敛型(converger)和顺应型(accommodator)。每一种学习风格类型都解释了一个人如何学习、如何利用经验以及如何进行社会交互。其中，发散型的学习表现为喜欢收集信息，善于集思广益，对人际交往很感兴趣，能观察出不同的观点，喜欢团队工作，具有开放性思想；同化型的学习表现为逻辑思维方法简洁，善于利用简洁的思维整理不同的信息，认为理论比事物本身价值更重要，喜欢演讲、阅读以及长时间的思考；聚敛型的学习表现为喜欢技术工作，喜欢解决实际问题(如实验和仿真模拟)，对人际问题不感兴趣；顺应型的学习表现为喜欢动手操作，对新的挑战和经验感兴趣，喜欢从他人那里获取信息，而不是自己做分析，是以行动为导向的，喜欢在团队中实现任务目标。

2. 所罗门的学习风格分类

所罗门(Barbara Soloman)将学生的学习风格分为活跃型与沉思型、感悟型与直觉型、视觉型与言语型、序列型与综合型。活跃型学生倾向于通过积极地做一些事(讨论、应用或解释给别人听)来掌握信息；沉思型学生更喜欢首先安静地思考问题。感悟型学生喜欢学习事实；直觉型学生倾向于发现某种可能性和事物间的关系。感悟型的不喜欢复杂情况和突发情况；直觉型的喜欢革新不喜欢重复。感悟型的对细节很有耐心，很擅长记忆事实和做一些现成的工作；直觉型的更擅长掌握新概念，比感悟型的更能理解抽象的数学公式。感悟型的不喜欢与现实生活没有明显联系的课程；直觉型的不喜欢那些包括许多需要记忆和进行常规计算的课程。视觉型学生很擅长记住他们所看到的东西，如图片、图表、流程图、图像、影片和演示中的内容；言语型学生更擅长从文字

① 谭顶良．学习风格论[M]．南京：江苏教育出版社，1995：12.

的和口头的解释中获取信息。序列型学生习惯按线性步骤理解问题，每一步都合乎逻辑地紧跟前一步；综合型学生习惯大步学习，吸收没有任何联系的随意的材料，然后突然获得它们。

3. 威特金的学习风格分类

威特金(Herman Witkin)从知觉的角度将学习风格划分为两种类型：场依存型和场独立型。场依存型的学生在认知活动中，不那么主动地对外来信息进行加工，倾向于以外在参照作为信息加工依据，通常很难从包含刺激的背景中将刺激分辨出来，所以他们的知觉很容易受错综复杂的背景的影响。这种学生喜欢有人际交流的集体学习环境，较依赖于学习材料的预先组织，需要明确的指导和讲授，喜欢结构严密的教学。场独立型的学生在认知活动中倾向于更多利用内在参照作为信息加工的依据，通常总是把要加工的刺激同背景区分开来。他们的知觉比较稳定，不易随背景的变化而改变。他们也比较自主，往往能明确提出自己的学习目标，能较深入地进行分析，愿意个人独立钻研，对所提供的学习材料能重新组织，较适应结构松散的教学方法。

(三)学习风格的测量

通常，人们采用专门的学习风格量表测量学生的学习风格，了解学生的学习风格类型。在众多的学习风格量表中，科伯的学习风格理论在众多学者的研究中得到广泛的应用，他的学习风格测量问卷也通过这些实践不断地发展和扩充，具有极高的科学性和实践性。科伯的学习风格测试量表(KLSI-1984)共包含13道题目，每道题目对应四个选项(如表3-5所示)。研究对象浏览题目及选项后，将根据各个选项中描述的状况与其在以往各科目学习中的经验感受加以匹配，再依照各自的匹配程度对四个选项以分值进行排列，在各选项前填上1、2、3、4四个分值。其中，最接近研究对象以往学习经验感受的选项前应标记上1，最不接近的则以4表示，而2、3分别代表第二像和第三像的情况。

例题：当我学习时，

__3__ A. 我是很强调分析的

__1__ B. 我依自己的心情而定

__4__ C. 我喜欢自己先问自己问题

__2__ D. 我重视学习效用

其中选项A的分值代表了具体经验(Concrete Experience，CE)，B代表抽象理解(Abstract Conceptualization，AC)，C代表反思观察(Reflective Observation，RO)，D代表主动实验(Active Experimentation，AE)，由CE和AC两端构成的纵轴代表学生获取新信息方式的偏好，由RO和AE两端构成

的横轴则代表学生处理新信息方式的偏好。

表 3-5　科伯学习风格测试量表

1. 当我学习时，	
___ A. 我喜欢加入自己的感受	___ B. 我喜欢观察与聆听
___ C. 我喜欢针对观念进行思考	___ D. 我喜欢做
2. 我学得最好的时候，是当：	
___ A. 我相信我的直觉与感受时	___ B. 我仔细聆听与观察时
___ C. 我依赖逻辑思考时	___ D. 我努力完成实作时
3. 当我学习时，	
___ A. 我有强烈的感受及反应	___ B. 我是安静，谨慎的
___ C. 我试着将事情想通	___ D. 我负责所有实作
4. 我学习是利用：	
___ A. 感觉	___ B. 观察
___ C. 思考	___ D. 实作
5. 当我学习时，	
___ A. 我能接受新的经验	___ B. 我会从各个层面来思考问题
___ C. 我喜欢分析事情，并将其分解成更小的问题	___ D. 我喜欢试着实际动手做
6. 当我学习时，	
___ A. 我是个直觉型的人	___ B. 我是个观察型的人
___ C. 我是个逻辑型的人	___ D. 我是个行动型的人
7. 我学得最好的时候，是从：	
___ A. 同学间的讨论	___ B. 观察
___ C. 理论	___ D. 实作及练习
8. 当我学习时，	
___ A. 我觉得整个人都投入学习中	___ B. 我会在行动前都尽量准备妥当
___ C. 我喜欢观念及理论	___ D. 我喜欢看到自己实作的成果
9. 我学得最好的时候，是：	
___ A. 当我依赖自己的感觉时	___ B. 当我依赖自己的观察力时

续表

__ C. 当我依赖自己的观念时	__ D. 当自己试做一些事情时
10. 当我学习时，	
__ A. 我是个容易相信的人	__ B. 我是一个审慎的人
__ C. 我是个理智的人	__ D. 我是个能负责的人
11. 当我学习时，	
__ A. 我是非常投入的	__ B. 我喜欢观察
__ C. 我评估事物	__ D. 我喜欢积极参与
12. 当我学习时，	
__ A. 我喜欢加入自己的感受	__ B. 我喜欢观察与聆听
__ C. 我喜欢针对想法进行思考	__ D. 我喜欢实际动手做练习
13. 我学得最好的时候，是：	
__ A. 当我接受他人看法、开放心胸时	__ B. 当我非常小心时
__ C. 当我分析想法时	__ D. 当我实际动手做时

将各研究对象填写的学习风格测试量表中 13 个题目的各个选项的分值输入 Excel 表格中，其中 A 的分值对应 CE 栏、B 的分值对应 AC 栏、C 的分值对应 RO 栏、D 的分值对应 AE 栏。再加以如下步骤的后续运算：

以 SUM(求和)命令分别求出四个选项的总分值；

以 B 选项(AC)总分值减 A 选项(CE)总分值得出纵轴位置；

以 D 选项(AE)总分值减 C 选项(RO)总分值得出横轴位置。

三、学习动机分析

学习动机是指引起学生学习活动，维持学生学习活动，并指引学习活动趋向教师所设定的目标的心理倾向。[①] 可见，学习动机是直接推动学生进行学习的一种动力，是激励和指引学生进行学习的一种需要。它能够说明学生为什么进行学习以及学习的意愿来自哪些方面。信息技术正在快速推动教育变革与学习创新，在线学习将成为终身学习的主要方式。从心理学的视角看，学习动机是影响在线学习质量和效果的重要因素。

① 莫雷．教育心理学[M]．北京：教育科学出版社，2007：257-258.

（一）学习动机的分类

学习动机根据内、外维度不同可以分为：内部动机(intrinsic motivation)和外部动机(extrinsic motivation)。内部动机指由对学习本身的兴趣所引起的动机，动机的满足在活动之内，不需要外界的诱因、惩罚来使行动指向目标。外部动机指由外部诱因所引起的动机，动机的满足不在活动之内，而在活动之外。内部动机能够持久地、稳定地促进学生学习，而外部动机在学生达到学习目的时便会减弱。

奥苏贝尔认为学习动机至少应包括三个方面的内驱力决定成分，即认知内驱力、自我提高内驱力和附属内驱力。随着儿童年龄的增长，这三种成分在个体身上的比重会有改变。

1. 认知内驱力

认知内驱力是一种要求了解和理解的需要，要求掌握知识的需要，以及系统阐述问题并解决问题的需要。这种内驱力主要从认知上的冲突、不协调和好奇中产生，但个体的这些好奇倾向或心理素质，最初只是潜在的而非真实的动机，它要通过个体在实践中不断取得成功，才能真正表现出来，才具有特定的内容和方向。因此，学生对于某学科的认知内驱力不是天生的，主要是获得的，也有赖于特定的学习经验。在有意义学习中，认知内驱力是一种最稳定、最重要的动机，这种动机是为了完成学习任务，满足这种动机的奖励是由学习本身提供的，而不是被各种外来奖励所左右，因此也被称为内部动机。

2. 自我提高内驱力

自我提高内驱力是个体因自己的胜任能力或工作能力而赢得相应地位的需要。这种需要从儿童入学开始，显得日益重要，成为成就动机的重要组成部分。这种内驱力把成就看成赢得地位和自尊的根源，它显然是一种外部动机。由于很少有人在学习中始终能表现出充分的认知内驱力，自我提高内驱力既是取得相应资格与自尊感的先决条件，又是取得相应地位的重要手段。因此，适当激发学生自我提高的外部动机非常必要。

3. 附属内驱力

附属内驱力是指一个人为了保持长者们(如家长、教师等)的赞许或认可而表现出来的把工作做好的一种需要。

认知内驱力、自我提高内驱力和附属内驱力三个成分在学习动机中占的比例通常因年龄、性别、社会地位、种族起源以及人格结构等因素的不同而有变化。其中，附属内驱力在儿童早期最为突出，是学习动机的主要成分。在此期间，儿童努力学习以取得好成绩只是为了满足家长的要求，从而得到家长的赞许。到了儿童后期和青年期，附属内驱力不仅在强度方面有所减弱，而且开始从家长转向同年龄的伙伴。

(二)学习动机模型

在网络教学设计中，如何激发学生的学习动机，提升网络教学质量和效果是值得人们关注的问题。不少研究者构建了学习动机模型，为深化对学习动机的认识、了解学生的学习动机提供了依据。在此主要介绍凯勒的 ARCS 模型①。

凯勒认为，兴趣(Interests)、相关(Relevance)、期望(Expectation)和满意(Satisfaction)是人类心理中动力系统的四大要素。后来，为了便于记忆，将兴趣修改为“注意”(Attention)，将期望修改为“信心”(Confidence)。这样，注意(Attention)，相关(Relevance)，信心(Confidence)和满意(Satisfaction)就构成了一个 ARCS 模型。根据 ARCS 模型，人们要对做某事产生动机，首先要能注意到该事，然后认为这件事与自己具有一定的关联，接着要能有信心完成此事，最后要能通过完成此事体会到满足感。因此，为了激发一个人完成某项工作或任务的动机应注意：第一，要引起他对这项工作或任务的注意与兴趣；第二，要使他理解到完成这项工作或任务与自己的切身利益密切相关；第三，要能帮助他感觉到自己有能力可以胜任这项工作或任务；第四，要让他体验到在完成工作或任务之后的满足感和成就感。所以，在网络教学设计过程中要注意从这四个方面考虑如何调动学生的学习积极性。

一是注意力，注意是激发和保持学生学习动机的第一个因素，包括有意注意和无意注意两种类型。教学设计者的首要目的就是唤起学生的好奇心，使他们将注意力有意或无意地选择指向学习活动。例如，对于低年级的学生，可以通过彩色的卡片、动画、情景故事等激发其学习兴趣；而对于高年级的学生则需要提出可以引发他们思考的问题来激发其学习兴趣和求知欲。

二是关联性，关联性是指学习内容与学生自身学习目标之间要有密切的关系。当学生认为学习内容与自身学习目标紧密相关的时候，通常会表现出更大的兴趣，这样也就激励了学习动机向好的方向发展。所以教学设计中教学目标和教学内容应该与学生实际需求和生活紧密相关，为了能够制定与学生关联性强的教学目标，可以让学生参与教学目标的制定。

---

① Keller J M, Kopp T W. An application of the ARCS Model of Motivational Design [M]//Reigeluth C M. Instructional theories in action lessons illustrating selected theories and models. Mahwah: Lawrence Erlbaum Associates, 1987: 289-320.

三是自信心，学生将注意力集中到学习活动上，并不代表学习就一定能够继续下去，学习过程中的困难很可能成为学生中断学习的重要因素，这时就需要学生具有能够帮助自己克服困难、跨越阻碍的信心。因此，教学过程中应该不断提供一些机会使学生感受到自身的成功，让学生充满学习自信心。

四是满足感，当学习的结果与学生期望的目标相一致的时候，学生就会感到心理上的满足，这种满足感可成为其继续学习的动力。在教学设计中应该关注如何让学生学有所得，从成功的学习经历中获得满足，同时，教师在评价过程中应尽量避免学生产生挫折感。

(三)学习动机的测量

在分析学生学习动机时，我们可以采用不同的学习动机量表加以测量。例如，阿玛比勒(Teresa Amabile)等人编制的学习动机量表由 30 个项目组成，包括内在动机和外在动机 2 个分量表。[①] 量表采用 4 级评分，得分越高表示动机水平越强。国内学者辛自强等人对其进行了修订，整个学习动机量表也同样区分出了测量内在动机和外在动机的 2 个分量表。

内在动机分量表包括挑战性和热衷性两个维度，如“越困难的问题，我越乐于尝试解决它”“我乐于尝试解决复杂的问题”“我乐于钻研那些对我来说是完全新的问题”“我喜欢独立思考解决疑难”……

外在动机分量表包括依赖他人评价、选择简单任务、关注人际竞争和追求回报四个维度，如“对我而言，我所能赢得的成绩是推动我去努力的主要动力”“能赢得他人的肯定和赞赏是推动我去努力的主要动力”“我希望别人发现我在学业上会有多出色”“我很在乎别人对我的观点怎么反应”……

内在动机较强的个体偏爱挑战，倾向于选择和解决复杂的问题，从事某项活动更多是出于好奇和兴趣，因此，工作十分投入，并能从中体验到乐趣；而外在动机强的个体倾向选择简单任务，以求在竞争中更易获得成功，得到他人的认可和积极评价，或者个体为了得到金钱、地位、赏识或提升的机会而参与活动。

四、网络学习自我效能感分析

自我效能感(self-efficacy)由美国学者班杜拉(Albert Bandura)于 1977 年首次提出。自我效能感理论是当代心理学用来探究和解释人对其能力的知觉或信念的最重要的理论，有着极为广泛的应用价值。社会认知理论认为，自我效

① 贺雯．了解学习——学业心智模型的构建和测评[M]．北京：北京大学出版社，2011：165-166.

能感是影响自我调节学习的重要认知变量，学生的学习目标和学习行为都受到自我效能感的影响。有研究者揭示，互联网自我效能感与学习满意度显著相关[①]，计算机自我效能感与学生对在线学习系统使用的感知能力呈显著正相关[②]。因此，为了更好地开展网络教学设计，对学生的网络学习自我效能感进行分析是十分必要的。

（一）网络学习自我效能感的内涵

20 世纪 80 年代之前，班杜拉将自我效能感界定为"人们对完成某个特定行为或完成产生某种结果所需行为的能力信念"[③]。随后，自我效能感被看作"人们对组织和实施达成特定操作目标的行为过程的能力判断"[④]，或者"对影响自己生活的事件的控制能力的信念"[⑤]。此后，班杜拉又重新将其界定为"人们对组织和实施达成特定成就目标所需行动的能力信念"[⑥]。从上述自我效能感的界定来看，自我效能感实际上是指人们对成功实施达到特定目标所需行动过程的能力预期、信心或信念。由此，网络学习自我效能感是学生对自己能否完成网络学习任务所需能力的自我判断或自我评估。网络学习自我效能感内含如下四层含义：

①网络学习自我效能感是学生对其网络学习过程中能做什么的行为能力的主观判断和评估；

②网络学习自我效能感是学生对其网络学习过程中所需能力的整合与生成的感知；

③网络学习自我效能感具有领域特定性，它是学生对完成特定网络学习任务或达成特定目标的判断；

④网络学习自我效能感形成后最终会成为学生的一种内在自我信念。

自我效能感并不是凭空产生的，而是以一定的经验或信息作为依据的。建构自我效能感有四个主要的信息来源：亲身经历的掌握经验、以榜样成就为中

---

① 胡勇，赵凤梅．在线学习成效的理论分析模型及测量[J]．电化教育研究，2015(10)：37-45.

② 方旭．MOOC 学习行为影响因素研究[J]．开放教育研究，2015(03)：46-54.

③ Bandura A. Self-efficacy：toward a unifying theory of behavioral change[J]. Psychological Review，1977 (02)：191-215.

④ Bandura A. Social foundations of thought and action：a social cognitive theory[M]. Englewood Cliffs：Prentice Hall，1986：391.

⑤ Bandura A. Human agency in social cognitive theory[J]. American Psychologist，1989(09)：1175-1184.

⑥ Bandura A. Self-efficacy：the exercise of control[M]. New York：W. H. Freeman，1997：477-525.

介的替代性经验、来自他人的言语说服和自身的生理情感状态。亲身经历的掌握经验是个体通过自己的亲身行为操作所获得的关于自身能力的直接经验。替代性经验是指通过观察他人的行为，看见他人能做什么，注意到他人的行为结果，以此形成对自己的行为和结果的期待，获得关于自己的能力可能性的认识。来自他人的言语说服是通过试图使人们相信自己已拥有获得成功的能力来形成自我信念。压力和困难情境下唤起的情绪和生理反应，对自我效能感具有重要的信息价值。人们部分地依靠压力或困难情境唤起的生理反应状况，来判断自己的焦虑水平和对压力的承受程度。情绪的高度紧张，会使得个体感到焦虑不安，降低个体的操作水平，最终降低自我效能感；而自我唤起的恐惧反应使个体害怕压力情境的到来，从而降低他们的能力期望。

自我效能感的四个主要信息来源也是网络学习自我效能感的主要影响因素。其中，亲身经历的掌握经验是个体自我效能感中最强有力的来源，对网络学习自我效能感形成影响最大。在教学实践中，亲身经历的掌握经验可以通过参与示范、行为抑制、自我引导性操作等途径来获得。

（二）网络学习自我效能感的分析方法

对于网络学习自我效能感的分析一般是通过测量的方法。但是自我效能感是一种复杂的心理现象，在实际操作中，对它的测量一直是非常困难的。自我效能感的测量历来是一个争议较多、问题较多的主题，而目前对于网络学习自我效能感测量的研究还很少，尚未有较成熟的测量量表。根据网络学习自我效能感的构成因素以及维度，借鉴国内外信度和效度比较高的量表，可以根据不同的对象构建适合的网络学习自我效能感量表。表 3-6 是一个大学生网络学习自我效能感量表示例。

表 3-6　大学生网络学习自我效能感量表①

编号	题目	选项				
		非常赞同	赞同	中立	不赞同	极不赞同
1	我自信能够通过网络学习取得良好的学习效果。					

① 谢幼如，刘春华，朱静静，等．大学生网络学习自我效能感的结构、影响因素及培养策略研究[J]．电化教育研究，2011(10)：30-34.

续表

编号	题目	选项				
		非常赞同	赞同	中立	不赞同	极不赞同
2	我能够应付网络学习过程中出现的大多数问题。					
3	如果在网络学习中遇到难题，我通常能够找到几种解决的途径。					
4	在上网学习过程中，我能够不受干扰地完成学习任务。					
5	我能够根据自己的实际情况制定网络学习目标。					
6	我能够按照拟定的学习目标合理安排上网学习时间。					
7	当我在网上查找学习资源的时候，我很快能够从众多信息中找到我所需要的东西。					
8	我经常帮助同学解决他们碰到的网络学习问题。					
9	我会花精力通过各个渠道学习网络相关知识来提高我的上网技能和网络学习效率。					
10	在网上下载各类有用的学习资源对我来说很容易。					
11	使用网络进行学习对我来说很容易。					
12	当我上网碰到难题时，我自信能够在网上寻找到相关信息，自己将它们解决。					
13	相比其他多数同学，我相信我的网络技术更好一些。					
14	我上网学习时可以保护自己的计算机免受病毒或其他方面的侵害。					
15	经常有人来向我请教上网的问题。					
16	我知道许多有用的学习网站地址。					
17	我熟悉整个网络的使用环境。					
18	我自信我知道的网络知识比其他同学要更多。					

续表

编号	题目	选项				
		非常赞同	赞同	中立	不赞同	极不赞同
19	我自信能够很好地管理在自己计算机中保存的学习资源。					
20	我能够将自己的学习心得、学习资源等发布在学习论坛、博客或其他相关网站上与别人共享、交流。					

设计方案 1：小学语文“雷锋叔叔，你在哪里”

设计方案 2：小学数学“三角形的分类”

设计方案 3：小学英语“Do you like meat?”

设计方案 4：初中数学“二元一次方程与一次函数”

设计方案 5：中职“做好垃圾分类方案策划”

设计方案 6：高职“景观化的生态护岸设计”

扫一扫，认真学习小学语文“雷锋叔叔，你在哪里”、小学数学“三角形的分类”、小学英语“Do you like meat?”、初中数学“二元一次方程与一次函数”、中职“做好垃圾分类方案策划”、高职“景观化的生态护岸设计”教学设计方案。

本章小结

本章阐述了网络教学设计前端分析的三大内容，包括“教学内容分析”“教学目标分析”和“学生特征分析”。

1. 教学内容分析

教学内容，就是指为了实现教学目标，要求学生系统学习的知识、技能和行为规范的总和。它通常指在一个科目、一个单元或一节课、一个具体教学活动中，作为师生教学对象的具体知识、主题、事实、观念和原理等。

教学内容分析包括三个方面。①教学内容知识属性的分析。教学内容的知识属性包括事实、概念、技能、原理、问题解决五个类别。②教学内容知识结构的分析。通常，可以采用归类分析法、图解分析法、层级分析法和信息加工分析法四种方法分析教学内容知识结构关系。③教学内容重、难点的分析。教学重点，是教学内容中最重要、最基本的中心内容，如基本概念、基本原理、基本技能等。教学难点，是学生感到难以理解或者难以接受的内容。一般来说，教学重点不一定是难点，而教学难点也不一定是教学重点，但有时二者是统一的。任何教学内容都有重点，但不一定有难点。教学重、难点的确定要依据教材和课程标准、教学内容的特点和学生的实际情况。

2. 教学目标分析

教学目标，是指对学生通过教学应该表现出来的可见行为的具体明确的表述，也是指教学中师生预期达到的学习结果和标准。

纵观国内外众多心理学家和教育家从不同角度对教学目标的研究，现已形成了多种教学目标分类。①布卢姆等人将教学目标分为认知、情感和动作技能三大领域。②加涅提出了五种学习结果：言语信息、智力技能、认知策略、动作技能和态度。③我国新课程改革提出了三维目标，即知识与技能、过程与方法、情感态度与价值观。

通常，可以采用教学内容-教学目标二维层次模型确定教学目标的层级，采用行为目标的ABCD表述法、内部过程与外显行为相结合的表述法和表现性目标的表述法三类方法表述教学目标。

3. 学生特征分析

学生特征分析包括：起点水平分析、学习风格分析、学习动机分析和网络学习自我效能感分析。①学生原来已经具备的知识和技能，我们称之为“起点水平”或“起点能力”。起点水平分析包括“认知结构分析”“认知能力分析”以及“学习态度分析”三个方面。②学习风格是指学生持续一贯的带有个性特征的学习方式和学习倾向。学习风格类型多样。通常，人们采用专门的学习风格量表测量学生的学习风格。③学习动机是指引起学生学习活动，维持学生学习活动，并指引学习活动趋向教师所设定的目标的心理倾向。通常，人们可以采用不同的学习动机量表测量学生的学习动机。④网络学习自我效能感是学生对自己能否完成网络学习任务所需能力的自我判断或自我评估。通常，人们也可以采用网络学习自我效能感量表测量学生的网络学习自我效能感。

思考与练习

1. 选择某门课程的某一个教学内容，对其知识属性与知识结构进行分析。
2. 选择某门课程的某一节课，对其教学重、难点和教学目标进行设计。
3. 如何看待学生核心素养发展对教学目标设计的影响？
4. 为什么要进行学生特征分析？学生的哪些特征对网络教学设计影响较大？

第四章　网络学习环境的设计

内容结构

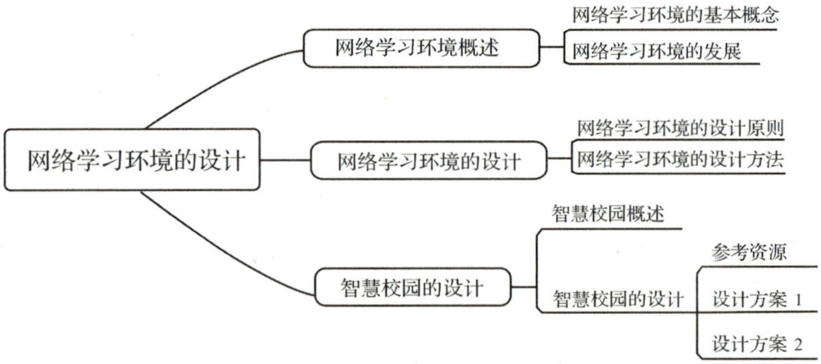

学习目标

1. 识记：网络学习环境的含义、构成；智慧学习环境的含义、构成。
2. 了解：网络学习环境的发展趋势、网络学习环境的设计原则。
3. 理解：智慧学习环境的特征、智慧校园的设计方法。
4. 应用：根据本章知识，编写一份网络学习环境的设计方案。

学习建议

1. 本章重点是网络学习环境的含义和网络学习环境的设计方法，难点是网络学习环境的设计。

2. 第一节可采用教师讲授的方式，第二、第三节可采用案例分析-学生网上自主学习相结合的方式。

3. 学生应充分利用已有的网络学习经验，结合本章内容，形成对网络学习环境新的认识和理解。

第一节　网络学习环境概述

"十二五"以来，特别是教育部《教育信息化十年发展规划(2011—2020

年)》发布和首次全国教育信息化工作会议召开以来，学校网络教学环境大幅改善，全国中小学校互联网接入率已达87%，多媒体教室普及率达80%，优质数字教育资源日益丰富，信息化教学日渐普及。① 尤其是进入“互联网+”时代后，云计算、大数据、物联网、移动计算等新技术逐步广泛应用，网络学习环境进入全新的发展阶段，逐渐向个性化、智能化、混合化的方向发展，智慧校园、智慧教室等智慧学习环境的规划与建设也逐步提上日程。

一、网络学习环境的基本概念

掌握网络学习环境的基本概念，一方面要抓住其本质特征，另一方面，网络学习环境的内涵及外延随着时代的发展也发生着相应的改变。本部分将介绍网络学习环境的含义、组成和基本特征。

(一)网络学习环境的含义

“网络学习环境”一词由“网络”和“学习环境”两部分组成，其基本内涵是基于网络的学习环境。对于网络学习环境的含义，不同学者进行了探讨。武法提认为：“网络学习环境是网络学习支撑平台及其承载的作用于学生并能够促进其学习的各种因素的综合体。”②托儿布姆(Jos Tolboom)认为：“网络学习环境是指在使用互联网的过程中，用来支持、组织学习过程和促进学习交流活动的硬件、软件和教育内容的统一体。”③王丽萍认为：“网络学习环境是网上教与学活动赖以存在和发展的空间与条件。”④

综合不同学者对于网络学习环境的界定，我们可以这样理解网络学习环境：首先，网络学习环境是一种学习环境；其次，它不仅包含构成网络环境的软硬件设施，还包含软硬件设施之外的一切影响教与学活动的条件和因素。网络学习环境为学生提供了一个虚拟学习空间，它具有在线学习资源共享、师生交流、问题解疑、评价测试等功能。

网络学习环境的外延十分丰富，既可指大型的、包含几千门网络课程、可实现多种教与学功能的在线学习系统或平台，也可单指某一门网络课程。

---

① 中华人民共和国教育部．教育部关于印发《教育信息化“十三五”规划》的通知[DB/OL]．[2016-06-07]．http：//www.moe.edu.cn/srcsite/A16/s3342/201606/t20160622_269367.html.

② 武法提．论目标导向的网络学习环境设计[J]．电化教育研究，2013(07)：40-46.

③ Tolboom J. An organisational model for a digital learning environment，based on a hierarchical decomposition[J]. International Journal of Continuing Engineering Education and Life-Long Learning，2004(01/02)：68-78.

④ 王丽萍．基于Web的学习环境设计[D]．济南：山东师范大学，2003.

（二）网络学习环境的构成

网络为学生的学习创设了一种完全不同的空间，革新了学生的学习方式，并使得环境作用于学生的过程发生结构性的变革。网络学习环境中，显性环境和隐性环境彼此相互影响、相互依赖，构成不断运动的整体。显性环境的不断改善引起隐性环境的变化，而隐性环境则借助显性环境来体现。显性网络学习环境由处于学习个体周围的、可见的一切物质要素构成，是一种物化环境。它包括学生周围的空气、噪声、光线等自然要素，也包括网络、计算机、远程学习系统、学习资源库等可见的有形的人为要素。而学生个体的观念、学习动机、情感、意志等心理因素，人际交互以及蕴含在学习活动中的教学策略、学习策略等成为影响学习的无形环境，即隐性环境。网络学习环境的构成要素具体包括网络学习平台、学习活动、学习共同体、学习资源及学习支持服务，如图 4-1 所示。

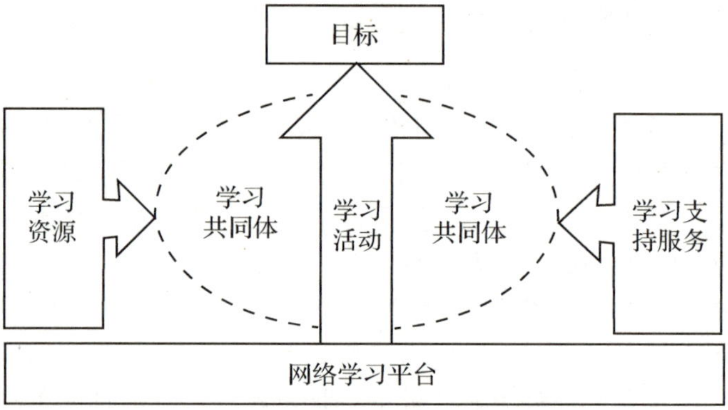

图 4-1　网络学习环境的构成要素①

1. 网络学习平台

网络学习平台是网络学习活动实施、信息资源发布、学习支持服务开展的载体，是网络学习环境中最基础的“设施”和“场所”。它包括三个层次，分别是网络传输体系、网络教学功能体系以及各种应用工具。

2. 学习活动

学习活动是指为完成特定学习目标而进行的师生操作的总和，它是学生有动机、有目标、有策略，并形成一个在间接知识、智力能力和个性心理诸方面彼此联系的心理结构的过程。不同的学习活动序列构成了网络学习过程或模式，学习活动成为网络学习环境的“运营链”。

① 武法提．论目标导向的网络学习环境设计[J]．电化教育研究，2013(07)：40-46.

3. 学习共同体

学习共同体是教师和网络学生在进行教与学活动的过程中形成的，以完成共同的学习任务为载体，以促进成员全面成长为目的，强调在学习过程中以相互作用式的学习观作为指导，通过人际沟通、交流和分享各种学习资源而相互影响、相互促进的基层学习集体。它首先指教师、学生形成的群体及其之间的社会关系，其次还强调群体作为一个整体所表现出来的特征。

4. 学习资源

学习资源是指经过数字化处理，可以在多媒体计算机或网络环境中运行的各种用于教与学活动的信息资源。根据网络学习资源在整个教学过程中的作用和功能进行划分，学习资源有网络课件、网络课程、资源网站、案例库、试题库等类型。学习资源作为网络环境中学习内容的载体，是为学生提供给养的重要的“有机养料”。

5. 学习支持服务

学习支持服务是指为指导和帮助学生自主学习，实现其学习目标，通过各种形式和途径提供的各种类型服务的总和。它包括以教师与学生或学生之间的人际面授和基于技术媒体的双向通信交流为主的各种信息的、资源的、人员的和设施的支持服务。网络学习环境中的学习支持服务的被服务方为学生，服务方为教师、管理者、远程教育机构。

（三）网络学习环境的特征

网络学习环境不等同于将传统学习环境中的学习内容、资源及活动“搬到”网络中，它是利用网络化的特征，重组学习资源及学习活动，以更好地实现学习目标，达成促进学生发展的目的。一般来说，网络学习环境具有以下特征。

1. 开放式的学习情境

网络学习环境的组成要素，如学习内容、学习活动、学习共同体等已不再是传统学习环境中的课本、班级。网络的互联互通特性为网络学生提供了更为开放的学习情境，超越时间与空间限制，兼具同步与非同步的学习方式。网络学生可以随时随地获取任何可在互联网中搜索到的学习资源、可通过交互工具与从未谋面的其他学生成为学习伙伴。网络学习环境可支持学生开展泛在学习、移动学习以及终身学习等新型学习方式。

2. 满足个性化学习需求

网络学习环境中的学生已不再局限于传统学校教育或者学历教育对象，网络学习环境中的学生很大一部分由非学历学生以及非正式学生组成，因此，其学习需求也更加个性化、多样化。设计网络学习环境时应考虑到不同学生的学习需求，提供相应的学习内容和学习活动。

3. 丰富的交互形式

网络学习环境绝不仅仅是将纸质教材数字化，或者学习活动网络化，网络环境的交互特性在学习中扮演着重要的角色。网络学习环境中具有丰富的交互形式，包括学生与学习内容的交互、学生之间的交互以及学生与教师等的交互。在线测评等工具能支持学生及时了解自己的学习情况；电子邮件、论坛、讨论区等平台能支持学生进行知识分享和创作、资源共享和交互、经验和情感交流；物联网技术的发展将进一步实现线上与线下信息的交互。

二、网络学习环境的发展

时代的变迁、技术的进步使得网络学习环境的内涵发生了变化，那么应该如何看待网络学习环境的发展呢？

（一）网络学习环境的发展概述

“互联网＋”时代，教学理念、教学内容、教学手段发生了重要变革。学习环境的构建是实现教与学方式变革的基础，因此，学习环境，尤其是网络学习环境，也必然发生巨大的改变。同时，新一代被称为“数字土著”的学生对网络环境支持个性化学习、移动学习提出了新的要求。此外，随着大数据、物联网、云计算、移动通信、增强现实等信息技术的快速发展，网络学习环境的建设正朝着智慧学习环境发展，并呈现一些新的特征和趋势。

1. 混合化

网络学习环境将超越单纯的虚拟环境的概念，转向打造线上、线下相融合，利用物联网技术无缝联通学校、社区、家庭、社会场馆等线下学习场所的一体化学习环境，以更好地满足学生的正式与非正式学习。例如，学校中网络学习环境的建设将不再局限于网络平台、门户网站等，而是将学生线上、线下的学习活动打通，打造网络环境与物理环境一体化的智慧校园。

2. 个性化

网络学习环境将更加注重学生的个性化学习体验，学生将拥有自己的个人学习空间。传统的“一对多”教育服务供给模式已经无法满足“互联网＋”时代教育发展的需要，通过精准化的资源服务推送、个性化的学习结果诊断以及学习路径引导，网络学习环境将能更加高效地支持学生开展随时随地的按需学习，让每位学生有更多的“获得感”和“成长感”。

3. 智能化[①]

科技的发展正在将人类带入智能时代，融合创新阶段网络学习环境的智能化将成为环境设计与开发的重点。未来网络学习环境将在数据化的基础上，利用脑认知与学习科学的研究成果以及人工智能技术，逐步提升机器的学习能力，精准把握每位学生的学习需求，设计个性化的学习路径，评估诊断知识缺陷，预警学习危机，推送最适合的学习资源。教师能够利用网络学习环境开展更智能化的备课和作业批改，自动匹配推送最适合的教研伙伴。管理者能够利用网络学习环境动态监控教学活动进展，管理各种教育资源，开展基于数据的教育教学决策。

(二)智慧学习环境

我国著名的科学家钱学森曾说"必集大成，方得智慧"，随着传感技术、物联网等新型技术的发展及其在教育领域中的应用，世界范围内正刮起一阵"智慧"浪潮。本部分将会介绍作为网络学习环境的一种发展和进阶形式的智慧学习环境的基本内涵及关键技术。

1. 智慧学习环境概述

1998年1月31日，美国提出"数字地球"的概念。2008年，IBM公司(国际商业机器公司)提出"智慧地球"的概念。随后IT界(信息科技和产业界)提出"智慧城市、智慧交通、智慧医疗"等概念。"智慧教育"由此演变而来，继而延伸出"智慧学习、智慧学习环境"等概念。学者们从各自角度提出了对智慧学习环境的界定。祝智庭从智慧教育的角度阐述了智慧学习环境的内涵，认为智慧学习环境是以先进的教学、管理和利用的思想和理论为指导，以适当的信息技术、学习资源和工具以及相应的学习活动为支撑，全面感知有关于学习情境的各项信息，引导学生进行正确决策并灵活地进行个性化学习，有效促进智慧发展的新型学习环境。[②] 库克(Diane J. Cook)等人认为智慧学习环境是指旨在适应学生的个性化学习需求以提升其学习体验的学习环境。[③] 黄荣怀等人认为智慧学习环境是一种能感知学习情景，识别学生特征，提供合适的学习资源与便利的互动工具，自动记录学习过程和评测学习成果，以促进学生有效学习的学

① 杨现民，赵鑫硕，刘雅馨，等．网络学习空间的发展：内涵、阶段与建议[J]．中国电化教育，2016(04)：30-36.

② 祝智庭，贺斌．智慧教育：教育信息化的新境界[J]．电化教育研究，2012(12)：5-13.

③ Cook D J，Das S K. Smart environments：Technology，protocols and applications[M]. New York：John Wiley & Sons，2004.

习场所或活动空间，并提出智慧学习环境具有以下几方面的功能特征。①

(1)识别学习情景

智慧学习环境可根据学生模型和学习情景为学生提供个性化资源和工具，以促进有效学习的发生；智慧学习环境能识别学习情景，包括学习时间、学习地点、学习伙伴和学习活动，学习情景的识别为教学活动的开展提供支持。

(2)感知学习物理环境

智慧学习环境能利用传感器技术监控空气、温度、光线、声音、气味等物理环境因素，为学生提供舒适的物理环境。

(3)记录学习过程

智慧学习环境能通过动作捕获、情感计算、眼动跟踪等感知并记录学生在知识获取、课堂互动、小组协作等方面的情况，追踪学习过程，分析学习结果，建立学生模型，这为更加全面、准确地评价学生的学习效果提供了重要依据。

(4)联结学习社群

智慧学习环境能够为特定学习情景建立学习社群，为学生有效联结和利用学习社群进行沟通和交流提供支持。

(5)促进轻松、投入和有效学习

智慧学习环境的目标是为学习创建可过程记录的、可情境识别的、可环境感知的、可社群联结的条件，促进学生轻松、投入和有效学习。

2. 智慧学习环境的关键技术

技术的发展为智慧学习环境的构建提供了有力支持。智慧学习环境建设的关键技术有移动互联网、物联网、传感技术、混合现实、大数据、学习分析等。这里主要介绍传感技术、物联网以及大数据。

(1)传感技术

传感器技术是现代科技的前沿技术，是当今物联网发展的重要支持技术之一。传感技术是指高精度、高效率、高可靠性地采集各种形式信息的技术，如各种遥感技术(卫星遥感技术，红外遥感技术等)和智能传感技术等。传感器技术可从部署的传感元件中周期性获取海量信息，分析、加工和处理出有意义的数据，以适应不同用户的不同需求。当今传感器技术逐渐向网络化、高速化、智能化方向发展，可用于支持新型学习环境的构建。

① 黄荣怀，杨俊锋，胡永斌．从数字学习环境到智慧学习环境——学习环境的变革与趋势[J]．开放教育研究，2012(01)：75-84.

(2)物联网

物联网，顾名思义就是将物与物互联的网络，它是通过各种信息传感设备、识别技术、通信手段、定位系统等装置和技术，实时采集任何需要监控、联结、互动的物体或过程，采集其声、光、热、位置等信息，与互联网结合形成的一个巨大网络。其目的是实现物与物、物与人、所有的物品与网络的联结，方便识别、管理和控制。物联网不仅提供了传感器的联结，其本身也具有智能处理的能力，能够对物体实施智能控制。物联网传感技术能感知并收集物理空间中的湿度、温度、亮度等环境指标数据，对从传感器接收到的数据进行分析，并以此分析结果智能控制物理环境中学习资源等的状态，从而促进虚拟学习环境与物理学习环境的融合。

(3)大数据

大数据是指数据量极大，以至于无法使用常规数据软件进行获取、存储、管理和分析的数据。它具有数据量大、数据多样、数据产生速度快等特点。在网络学习环境中应用大数据，对师生学习活动中记录下的数据进行数据挖掘和学习分析，可以实现根据学生的个体差异推送个性化的学习资源和学习路径，以及对学习过程与学习结果的个性化监控、指导与反馈等。基于大数据的学习分析技术使得网络学习环境设计关注学生个性化发展这一诉求有了实现的途径，也使得为学生提供个性化资源、个性化学习评价等个性化服务成为可能。

第二节　网络学习环境的设计

网络学习环境为学生的学习创设了一种完全不同的空间，革新了学生的学习方式，并使得环境作用于学生的过程发生结构性的变革。本节将介绍网络学习环境的设计原则和方法。

一、网络学习环境的设计原则

对于网络学习环境的设计，研究者们提出了很多原则。贝格尔(Zane L. Berge)从教学、社会和技术支持三个方面提出了八条设计原则[①]。武法提提出了关于网络学习环境设计的三条基本原则：主动性原则、社会性原则和情境

① Berge Z L. Guiding principles in Web-based instructional design[J]. Educational Media International，1998(02)：72-76.

性原则。① 网络学习环境的设计应以现代学习环境理论为指导，以学习资源的开发利用为核心，以学习情境的创设为重点。根据网络学习环境的内涵与特征，在设计过程中要遵循“实用性、先进性、开放性、个性化”的原则。

（一）实用性原则

在功能设计上，网络学习环境的设计要体现“实用、好用”的特点，拒绝华而不实。功能模块可自由取舍、排列组合。坚持“以学生为中心”的设计思路，学生可自主选课、自定学习日程、自定学习策略、自定学习进度。②

（二）先进性原则

在技术设计与实现上，设计网络学习环境既要着眼现代教育理论的前沿，又要注重新技术与社会交互软件的应用，如 Web3.0 技术、人工智能技术、移动互联技术、数据挖掘技术、SNS 技术（社交网络服务技术）等，确保智慧学习环境在设计理念和技术上的先进性。③

（三）开放性原则

在开放程度设计上，设计网络学习环境要树立开放、协同、共享的观念：首先，建设的平台应开放对外访问；其次，建设的网络学习环境应积极开放教学资源、工具，分享成果，以实现优势互补、协同创新。

（四）个性化原则

在内容和形式上都要体现出个性化。学生可以个性化设置自己的门户界面，按自己的喜好调整界面的布局、色彩和结构；也可以个性化定制新闻信息、通知公告、事务提醒、短消息等，只接收与自己相关的信息，而将与个人无关的干扰信息屏蔽在外。

二、网络学习环境的设计方法

网络学习环境既包括物理环境，也包括网络课程的学习平台或学习系统及网络课程等，不同网络学习环境具体的设计方法也不一而足。本书借鉴软件开发的方法，通过需求分析、概念模型设计、系统架构设计过程，进行网络学习环境设计方法的介绍。

（一）需求分析

网络学习环境设计与开发的第一步是需求分析。需求分析一般需要通过对目标用户调查确定，需求一般包括学习需求、系统需求、功能需求及技术需求

① 武法提．基于 WEB 的学习环境设计[J]．电化教育研究，2000(04)：33-38.

② 张东．智慧学习环境：有效支撑学与教方式的变革[N]．中国教育报，2012-05-25(11).

③ 陈卫东，叶新东，许亚锋．未来课堂：智慧学习环境[J]．远程教育杂志，2012(05)：42-49.

等。下面以“面向生成的智慧学习环境的构建”为例。

通过对学生和教师的调查，获取面向生成的智慧学习环境的系统需求；智慧学习环境功能的实现需要依赖相关的技术，对这些技术特征的分析就形成智慧学习环境的技术需求。生成性教学对智慧学习环境的需求如图 4-2 所示。

1. 系统需求层面

面向生成的智慧学习环境应能实现物理环境与虚拟环境的有效融合，能够为生成性教学提供支持和服务，能够支持课内学习和课外学习等。

2. 功能需求层面

面向生成的智慧学习环境应该能够创设有助于生成的教学情境，能够实现信息和资源的智能推送，智能答疑，联结学习和教学空间，记录生成过程，存储并共享生成资源，学习评价等功能。这些功能需求为系统需求的实现提供了支持。

3. 技术需求层面

智慧学习环境所需技术应该具有无缝联结、互操作性、简便性、泛在性特征。这些技术为功能需求的实现提供了支持，进而为智慧学习环境系统需求的实现奠定了基础。

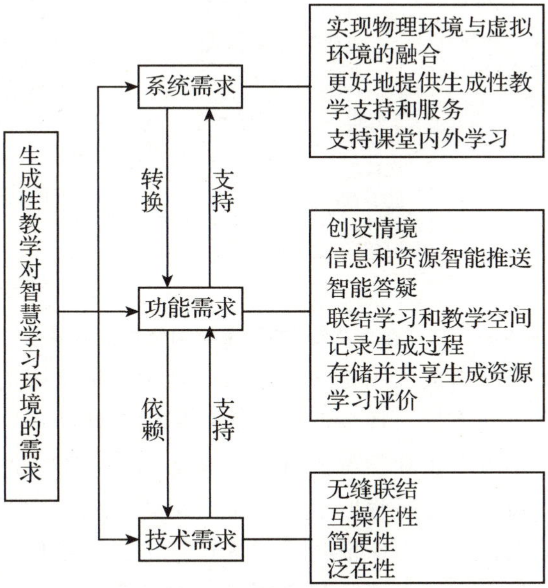

图 4-2　生成性教学对智慧学习环境的需求[①]

① 谢幼如，杨阳，柏晶，等．面向生成的智慧学习环境构建与应用——以电子书包为例[J]．华南师范大学学报(自然科学版)，2016(01)：126-132.

(二)概念模型设计

随着知识观、认识观从客观主义到建构主义逐渐转向,“以学生为中心”的学习环境成为关注热点,在网络学习环境中,现代信息技术的作用不仅体现在对信息表征和加工方式的拓展上,同时它还改变学习环境中人与人之间、人与信息之间、人与工具之间的互动关系,真正将学生置于中心,使主动、灵活、个性化地支持学生的过程有了新的可能。武法提结合对“以学生为中心”的内涵的理解,进一步梳理网络学习环境中各要素之间的相互作用关系,形成了“以学生为中心”的网络学习环境概念模型(如图 4-3 所示)。

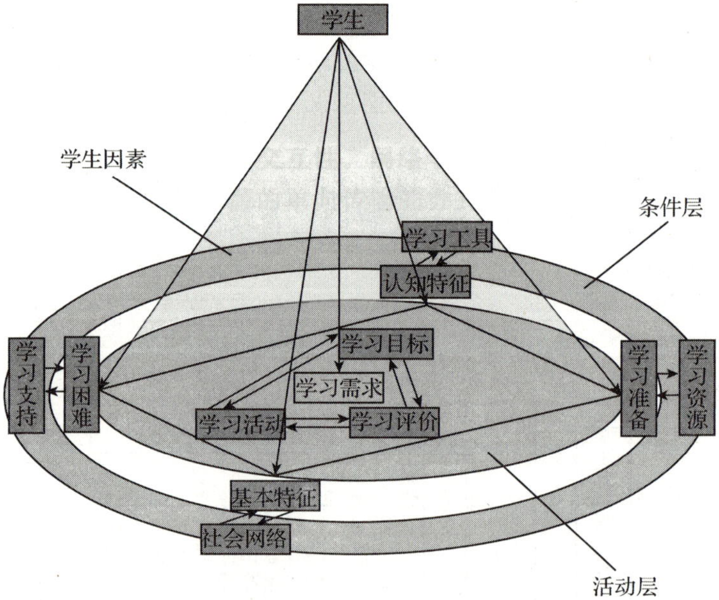

图 4-3 “以学生为中心”的网络学习环境概念模型①

该模型由三个部分组成:一是学生因素,指学生的学习需求及其投射到网络学习环境中并会对网络学习环境产生影响作用的个体特质,包括学生的基本特征、认知特征、学习准备和学习困难;二是活动层,对应网络学习环境中直接引导和督促学生展开学习过程的参与性要素组合,包括学习目标、学习活动和学习评价;三是条件层,即保证学习过程持续进行的条件性要素组合,包括学习资源、学习工具、学习支持和社会网络,对于学生而言,这四个要素是其作用的客观对象。

① 武法提. 网络教育应用(第 2 版)[M]. 北京:高等教育出版社,2011:35.

1. 学生因素

首先，学生因素中对于网络学习环境影响最大的是学习需求。其次，学生的基本特征、认知特征、学习准备、学习困难这四个学生的个性特征也会对学习过程产生影响。

2. 活动层

活动层是网络学习环境中引导和促进学习过程的各种参与性机会的集合。学习过程实质是学生基于一定的学习目标与学习环境之间发生的相互作用，体现为一系列由参与性活动(包括学习活动与学习评价)组成的序列。

3. 条件层

学习资源、学习工具、学习支持和社会网络组成模型中的条件层，它们共同保证和维持着学习过程的顺利进行，以最终促进学习目标的实现。

(三)系统架构设计

网络学习环境的系统架构是对已确定的需求、概念模型等的技术实现构架，构建网络学习环境技术架构的目的是解决以下三个问题：

①将教学功能需求实现为软件系统；

②将众多教学系统有机地构成一个整体；

③满足不同机构和同一机构不同时期的可持续发展要求。

一般情况下，一个完整的网络学习环境的技术架构，包括基础设施层、教学数据与教学资源层、教学应用系统层和教学门户层等。

下面简单介绍韩锡斌等人提出的数字化学习环境的技术架构(如图 4-4 所示)。

①基础设施层即网络与计算机硬件及管理系统，一般由大学数字校园统一建设，构建技术相对成熟，如 Wi-Fi 覆盖、机房、一卡通、智慧教室等。

②教学数据与教学资源层中的基础数据库根据相应的数据标准与技术规范，构建学校的共享基础数据中心，为其上的各系统提供标准化的基础数据。这一部分也是由数字校园统一建设的。共享教学资源库通过资源库管理平台对共享资源库中的资源进行管理，同时为上层各应用系统提供一组统一的数字资源中心接口，方便各系统及用户直接进行学习资源访问。

③教学应用系统层包含了学科课程学习系统、非学科课程学习系统、教务管理系统、教学评价与对外展示系统和数字化学习资源管理系统。

④数字化学习环境的最上层通过一个统一的教学门户将各应用系统集成起来，其使用者包括学生、教师、管理人员、评审专家和校外访客，这些不同角色的用户通过门户网站进入系统，通过统一身份认证获取不同的应用和服务。

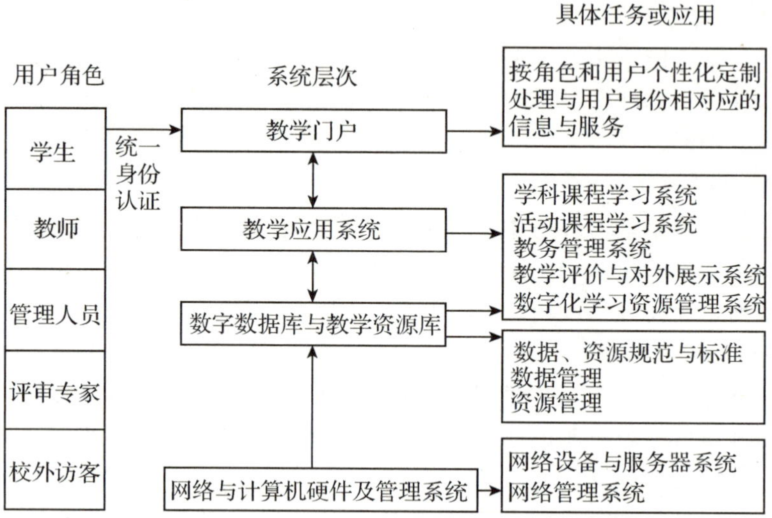

图 4-4　数字化学习环境的技术架构①

第三节　智慧校园的设计

一、智慧校园概述

智慧校园是智慧学习环境在校园层面的具体体现，是数字校园发展的必然趋势。本部分将简单介绍智慧校园的概念、特征以及智慧校园的建设内容。

（一）智慧校园的概念与特征

智慧校园以物联网和云计算技术为主要技术基础，通过物联网传感器实现对物理校园的全面感知，利用云计算对感知的信息进行智能处理与分析，实现了校园内任何人、任何物、任何信息载体、任何时间、任何地点的互联互通，借助物联网平台汇聚海量数据并产生新的信息，从而给广大师生提供了智能化的教育教学信息服务和管理。智慧校园的内涵可以用“以人为本、深度融合”进行表述。② 智慧校园首先是学校信息化回归“以人为本”的一个新的发展阶段。

---

① 韩锡斌，刘英群，周潜．数字化学习环境的设计与开发[M]．北京：中央广播电视大学出版社，2012：96.

② 胡钦太，郑凯，林南晖．教育信息化的发展转型：从“数字校园”到“智慧校园”[J]．中国电化教育，2014(01)：35-39.

智慧校园强调“以服务为核心，以管理为支撑”的理念，智能感知、资源组织、信息交换、管理逻辑与科学决策等。智慧校园环境的最终目的都是向用户提供更好的服务。其次，智慧校园需要体现校园活动的“深度融合”。“深度融合”包括学校信息化工作与学校各项常规工作在机制与机构等层面的融合、信息化平台资源的融合与集约化利用、信息化业务流程与消息数据的融合、信息化基于所有校园活动以及与外部环境（如智慧城市）的融合四个层面。

黄荣怀等人综合智慧学习环境的内涵和特征，认为智慧校园具有如下特征。①

1. 环境全面感知

智慧校园中的全面感知包括两个方面：一是传感器可以随时随地感知、捕获和传递有关人、设备、资源的信息；二是对学生个体特征（学习偏好、认知特征、注意状态、学习风格等）和学习情景（学习时间、学习空间、学习伙伴、学习活动等）的感知、捕获和传递。

2. 网络无缝互通

基于网络和通信技术，特别是移动互联网技术，智慧校园支持所有软件系统和硬件设备的联结，信息感知后可迅速、实时的传递，这是所有用户按照全新的方式协作学习、协同工作的基础。

3. 海量数据支撑

依据数据挖掘和建模技术，智慧校园可以在海量校园数据的基础上构建模型，建立预测方法，对信息进行趋势分析、展望和预测；同时智慧校园可综合各方面的数据、信息、规则等内容，通过智能推理，做出快速反应，主动应对，更多地体现智能、聪慧的特点。

4. 开放学习环境

教育的核心理念是创新能力的培养，校园面临要从“封闭”走向“开放”的诉求。智慧校园支持拓展资源环境，让学生冲破教科书的限制；支持拓展时间环境，让学习从课上拓展到课下；支持拓展空间环境，让有效学习在真实情境和虚拟情境中都得以发生。

5. 师生个性服务

智慧校园环境及其功能均以个性服务为理念，各种关键技术的应用均以有效解决师生在校园生活、学习、工作中的诸多实际需求为目的，并成为现实中不可或缺的组成部分。

---

① 黄荣怀，张进宝，胡永斌，等．智慧校园：数字校园发展的必然趋势[J]．开放教育研究，2012(04)：12-17.

（二）智慧校园的建设内容

智慧校园的建设内容一般包括基础支持环境建设、数字学习资源建设、应用系统建设以及机制保障建设四个方面。

1. 基础支持环境建设

基础设施是智慧校园建设的基础和外显形式，智慧校园支持环境建设包括基础设施（硬件）与统一的平台建设（软件），具体包括班班通建设、校园网络、录播系统、智能终端等。

2. 数字学习资源建设

优质的数字学习资源是智慧校园系统的核心组成要素，丰富的数字学习资源是学校开展智慧教学与智慧学习的基础和条件。除了基础性资源、个性化资源以及校本资源等优质数字学习资源的建设与应用之外，学校应广泛整合外部环境中的各种优质资源，包括国家资源、省市资源和网络开放资源。智慧校园中常见的数字学习资源有教学课件、学科工具、主题教学网站、微课、网络课程、虚拟仿真软件等。

3. 应用系统建设

应用系统是智慧校园建设的窗口，是实现学校教学、管理、教研、生活等教育活动信息化的重要保障。应用系统建设采用“云服务”建设模式，支持各种教育教学业务信息通畅、高速互访和有效整合。智慧校园应用系统包括智能教学系统、移动学习系统、校园安全系统、智慧文化系统、智能管理系统以及家校互联系统。

（1）智能教学系统

智能教学系统依托智慧校园的资源平台，为教师编写教案、制作课件、批改作业和辅导答疑提供智能化服务，包括智能备课系统、互动课堂系统、辅导答疑系统、电子作业系统和综合评价系统等。

（2）移动学习系统

移动学习系统主要以电子书包、手机等移动学习终端为载体，基于统一的学习资源平台支持，实现任何时间、任何地点的个性化学习。

（3）校园安全系统

校园安全系统利用视频分析技术、物联网传感技术、红外监测技术、GPS（全球定位系统）定位技术等把校园内外的人、事、物统一监管起来，形成综合的安全监管体系。

（4）智慧文化系统

智慧校园文化系统包括校园多媒体信息发布系统、虚拟校园交互式演示系统和智慧学习社区三个部分组成。

(5)智能管理系统

智能管理系统以先进的物联网技术为基础，实现了校园进出人员身份管理、考勤管理、学校资产监控与数据泄密管理、办公管理、教学活动管理、教学设备管理、教务管理和安防管理的智能化。

(6)家校互联系统

家校互联系统支持教师和家长之间无障碍的互动和交流，如教师向家长报告学生在校情况，发布通知，布置作业，家长查询学校的规章制度、课程安排，或与教师一起切磋教育心得等。

4. 机制保障建设

保障机制是智慧校园建设内容顺利完成的重要保证，也为智慧校园建设的可持续发展提供必要支撑，包括组织架构、人员培训、制度建设、资金投入等方面。

二、智慧校园的设计

智慧校园是实现学校智慧教学、科研、管理和服务信息化的一体化平台，其建设是一个系统工程，需要科学的规划与设计。

(一)智慧校园设计原则

1. 面向整体，实行一体化设计

智慧校园是实现学校教学、科研、管理和服务信息化的一体化平台，涉及学校各个业务应用部门与管理机构。因此，智慧校园的建设必须立足于学校整体信息化发展的需要，统一规划，整体设计。具体表现为以下三个层面：在技术层面上，要求制定由独立开发模式向组建、全域、框架标准模式转变；在数据层面上，以制定信息服务统一规范标准为核心，逐步消除各信息孤岛；在管理层面上，变革各自为政、独立分散管理模式，实行规范标准化、统一管理和控制化，提升校园信息化建设的管理体系和统筹规划建设力度。

2. 技术先进，采用动态基础架构

由于信息技术具有快速发展的特点，在智慧校园的建设中，应采用成熟、稳定、先进的技术措施与手段，保证业务系统及功能模块能够不断完善与更新，使系统具有灵活性和扩展性。采用成熟稳定、技术先进、性能一流的厂家设备来构建智慧校园的基础设施支撑平台，通过引入虚拟化技术、云计算技术来组建学校的弹性计算资源池，实现服务器硬件资源的按需调度、存储空间的动态分配。同时，整个智慧校园建设规划中所采用的技术、开发工具、数据库支撑环境、硬件设备等应具有适应与升级能力，能够根据学校的业务发展需要不断更新，达到与时俱进的目标。

3. 服务整合，业务全方位协同

采用规范的服务整合流程及整合机制，整合面向个人用户、面向校内用户及面向社会提供的服务。根据学校各个业务部门的实际工作流程，结合自身的管理特色、教学特色等实际情况，制定相应规范的工作流，在规范工作流的驱动下，形成学校规范的数据流程，为全校师生的学习及生活节奏加速，提高学校的整体工作效率。

(二)智慧校园概念模型

智慧校园的概念模型能清晰描述智慧校园的构成、功能与目标追求，一般来说，智慧校园的概念模型包括物理校园、虚拟校园两大部分。下面简单介绍蒋东兴等人提出的高校智慧校园概念模型(如图 4-5 所示)。

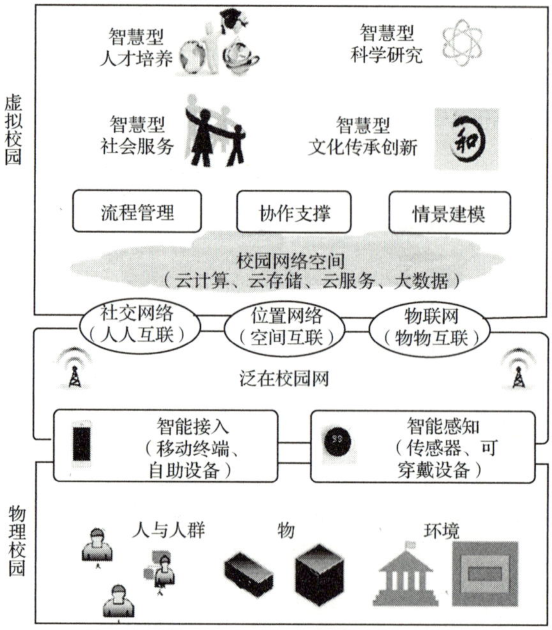

图 4-5　高校智慧校园概念模型①

1. 人、机、物交互

应用智能感知技术采集校园环境和设备的状态信息，应用可穿戴技术采集人与人群的活动信息，通过智能终端和自助设备获取用户输入信息，并提供及

① 蒋东兴，付小龙，袁芳，等．高校智慧校园技术参考模型设计[J]．中国电化教育，2016(09)：108-114.

时的反馈与控制，实现校园的物理信息采集、环境控制和人群协同。

2. 泛在互联

通过各种有线和无线网络实现人与人、人与物、物与物之间的随需联结与信息交换，将校园中人的信息、物的信息、位置信息和环境信息及时映射到网络空间中，构建全天候、全覆盖的网络应用环境。

3. 虚实链接

通过社交网络、物联网、位置网络实现人的互联、物的互联和空间互联，构建校园信息物理系统(Cyber Physical Systems，CPS)，实现虚拟校园与物理校园的无缝链接，融为一体。

4. 虚拟映像

基于云计算、云存储、云服务等技术构建校园网络空间，将校园中产生的各种结构化、半结构化和非结构化数据组装起来，在网络空间中建立校园虚拟映像，全面、准确、及时地反映物理校园的运行状况。

5. 全面认知

应用大数据技术对校园虚拟映像进行全方位分析，全面掌握物理校园的运行规律，并通过校园信息物理系统作用于物理校园，实现师生与学校资源、环境的智能交互。

6. 智慧运行

在智慧校园的支撑下，基于运行规律对学校的运营管理、资源调度、业务活动等做出科学决策，通过流程管理、协作支撑和情景建模等技术系统支持学校各项业务的智慧运行，实现智慧型人才培养、科学研究、社会服务和文化传承创新，达到通过智慧校园建设支撑智慧教育的目的。

(三)智慧校园系统架构

智慧校园的架构是对智慧校园技术体系的总体规划，从技术视角全面规划智慧校园的技术元素构成、技术元素间的层级结构以及技术元素间的逻辑关系。按照领域信息化的普遍规律，智慧校园的架构一般由感知层、通信层、云计算层、大数据层、应用层和终端层等构成，并需要相应的支撑保障体系。下面介绍蒋东兴等人提出的高校智慧校园架构模型(如图 4-6 所示)。

1. 智能感知层

智能感知层综合采用 RFID(射频识别)、ZigBee(紫蜂)、IP CAM(网络摄像机)等智能感应、近场通信相关物联网技术，采集校园学习生活相关的各类环境、资源与活动的实时数据，实现对校园各类设施设备的运行状态、师生学习生活的活动轨迹、师生与校园环境的互动情况等进行全面感知，为智慧校园的全面数据采集与实时反馈控制提供基础的感知支撑。

2. 网络通信层

网络通信层综合采用校园有线网络、Wi-Fi 无线网络、4G 移动网络等通信技术，为智能感知层采集的各类环境和活动数据提供高覆盖的传输服务，为师生随时随地使用互联网提供高速率的访问服务，为校园各类智慧应用提供高可靠的接入服务，从而为智慧校园提供随需、泛在的通信支撑。

3. 云计算层

云计算层综合采用虚拟化、分布式计算、高性能计算等计算技术，集中存储、分布式存储等存储技术，实现高效、透明、可靠的基础设施云服务，为智慧校园的大数据处理和智慧应用提供普适、随需的计算和存储支撑。

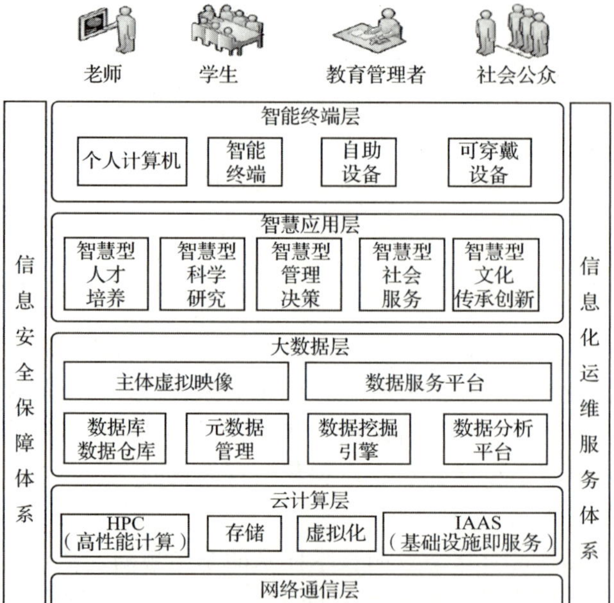

图 4-6　高校智慧校园架构模型[①]

① 蒋东兴，付小龙，袁芳，等．高校智慧校园技术参考模型设计[J]．中国电化教育，2016(09)：108-114.

4. 大数据层

大数据层综合采用数据存储、数据组织与管理、数据挖掘、数据分析等技术，汇聚校园内的环境、活动、业务、交互等各类信息，构建起连接网络空间和实体校园的智慧校园虚拟映像，并基于虚拟映像开展全方位的分析，掌握实体校园的运行规律，为智慧校园的各类应用提供科学、综合的数据支撑。

5. 智慧应用层

智慧应用层是智慧校园发挥作用的关键，基于大数据层对校园的运营管理、资源调度、业务活动等做出决策，通过教学、科研、服务、管理决策、文化传承等各类智慧型的校园信息化业务应用，为师生的学习生活和校园的管理提供全面、贴切的功能服务，从而为校园的智慧管理提供全面、个性化的应用支撑。

6. 智能终端层

智能终端层综合应用传统个人计算机、智能终端、自助设备和可穿戴设备等多种终端接入技术，基于用户所处的不同环境，围绕特定应用场景为用户提供无缝、自适应、个性化的人机交互模式，全面提升用户获取校园信息化服务的体验，为校园的信息化应用提供融合、无缝的接入支撑。

7. 支撑保障体系

支撑保障体系是智慧校园持续提供高质量服务的基础，包括保障校园各类信息安全可靠的信息安全保障体系、保障校园基础设施和应用系统稳定运行的信息化运维服务体系等，为智慧校园安全、稳定、高效地运行提供切实的保障。

(四)智慧校园建设方案

智慧校园的设计与建设是一个系统工程，关系到整个学校的教学、管理、科研等各项工作。为了保证智慧校园的有效实施，必须在分析学校内在发展需要的基础上，形成清晰的建设思路，并提供科学、完整的方案。一般来说，可从以下几个方面开展智慧校园的规划与建设：

①学校信息化发展战略定位和愿景；

②智慧校园的建设目标；

③学校智慧校园建设的基础条件；

④拟开展应用实验的重点任务和进度安排；

⑤建设机制和保障措施。

下面以广州市 T 小学智慧校园建设为例，介绍智慧校园的规划与设计，其中重点介绍其学校信息化发展战略定位和愿景、建设目标、基础条件、拟开展应用实验的重点任务。

广州市 T 小学创办于 1990 年 9 月，目前一校三区，共占地 25 172 平方米，建筑面积共计 28 230 平方米，均位于中央商务区核心地带。学校现有 55 个教学班，2 386 名学生。教师 135 人，平均年龄 36 岁，本科以上学历教师占 95.2%。学校基于传统，面向世界，面向未来，以让每个人做最好的自己为办学理念，以培养未来大都市杰出人才为目标，倾力帮助学校里每一个人回归善良本性，发挥天赋才能，努力活出最好的自己，为缔造美好的未来做准备，努力创造均衡化、优质化、现代化、国际化的小学教育。

T 小学通过分析学校长期的战略定位，确定智慧校园的建设目标，确保学校智慧校园建设有的放矢；在分析学校信息化建设的基础条件上，确立学校智慧校园重点建设任务，形成系统化、层次化的智慧校园整体建设方案(如图 4-7 所示)。

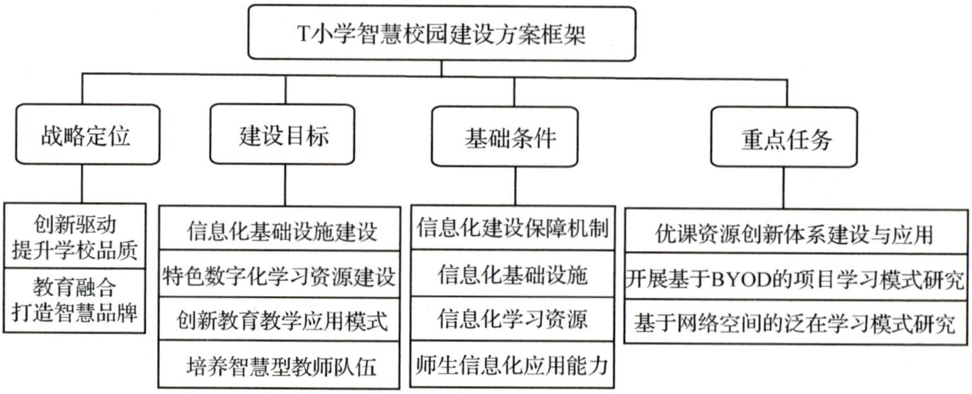

图 4-7　T 小学智慧校园建设方案框架

信息技术对教育具有革命性影响，T 小学信息化发展战略定位和愿景包括：依托智慧校园建设，创新驱动，提升学校品质；通过教育融合创新，打造国内外智慧校园品牌。

T 小学智慧校园的建设以服务教育、促进人才培养为最终目的，具体目标包括：

①加强信息化基础设施建设，进一步优化智慧校园环境；

②加快数字化学习资源建设，构建具有校本特色的优质学习资源体系；

③依托智慧校园实验研究项目，促进信息化教育教学模式创新；

④提升师生智慧化应用水平，培养一支智慧型教师队伍。

T 小学从信息化建设机制保障方面、信息化环境建设方面(基础设施及资源)以及师生信息化应用能力方面全面考察自身信息化建设的基础情况，结合建设目标，提出以下三项重点建设任务。

①“精品课例-精品课程-精品学科”优课资源创新体系的建设与应用。

T 小学以创建高效课堂为目标，大力推进“精品课例-精品课程-精品学科”优课资源创新体系的建设与应用。依托教育部“一师一优课，一课一名师”活动，激发教师的教育教学智慧，打造基于不同教学理念或教学方法的系列精品课例，从课程角度系统完善各精品课例形成精品课程，并统筹各精品课程最终形成精品学科，实现学校课程资源体系的创新。

在此基础上，学校一方面结合人才培养目标和需求，通过在线学习、混合学习等多种方式开展“精品课例-精品课程-精品学科”的创新应用；另一方面，积极鼓励教师利用“精品课例-精品课程-精品学科”开展教研，建成一支善于利用信息技术和优质数字学习资源开展教学活动的教师队伍。

②基于自带式设备(BYOD)的项目学习模式研究。

T 小学以变革教学模式为目标，积极开展基于自带式设备的项目学习研究。随着互联网的普及，移动终端已经走进大部分家庭，该校 90%以上的学生家庭有使用平板电脑、笔记本电脑、智能手机的习惯，70%以上的家长支持学校开展移动终端进课堂的探索。基于此，该校将开展基于自带式设备的项目学习研究。

硬件配备方面，学校为参与实验的老师提供移动终端，把课室装备为自带式设备实验室，配备足够的 Wi-Fi 和支撑一对一学习的全景课堂学习平台。

应用方面，学校依托自带式设备实验，促进教学理念、教学模式改革，积极探索项目学习、跨学科学习等教学模式，适应信息时代对培养高素质人才的需求，着力提升学生的核心素养、创新意识和创新能力，促进学生的全面发展。

③基于网络空间的泛在学习模式研究。

T 小学以培养学生终身学习能力为目标，开展基于网络空间的泛在学习研究。学校积极与企业合作设计、统筹推进网络空间的开发与建设，空间要集成网络教学、资源推送、学籍管理、学习生涯记录等功能，有效支持“人人皆学、处处能学、时时可学”。

创新网络学习空间应用模式，从服务课堂学习拓展为支撑网络化的泛在学习，从服务教育教学拓展为服务育人全过程。在应用过程中，学校鼓励教师应用网络学习空间开展备课授课、家校互动、网络研修、指导学生学习等活动；鼓励学生应用网络学习空间进行预习、完成作业、进行自测、开展拓展阅读、进行网络选修课等，帮助学生养成自主管理、自主学习、自主服务的良好习惯；鼓励家长应用网络学习空间与学校、教师便捷沟通、互动，关注学生学习成长过程。进而在解决学校一校三区高效管理的同时，把课堂延伸到网络，让学生在泛在学习中，提升综合能力，做最好的自己。

参考资源：T 小学智慧校园视频

设计方案 1：K 中学智慧校园建设方案

设计方案 2：G 学院智慧校园建设方案

扫一扫，观看 T 小学智慧校园视频，分析该小学智慧校园的构成；学习 K 中学智慧校园建设方案，分析其设计思路；学习 G 学院智慧校园建设方案，分析职业院校智慧校园的设计思路。

本章小结

本章主要论述了网络学习环境设计的相关内容，包括网络学习环境的概述、网络学习环境的设计和智慧校园的设计。

1. 网络学习环境的概述

网络学习环境是一种学习环境，它不仅包含构成网络环境的物理硬件设施，还包含硬件设施之外的一切影响教与学活动的条件和因素。网络学习环境的外延十分丰富，既可指大型的、包含几千门网络课程、可实现多种教与学功能的在线学习系统或平台，也可单指某一门网络课程。网络学习环境的构成要素具体包括网络学习平台、学习活动、学习共同体、学习资源及学习支持服务。网络学习环境具有开放式的学习情境、满足个性化的学习需求、丰富的交互形式等特征。网络学习环境的建设朝着混合化、个性化、智能化的方向发展，智慧学习环境是网络学习环境发展的高阶形式。

2. 网络学习环境的设计

根据网络学习环境的内涵与特征，在设计过程中要遵循实用性、先进性、开放性、个性化原则。借鉴软件开发的方法，本章提出了网络学习环境的一般性设计方法，具体包括需求分析、概念模型设计、系统架构设计。

3. 智慧校园的设计

智慧校园是智慧学习环境在校园层面的具体体现，是数字校园发展的必然趋势。智慧校园以物联网和云计算技术为主要技术基础，通过物联网传感器实现对物理校园的全面感知，利用云计算对感知的信息进行智能处理与分析，从而给广大师生提供了智能化的教育教学信息服务和管理。智慧校园的设计包括概念模型与系统架构的设计，建设内容包括基础支持环境、数字学习资源、应用系统、机制保障建设。

思考与练习

1. 如何理解网络学习环境？当前网络学习环境的发展趋势有哪些？
2. 网络学习环境的设计方法与传统学习环境的设计方法有何异同？
3. 论述智慧校园的特征及如何撰写智慧校园的建设方案。
4. 应用本章知识，编写一份网络学习环境的设计方案。

第五章　网络学习资源的设计

内容结构

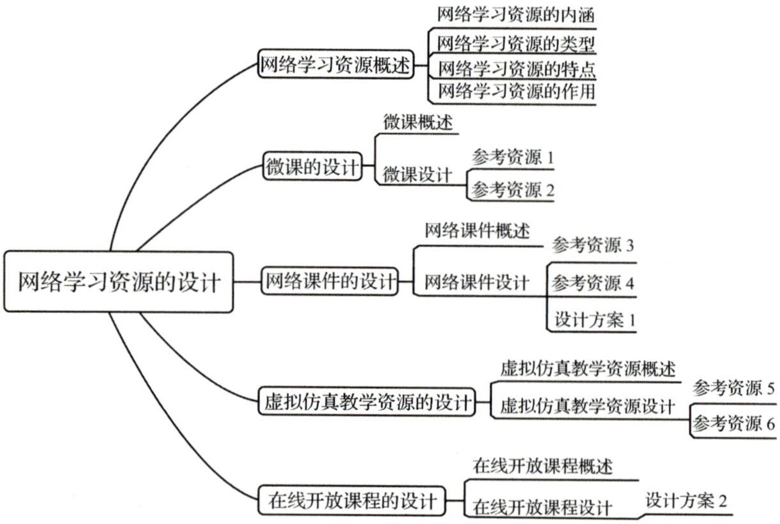

学习目标

1. 识记：网络学习资源、微课、网络课件、虚拟仿真教学资源、在线开放课程的内涵。

2. 了解：网络学习资源的类型和特点。

3. 理解：微课、网络课件、虚拟仿真教学资源、在线开放课程等各种网络学习资源的设计方法。

4. 应用：运用本章的知识，选取某一章节教学内容，根据教学需要，设计相应的网络学习资源。

5. 评价：运用本章的知识，利用网络搜索某一典型网络学习资源，对其功能、结构、设计等方面进行综合评价。

学习建议

1. 本章重点是微课、网络课件、虚拟仿真教学资源、在线开放课程的设计。

2. 第一节可采用教师讲授的方式，第二、第三、第四、第五节可采用案例分析-问题研讨-项目实践相结合的方式。

3. 教师可组织学生扫描二维码，观看本书提供的微课、网络课件、虚拟仿真教学资源、在线开放课程各类资源案例，帮助学生剖析、掌握各类网络学习资源的特点及设计方法。

4. 结合本章内容，学生应从案例分析中获得经验，并以小组合作的形式，尝试选择一种网络学习资源类型进行设计实践。

随着开放教育资源和微课、慕课的兴起，网络学习资源的设计、开发与应用越来越受到人们的关注。网络学习资源对促进学生的网络学习发挥了重要的作用。网络学习资源有多种形式，其中比较常见的学习资源有微课、网络课件、虚拟仿真教学资源、在线开放课程。本章我们将重点介绍这几类网络学习资源的设计。

第一节　网络学习资源概述

网络学习资源是实施网络教学的重要工具。它能够激发学生通过自主、协作、创造的方式来搜集和处理信息，也可以促进教师优化课堂教学设计，从而促使学习方式和教学方式向“互联网＋”时代转变。设计符合网络学习需求和规律的网络学习资源对网络学习的效果具有重要影响。在学习网络学习资源的设计之前我们先来了解网络学习资源的内涵、类型、特点和作用。

一、网络学习资源的内涵

网络学习资源是伴随着计算机技术、通信技术和网络技术的迅速发展而产生的一种新型学习资源，是指经过数字化处理，可以在多媒体计算机上或网络环境下运行的各种用于教与学活动的信息资源。

二、网络学习资源的类型

目前对于网络学习资源的划分并没有明确的标准。我国网络教育技术标准体系(Chinese E-Learning Technology Standards，CELTS)中的《教育资源建设技术规范》将教育资源分为媒体素材、试题库、试卷、课件与网络课件、案例、文献资料、网络课程、常见问题解答和资源目录索引八大类。结合当前网络学习资源建设的实际情况，较为常见的网络学习资源主要有微课、网络课件、虚拟仿真教学资源、在线开放课程。

三、网络学习资源的特点①

（一）资源共享性

网络学习资源具有高度共享性。只要网络硬件设施有保障，学生可以不受时间、地域的限制，通过网络随意获取所需的课程内容和学习资源。

（二）形式多样性

网络学习资源以超媒体形式组织，其超媒体界面不仅可以通过超链接直接得到与主题相关的信息资源，而且还有精美的图形界面、优美动听的音乐、逼真的动画和视频图像，极大地丰富了网络学习资源的表现形式，从而有助于学生对知识意义的建构。

（三）双向交互性

网络学习资源具有友好的交互性。网络学习资源改变了以往的书籍报刊等印刷类资源和广播电视等资源的单向传输的方式，它具有同步与异步、实时与非实时等双向传输功能。学生既可以实现人机交互，也可以实现与其他学生或教师的交互。

（四）内容生成性

网络学习资源不仅仅是教师提供的、预设的、静止不变的资源，还具有动态生成性。网络学习资源的生成性表现在它的可操纵性、扩展性、进化性和适应性等。网络学习资源可以根据教师或学生的需求动态调整。学生可以采用多种信息加工方法对网络学习资源进行整合、再创造，形成新的学习成果，从而实现知识的意义建构。

四、网络学习资源的作用

（一）有利于学生自主学习

网络学习资源作为文字教材的补充与延伸，是学生进行自主学习的良好材料。学生可以利用各类相关的网络学习资源进行学习，独立自主地完成学习任务。网络学习资源是学生个别化学习不可或缺的学习材料，有助于学生拓宽知识领域。另外，网络学习资源固有的特点也可以激发学生学习的兴趣，扩宽学生的学习范围。

（二）有利于教师创设情境

网络学习资源的表现形式多种多样，可以为学生的学习创设有意义的情

① 万力勇．数字化学习资源质量评价研究[J]．现代教育技术，2013(01)：45-49.

境。教师可以利用文本、图形、图像、动画、视频、音频等各种网络学习资源为学生的学习创设生动、形象、直观的学习情境。教师利用网络学习资源创设生动的社会、文化、自然情境，帮助学生认识自然、认识社会；创设引起思考的问题情境，激发、培养学生观察、发现、思考的能力；创设虚拟实验情境，让学生通过实际操作虚拟实验、现象观察、数据读取、科学分析，培养科学的探索精神。

（三）有利于师生的互动交流

教师和学生可以通过网络通信工具实现同步或异步的交流。教师可以利用网络平台发布教学信息和教学公告，也可以就某一专题与学生展开讨论。学生利用各种网络通信工具，如电子邮件，与其他学生或教师进行讨论、答疑、交流学习方法、传递学习资料等学习活动。利用网络学习资源实现交流与互动的教学方式极大地促进了教师的教和学生的学，充分调动了师生双方的积极性和主动性。

（四）有利于教育社会化的实现①

网络学习资源真正跨出了学校的围墙而成为面向社会的共享资源。它使得教学不再局限于学校内，只要利用浏览器就可以通过互联网访问。这是一个全新的教育社会化、教育信息化的过程，对构建网络化、数字化、个性化、终身化的教育体系，建设“人人皆学、处处能学、时时可学”的学习型社会具有重要意义。

第二节　微课的设计

近年来，随着移动技术、视频压缩与传输技术的应用和快速普及，以视频为信息传输媒体的微课常态化应用在技术上成为可能。同时，在提倡以“学生为中心”教育理念的时代背景下，移动学习、泛在学习、碎片化学习、翻转课堂等融合互联网精神的学习理念不断涌现，为微课的广泛传播提供了教育应用的土壤。微课是信息技术发展与教育变革时代相结合的产物，也是技术与教学应用融合的高级阶段。

一、微课概述

在落实《国家中长期教育改革与发展规划纲要（2010—2020年）》和实施

① 陈时见，王冲．论网络学习资源的意义、功能与类型[J]．电化教育研究，2003(10)：50-54.

《教育信息化十年发展规划(2011—2020年)》之际，在混合学习和移动学习日益盛行的趋势下，微课成为当前我国教育信息化资源建设的重点和研究热点。在介绍微课的教学设计前，以下先对微课的内涵、类型以及特征进行详细阐述。

（一）微课的内涵

关于微课的内涵，在当前的教学实践与相关研究中，教育行政部门、众多教育技术学界的专家学者及教育企业根据不同的视角或不同的应用场合都对微课给出了不同的定义，主要有课程说、资源说、教学活动说。

课程说的代表有胡铁生。其认为，微课又名微课程，它是以微型教学视频为主要载体，针对某个学科知识点(如重点、难点、疑点、考点等)或教学环节(如学习活动、主题、实验、任务等)而设计开发的一种情景化、支持多种学习方式的新型在线网络视频课程。① 资源说的代表有焦建利。其认为，微课是以阐述某一知识点为目标，以短小精悍的在线视频为表现形式，以学习或教学应用为目的的在线教学视频。② 教学活动说的代表有张一春。其认为，微课是指使学生自主学习获得最佳效果，经过精心的信息化教学设计，以流媒体形式展示的围绕某个知识点或环节开展的简短、完整的教学活动。③ 教育部全国高校教师网络培训中心将微课定义为以视频为主要载体，记录教师围绕某个知识点或教学环节开展的简短、完整的教学活动。本书采用教育部教育管理信息中心的定义，微课是以教学视频为主要呈现方式，围绕学科知识点、例题习题、疑难问题、实验操作等进行的教学过程及相关资源的有机结合体。

（二）微课的类型

根据不同的标准，我们可以将微课划分为不同的类型。按教学方法分，微课可分为讲授类、问答类、启发类、讨论类、演示类、实验类、练习类、表演类、自主学习类、合作学习类、探究学习类等。目前大多数的微课是以讲授类为主。按内容分，微课可分为理论原理类、技术技能类等。按教学环节分，微课可分为新课类、复习类、实验类、活动类等。按制作技术分，微课可分为拍摄类、录屏类、动画类、录播类等。按学习环境分，微课可分为教室类、实验室类、现场类、室外类等。按人物出现情况分，微课可分为旁白类、主讲类、

---

① 胡铁生，黄明燕，李民．我国微课发展的三个阶段及其启示[J]．远程教育杂志，2013(04)：36-42.

② 焦建利．微课及其应用与影响[J]．中小学信息技术教育，2013(04)：13-14.

③ 张一春．精品微课设计与开发[M]．北京：高等教育出版社，2016：23.

多人讨论类等。按风格分，微课可分为叙事类、活泼类、悬疑类等。按学习模式分，微课可分为探究学习、合作学习等。按授课形式分，微课可分为讲授类、表演类、游戏类等。①

（三）微课的特点

微课的特点主要表现在以下四个方面。

1. 微型化

微课是围绕一门课程的某个单一知识点而设计的微型课，也就是其设计的核心是“知识点”，知识容量聚焦且微小。微课力求在一节课中深入、透彻地讲解某个知识点，从而有助于学生对知识的理解和掌握。

2. 视频化

微课的表现形式有多种，以视频为主，以文档为辅。教学视频是微课的核心组成内容。视频化的微课易操作且易传播。有的微课还提供了学习任务单以及进阶练习，二者一般以文档的形式呈现。

3. 优质化

微课的质量是优质化的，体现在其设计创新上，一般是由名师授课，且在制作方面比较精良。微课的内容要求设计者精挑细选，在短时间内语言要精练，活动要精彩，能够吸引人。

4. 系列化

微课以知识点为单位。由一系列知识点制作成的微课程可以实现对课程知识点的系统性教学。微课程一般由一系列的微课构成，形成系统性的知识结构。

二、微课设计

微课的设计主要包括教学设计与系统设计。下面以“了解《弟子规》”微课作为设计案例，来说明微课设计的具体过程。“了解《弟子规》”是广州市P小学校本微课程“经典诵读”之《弟子规》的第一小节内容。该微课的呈现方式是动画加教师出镜，应用对象为小学一年级学生。

（一）微课的教学设计

微课的教学设计要素包括选题设计、教学目标设计、教学媒体设计、教学过程设计以及呈现方式设计。

1. 选题设计

选题的类型可多样，建议选择针对知识点、主题、例题习题、实验活动

① 张一春. 精品微课设计与开发[M]. 北京：高等教育出版社，2016：36-38.

等进行讲授、演算、分析、推理、答疑等的教学选题；选题要“小而精”，建议围绕某个具体的点，而不是抽象、宽泛的面；选题要具备独立性、完整性、示范性、典型性、代表性，建议能够有效解决教与学过程中的重点、难点问题。

2. 教学目标设计

教学目标的描述与教学内容的分析密切相关。首先要依据知识点的内容属性确定具体的教学目标，依据知识点的教学需要考虑媒体的选择与使用，再依据知识点与知识点的联系形成知识结构，最后以知识点为单位检验教学目标。

3. 教学媒体设计

在微课教学设计中进行教学媒体的选择，首先要明确教学媒体的选择与使用是什么，接着要分析各种媒体类型的特点，并根据教学目标和内容的需要选定能实现媒体使用目标的各种媒体。教学媒体的类型主要包括文字、图形图像、动画、声音等。

4. 教学过程设计

微课的教学过程设计要有符合学生特点、教学内容和新课程改革的教学理念以及体现特色的教学思想；教学过程围绕教学目标的达成而设计，教学过程设计要有强烈的目标达成意识；教学过程主线清晰，重点突出，逻辑性强，明了易懂。

5. 呈现方式设计

微课的呈现方式有多种，最普遍的是PPT录屏结合配音，还有手写板、画板录屏与配音相结合的可汗学院式，PPT结合教师镜头的讲授式以及摄像机拍摄整个教学过程的方式等。设计者要根据教学内容的特点以及学生的需求选择合适的呈现方式。

“了解《弟子规》”微课的设计以“经典诵读”的教学目标为导向，对校本微课的教学目标、教学内容进行设计。其教学目标符合学科目标与学校办学理念，通过知识点的选取，设计与之相对应的微教案(如表5-1所示)。

表5-1 “经典诵读”之“了解《弟子规》”微教案

作者	康澜馨等	学校	广州市P小学
课程内容	了解《弟子规》	课程时长	6分20秒
所属学科	语文	教学对象	小学一年级学生

续表

一、教学目标
通过观看视频了解《弟子规》总叙的内容。 通过诵读《弟子规》的内容，获得主流文化的基本熏陶，养成良好的行为习惯，提高语文素养。
二、教学重点
《弟子规》的作者是谁； 《弟子规》源自哪里； 《弟子规》的主要内容是什么。
三、制作工具与使用环境
摄像机、AE、Sony Vegas、多媒体课室。
四、教学过程
使用动画创设情境，引入主题； 采用《弟子规》发布会的形式，通过问答讲授《弟子规》的作者、来源、总叙； 回忆总结所学内容。
五、呈现方式
前期通过摄像机进行蓝幕录像，后期通过视频编辑软件(AE、Sony Vegas)加入字幕、动态文字、背景音乐，并对学生喜爱的动画片进行二次开发，制作出符合学生认知和兴趣的短片。

(二)微课的系统设计

面向自主学习的微课资源一般由学习任务单、微课视频以及进阶练习三个部分组成。

1. 学习任务单

学习任务单是学习支架的主要形态，是教师为达成学习目标而设计的学习活动的载体。它呈现的是学什么和如何学，即在学习过程中需要完成的任务。学习任务单一般需要设计学习指南、学习任务和困惑与建议三个部分。“了解《弟子规》”的学习任务单如表 5-2 所示。

表 5-2 “了解《弟子规》”学习任务单

一、学习指南
1. 课题名称：一年级“经典诵读”校本课程之“了解《弟子规》”。 2. 达成目标： 通过观看教学视频和完成“微课学习任务单”，了解《弟子规》总叙的主要内容； 通过朗读《弟子规》总叙，用自己的话把所理解的内容表述出来，训练文字阅读和理解能力； 通过与同桌或小组讨论交流，锻炼表达能力。 3. 学习方法建议：自主学习 课堂学习形式报告：观看“总叙”微课程；诵读“总叙”“入则孝”。
二、学习任务
1. 观看微课程。了解《弟子规》的作者，来源和总叙。 2. 思考问题并小组讨论。每个小组举出一个生活中的例子。 问题 1：“弟子规”这三个字是什么意思？ 问题 2：《弟子规》的主要内容包括哪些？ 3. 诵读与识字。跟着老师一起诵读《弟子规》，学会《弟子规》中的生字词。
三、学习困惑与建议
（请同学们写下课后的学习困惑与建议。）

2. 微课视频

微课视频是围绕单一的知识点进行讲解，用视频形式呈现的教学资源，时间长度一般在 10 分钟以内，是教学内容主要的呈现形式。视频的组成包括片头、正片内容以及片尾。视觉上要求精美短小。“了解《弟子规》”微课视频的结构如表 5-3 所示。

表 5-3 “了解《弟子规》”微课视频结构

主要环节	片头	引入	回顾	讲解	回顾	片尾
时间分配	8 秒	60 秒	60 秒	300 秒	60 秒	8 秒

（1）片头与片尾

片头与片尾主要是对本节内容的概括，主要内容包括：专题名称、策划作者、作者单位、合作学校等，如图 5-1、图 5-2 所示。

图 5-1　片头

图 5-2　片尾

(2)引入

由于该微课的学习对象是小学一年级学生，因此引入部分创设了一个趣味的情境，将小学生引入某个故事情节中再开展知识的讲授，如图 5-3 所示。

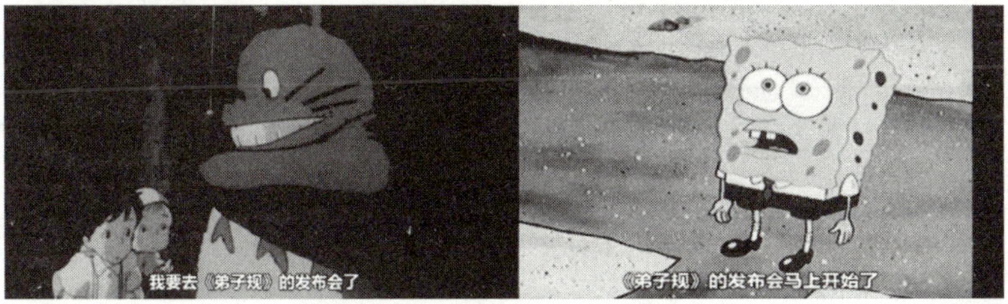

图 5-3　创设情境引入主题

(3)讲解

讲解是对新知识的解释。通过创设不同的故事情节对总叙、入则孝、出则悌、谨、信、泛爱众、亲仁、余力学文八个知识点进行讲授，如图 5-4 所示。

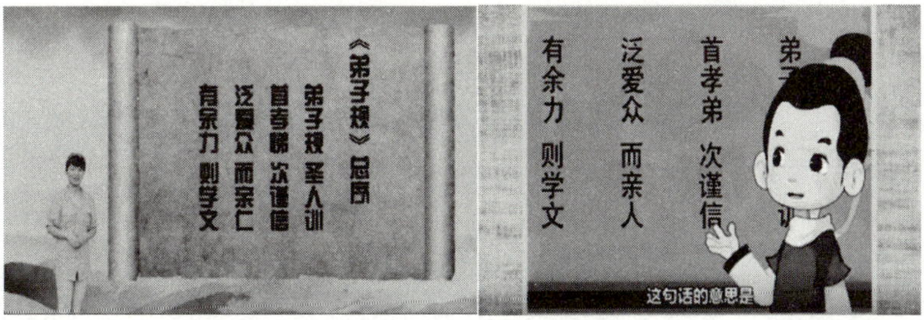

图 5-4　知识讲解

(4)回顾

回顾是对讲授的知识点进行回顾，帮助学生强化对知识点的记忆，如图 5-5 所示。

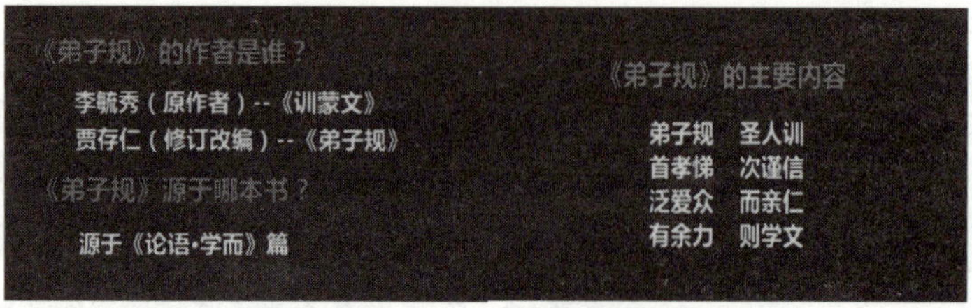

图 5-5 知识回顾

3. 进阶练习

进阶练习是微课资源的重要组成部分，与微课视频配套，一般采用在线测试方式或者以 Word 文档方式提交。进阶练习要求能够帮助学生在学习完教学视频之后对所学内容进行巩固和检测，进而分析、评价自己的学习情况。“了解《弟子规》”微课视频的结构如表 5-4 所示。

表 5-4 “了解《弟子规》”进阶练习

一、选择题
1.《弟子规》的作者是（　　）。 A. 贾存仁　　B. 孔子　　C. 老子　　D. 孟子 2.《弟子规》源于（　　）。 A.《道德经》　　B.《论语》之《学而》篇　　C.《三字经》　　D.《礼记》
二、填空题
《弟子规》的主要内容： __________，__________。 __________，__________。 __________，__________。 __________，__________。

参考资源 1：“了解《弟子规》”微课

参考资源 2：“思维导图在教学评价中的应用”微课

扫一扫，认真学习微课案例“了解《弟子规》”“思维导图在教学评价中的应用”，深入理解微课的设计方法。

第三节　网络课件的设计

网络课件是最常见的网络学习资源之一，是实施网络教学的重要工具。它不同于一般的多媒体课件，要求能够在网络上运行，还能支持学生通过网络开展自主学习和协作学习。因此，网络课件设计不仅要考虑多媒体课件的教学特点，还要体现网络教学的特点。

一、网络课件概述

网络课件是对一个或几个知识点实施相对完整教学的网络教学软件，它是教学内容和教学策略的有机结合。网络课件有不同类型，可以满足不同的教学需求。网络课件也具有一些有别于一般多媒体课件的特点。

（一）网络课件的内涵

网络课件是一种根据教学目标设计的，表现单一或若干个知识点，反映一定教学策略的网络型辅助教学软件。网络课件不同于单机运行的课件，它需要在标准浏览器中运行，并能通过网络教学环境被大家共享。单机运行的课件可通过网络下载后在本地计算机上运行。

（二）网络课件的类型

常见的网络课件的类型主要有演示型、模拟型、资料型、游戏型、训练型、综合型。

1. 演示型网络课件

这种类型的网络课件一般来说是为了解决某一教学内容的重点和难点而开发的，它注重对学生的启发和提示，反映问题解决的过程。这种类型的网络课件一般用于课堂演示教学，按照教师的教学思路逐步深入地呈现。

2. 模拟型网络课件

这种类型的网络课件主要借助计算机仿真技术，再现近乎真实的实验场景，提供可更改的参数项。当学生输入不同的参数项数值时，计算机能立刻模拟出特定的状态，供学生进行模拟实验和探究发现学习使用。

3. 资料型网络课件

这种类型的网络课件一般不体现具体的教学过程和学习过程，它仅供学生在课外进行资料查找时使用。这种类型的网络课件实际上相当于一个小型的资源库，它可以收集某些具有教学功能的图片、视频、声音和动画等。例如，某小学开发的

“成语荟萃”网络课件收集了小学阶段语文课本所涉及的成语，借助文字说明、视频和动画的形式生动有趣地阐释了每一个成语的意义，加深了学生对成语的理解。

4. 游戏型网络课件

这种类型的网络课件与一般的游戏软件不同，它是教学性和娱乐性的有机结合。游戏的内容基于特定的教学内容。学生通过“玩游戏”的形式，学会学科的知识，掌握具体的能力。它寓教于乐，激发了学生学习的积极性和学习兴趣。

5. 训练型网络课件

这种类型的网络课件主要通过问题的形式，检测学生对某个或某些知识点的掌握情况，以此强化学生某方面的知识和能力。这种类型的网络课件所设计的问题必须尽可能覆盖某方面内容的所有知识点，以便全面地训练并考核学生的知识和能力水平。此外，这种类型的网络课件必须具有及时反馈功能，便于学生了解自己的实际水平，针对不足之处，调整学习内容和学习策略。

6. 综合型网络课件

这种类型的网络课件集教学和学习为一体。它不仅具有教学功能，而且具有学习功能。也就是说，它既针对某方面的知识进行详细的分析和讲解，又提供了相关的学习资源、评测练习和具有发现探索功能的工具。这种类型的网络课件既可以辅助教师的教学，又可以辅助学生的学习，体现了“教师主导-学生主体”的教学思想。

(三)网络课件的特点

网络课件的特点主要表现在以下几个方面。

一是共享性。网络课件存储于网络空间中，所有学生都可以通过网络访问这些课件 。

二是易用性。学生通过浏览器即可直接使用，操作简单，使用方便。

三是交互性。网络课件支持人机交互、学生之间交互以及学生与教师之间交互等多种交互方式。

四是动态性。教师可以根据教学需要通过后台动态管理课件的内容和结构。

二、网络课件设计

网络课件的设计可分为教学设计和系统设计两大部分。教学设计环节保证了网络课件的教学性和科学性，系统设计为开发过程提供了蓝图。下面以广州市 D 小学“找规律”[①]为例讲解网络课件的设计过程。“找规律”是小学数学一年

① 该案例改编自“十一五”全国教育技术研究重点课题“珠江三角洲地区中小学信息资源应用模式与绩效研究”成果。

级下册(人教版)的内容。该课件是一个典型的自主探究型网络课件。

(一)网络课件的教学设计

网络课件的教学设计是应用系统科学的观点和方法，依据教学目标和教学对象的特点，合理地选择和设计教学媒体信息，并在系统中有机地组合，形成优化的教学系统结构。它包括如下基本工作：教学目标与教学内容的确定、学生特征的分析、教学策略的选择、教学评价的设计。

1. 教学目标与教学内容的确定

网络课件的课题不是由开发者个人决定的，而应当由从事教学实践工作的教师根据教学的实际需求决定哪些内容需要制作成网络课件。在选择教学内容时，应当重点考虑选择该内容制作成网络课件的必要性，思考网络课件的哪些突出特点能解决该内容的重点和难点。在确定教学内容后，进一步根据学科的特点，将教学内容分解为许多知识点，分析这些知识点的知识内容属于事实、概念、技能、原理、问题解决的哪一类别。然后利用教学内容-教学目标二维层次模型，进行教学内容(学习内容)与教学目标(学习水平)的分析。

“找规律”网络课件的目的是帮助学生通过操作、观察、协作来探究数和图形的变化规律。“找规律”的教学内容主要为简单图形的形状的变化规律和数字的排列规律(如图 5-6 所示)。①知识与技能目标：通过对数列、图形的观察、分析学会怎样发现规律。②过程与方法目标：通过数学活动提升观察能力、协作能力、归纳推理能力及应用规律解决简单问题的能力。③情感态度与价值观目标：发现生活中的规律美。

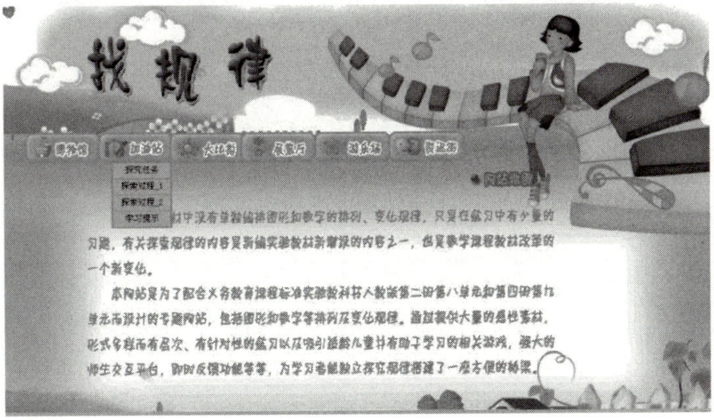

图 5-6　网络课件“找规律”首页

2. 学生特征的分析

教学设计的一切活动都是为了促进学生的学习，分析学生的特征是教学设计过程中的一个重要步骤。学生特征分析对教学媒体、教学策略的选择具有重要影响。学生特征分析就是运用适当的方法来确定学生原有的认知结构和认知能力以及它们对当前所学概念可能造成的影响，并将它们描述出来，以便对学生进行更有针对性的设计。“找规律”的教学对象是小学一年级学生，他们已经具有了一些生活经验，但是还不知道背后的数学规律。这个年龄段的学生，以形象思维为主，所以要借助必要的信息技术手段将抽象的规律形象化。一年级的学生活泼、好动、好奇心强，因此采用任务驱动的教学策略，设置情趣横生的场景，激发学生的学习兴趣，引导他们从数学的角度探索、领悟和创造规律。

3. 教学策略的选择

教学策略是对完成特定的教学目标而采用的教学活动的程序、方法、形式和媒体等因素的总体考虑。① 网络课件的教学策略设计就是依据教学内容和学生特征，综合考虑信息的呈现方式、教学活动的顺序安排、教学过程的管理等，从而为有效教学打下基础。“找规律”网络课件采用了任务驱动教学策略，通过布置探究任务，联系要解决的实际问题创设相关的任务情境，从而引导学生开展探究活动。在“加油站”模块中，以模块化的形式呈现探究任务的目标及要求，并提供支持探究过程的环境。同时，考虑到不同学生的学习水平，为帮助每一个学生都能顺利开展探究活动，课件中还设置了“学习提示”这一功能模块，详细的课件截图如图 5-7、图 5-8 所示。

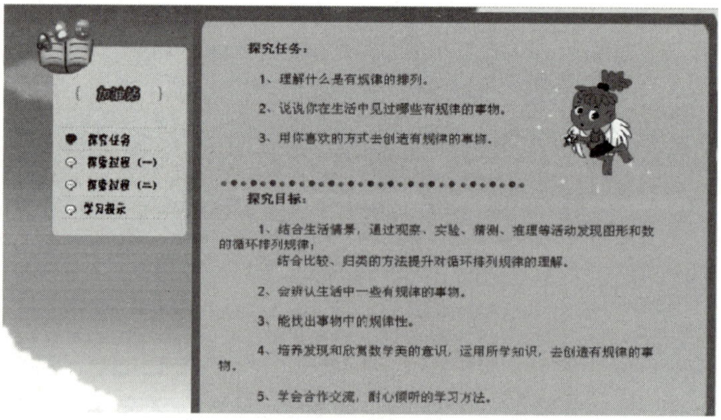

图 5-7 “加油站”模块中的探究任务设计

---

① 乌美娜. 教学设计[M]. 北京：高等教育出版社，1994：156.

图 5-8　“加油站”模块中的探索过程设计

4. 教学评价的设计

在网络课件中，为了进行评价反馈，问题的设计是必不可少的。问题的设置一方面能检查学生对讲授内容掌握的情况；另一方面通过各个方面的提问，能促进学生进行深入的思考，让学生能熟练运用这些知识和规律，把短时记忆通过反复练习变成长期记忆。及时的反馈评价，可以帮助学生在尝试过程中修正自己的认识，无论是补救性反馈还是鼓励性反馈，都可促进学生加深认识和记忆。“找规律”网络课件中设置了探究任务和习题，对学生开展探究的情况以及答题情况进行形成性评价和总结性评价。

（二）网络课件的系统设计

网络课件的系统设计就是确定如何将教学内容通过灵活多样的形式在计算机上表达，发挥多媒体的优势，以及课件各个部分的关系和实现形式。

1. 结构与功能的设计

网络课件的结构是课件各部分的教学内容的相互关系及呈现形式，它反映了课件的主要框架及功能。网络课件结构与功能的设计通常包括以下两个方面的工作。

（1）确定课件结构

网络课件大多采用非线性的超媒体结构进行组织。基于超媒体系统构建课件设计，首先应将课程分解为不同粒度、多层次的树形结构，即将整个课程分成若干主题，每个主题划分为若干知识单元，知识单元再划分为知识点，然后考虑主题与次一级的主题之间、知识单元与知识点之间、知识单元与知识单元之间、知识点与知识点之间的逻辑关系和层次关系以及它们之间的跳转关系，从而形成一个非线性的网络结构，并据此形成知识结构图。

(2)分析课件主要模块

对网络课件进行模块划分，能使课件的逻辑更加清晰，可读性更强。分析主要模块时，应根据网络课件在实际教学中的应用情况，充分考虑不同模块的功能作用。“找规律”网络课件主要由“博物馆、加油站、大比拼、展览厅、游乐场、资讯街、网站地图”七个模块组成。详细的框架结构如图5-9所示。

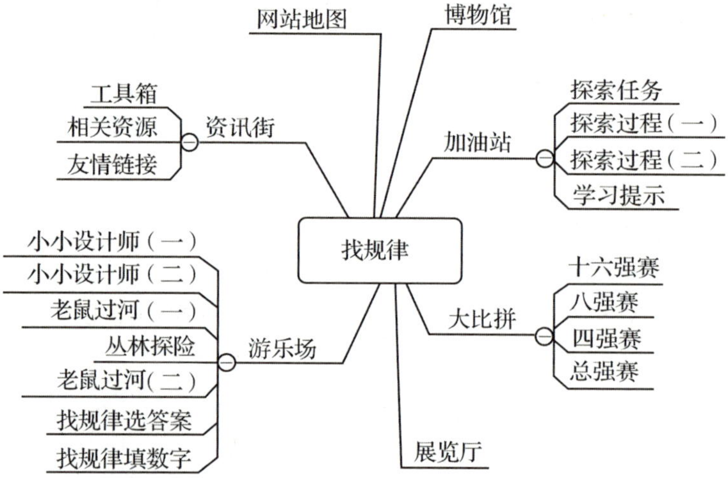

图5-9　网络课件“找规律”的框架结构

2. 导航的设计

网络课件中有丰富的学习资源和可供学生自主学习的多种路径，容易使学生迷航。因此，自主探究型网络课件要设计完善合理的导航系统。导航系统的主要任务是为学生准确地确定当前的位置，同时能快速、方便地进入下一个学习内容，使他们在这个转换中不会迷航。因此，导航要具备目标索引、导航条、帮助等功能。由于“找规律”网络课件资源较丰富，所以课件中不仅采用了一级、二级目录导航，还专门设置了“网站地图”这一模块，以方便学生快速跳转到所在的学习模块，找到自己需要的学习资源(如图5-10所示)。

3. 交互界面的设计

学生使用网络课件时，最先接触到的是网络课件的界面，感受界面上的色彩、图案、物体、创意等，形成对课件的第一印象，然后再通过界面上提供的各种信息和功能元素进行学习。友好的交互界面设计能使课件更容易被理解和

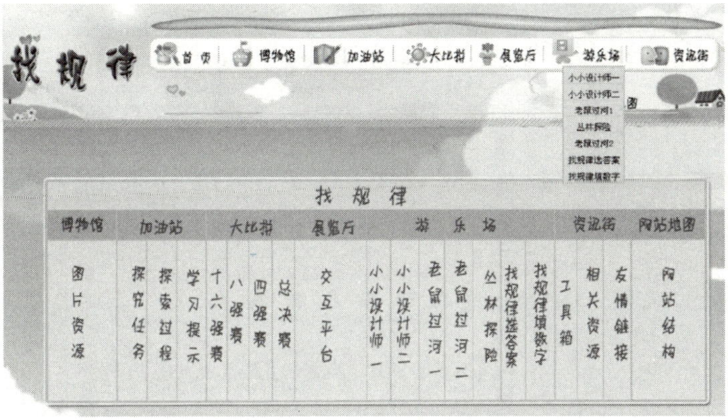

图 5-10　网络课件“找规律”的导航设计

接受，又能让学生容易掌握和使用。网络课件的交互界面主要由菜单、图标、按钮、窗口、热键等组成。

“找规律”网络课件针对小学生的特点，设计了优美而又直观的菜单、热键、按钮和图标。且界面内的资源呈现形式多样化，包含了文字、图形、图像、程序、表格、声音、动画、超链接等，在“博物馆、大比拼、游乐场、资讯街”四个模块中设置了可爱的卡通界面(如图 5-11～图 5-14 所示)，以帮助学生开展自主探究学习。

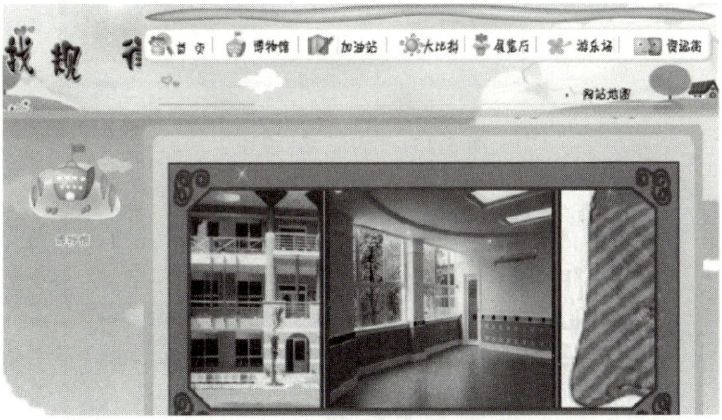

图 5-11　“博物馆”模块

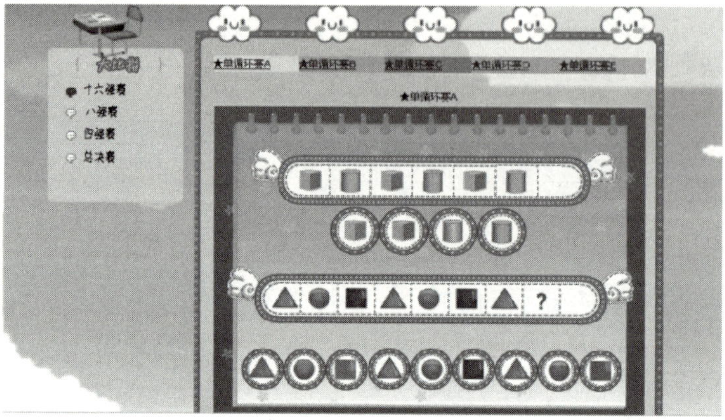

图 5-12 “大比拼”模块

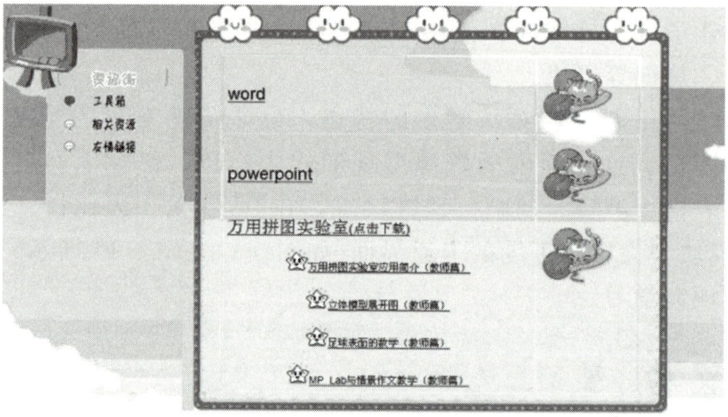

图 5-13 “游乐场”模块

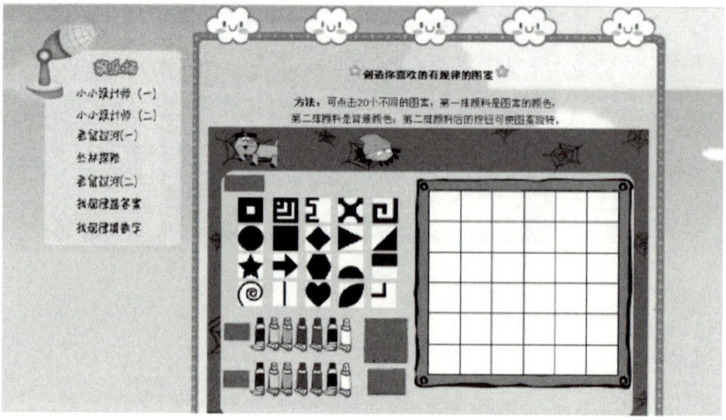

图 5-14 “资讯街”模块

参考资源3：小学数学“找规律”网络课件

参考资源4：小学语文“中国世界遗产——导游词写作”网络课件

设计方案1：高中化学网络课件“走进化学——金属钠”设计方案

扫一扫，认真学习小学数学网络课件“找规律”、小学语文网络课件“中国世界遗产——导游词写作”、高中化学网络课件“走进化学——金属纳”，体会网络课件的设计方法。

第四节　虚拟仿真教学资源的设计

随着虚拟现实、增强现实以及混合现实等技术的发展，虚拟仿真教学资源建设日益受到关注。虚拟仿真教学资源应用先进的多媒体技术、三维建模技术、计算机图形计算技术等构建出真实逼真的三维动态场景和人性化的交互操作，让学生身临其境，以第一人称视角在三维场景漫游和操作，主动进行相关训练和学习，进而有效掌握相关知识和提高动手能力。

一、虚拟仿真教学资源概述

2015年教育部印发的《高等职业教育创新发展行动计划(2015－2018)》指出：“在现场实习安排困难或危险性高的专业领域，开发替代性虚拟仿真实训系统；针对教学中难以理解的复杂结构复杂运动等，开发仿真教学软件。”2016年教育部印发的《教育信息化“十三五”规划》中也强调“职业教育要着力用现代信息技术改造传统教学，重点解决实训教学中‘进不去、看不见、动不了、难再现’的难题”。虚拟仿真教学资源对实验、实训教学具有重要作用。

(一)虚拟仿真教学资源的内涵

虚拟仿真教学资源是指利用虚拟现实技术仿真或虚构某些情境，供学生观察、操纵、建构其中的对象，使他们获得类似真实的体验，从而更牢固地掌握知识理论体系的规律或者获取某种技能的资源。

（二）虚拟仿真教学资源的类型①

按照教学环节和教学过程，可将虚拟仿真教学资源分为面向实验的虚拟仿真教学资源、面向实训的虚拟仿真教学资源、面向实习的虚拟仿真教学资源；按照虚拟仿真教学资源在教学中的用途，可分为用于教师教学演示的虚拟仿真教学软件、用于学生自学自练的虚拟仿真实训软件、用于职业技能考核的虚拟仿真考核软件；按照虚拟现实系统中人们参与及沉浸度的不同，可分为桌面级、沉浸式、增强型、分布式四种虚拟仿真教学资源。各自的具体含义及特点如表 5-5 所示。

表 5-5　按照虚拟现实技术类型分类

虚拟现实技术类型	含义	特点
桌面级虚拟现实（Desktop VR）	利用个人计算机或初级图形工作站等设备，以普通显示器或立体显示器作为观察虚拟现实的窗口的一种初级 VR。	①对硬件要求低。 ②沉浸感差。
沉浸式虚拟现实（Immersive VR）	利用多通道立体投影视景系统或者头盔显示器等设备组成的一种较理想的 VR。	①具有高度沉浸感。 ②具有高度的实时性能。 ③良好的系统集成度。 ④具有较好的开放性。 ⑤支持多种输入/输出系统的并行工作。
增强型虚拟现实（Augmented VR）	能够把真实环境和虚拟环境组合在一起的一种虚拟现实仿真系统。	把真实世界与虚拟世界在三维空间中有机地整合在一起，融为一体，实时体现了人机交互功能。
分布式虚拟现实（Distributed VR）	在网络的虚拟世界中，位于不同物理位置的多个用户或多个虚拟世界通过网络相连接共享信息的系统。	①各用户具有共享的虚拟工作空间。 ②伪实体的行为真实感。 ③支持实时交互，共享时钟。 ④多用户可以按各自不同的方式通信。 ⑤共享资源信息，允许用户自然操纵虚拟世界中的对象。

① 职业教育信息化课题组．职业教育信息化研究导论[M]．北京：清华大学出版社，2015：158-186.

（三）虚拟仿真教学资源的特点

1. 沉浸性

沉浸性是指所创造的虚拟环境能使学生产生“身临其境”的感觉，使其相信在虚拟环境中人也是确实存在的，而且在操作过程中他可以自始至终地发挥作用，就像在真正的客观世界中一样。

2. 交互性

交互性是指在虚拟环境中，学生如同在真实的环境中一样与虚拟环境中的人物、事物发生交互关系，其中学生是交互的主体，虚拟对象是交互的客体，主体和客体之间的交互是全方位的。

3. 构想性

构想性是指虚拟现实要能启发人的创造性的思维活动，不仅要能使沉浸于此环境中的学生获取新的知识，提高感性和理性认识，而且要能使学生产生新的构思。

4. 扩展性

扩展性指虚拟仿真教学资源可以根据教学计划和学生需求进行内容或结构的修改和调整。

（四）虚拟仿真教学资源的作用

1. 突破时空限制

虚拟仿真教学资源能够模拟微观和宏观的结构和过程，立体地呈现给学生，给学生身临其境的感觉，突破了时间和空间的限制，使学习变得更加灵活。

2. 节约教学成本

虚拟仿真教学资源与实物教学相比，设备和资金投入少，更新维护方便。同时，针对存在的问题还可进行反复的操作训练，也不用考虑设备的损坏和材料的消耗，极大地节约教学成本。

3. 避免污染和危险

理工类专业或职业教育中部分实验或实训具有高温、高压、高噪声、高污染等特点，使现场教学存在较大的危险。而虚拟仿真教学资源可以使学生沉浸在虚拟仿真环境中，身临其境地去完成各种操作，不用担心操作失误所带来的各种危险，消除学生的思想顾虑，减少误操作的概率，提高操作质量。

二、虚拟仿真教学资源设计

虚拟仿真教学资源主要是针对传统教学中存在的种种弊端设计和开发的，目的在于尽可能地模拟真实的情境，降低客观条件的限制，为进一步加强实验、实训教学提供较为强有力的手段。下面以虚拟仿真实训软件《中药提取虚拟车间》为例讲解虚拟仿真教学资源的设计过程。《中药提取虚拟车间》是由G学院开发的一款三维仿真实训教学软件(如图5-15所示)。

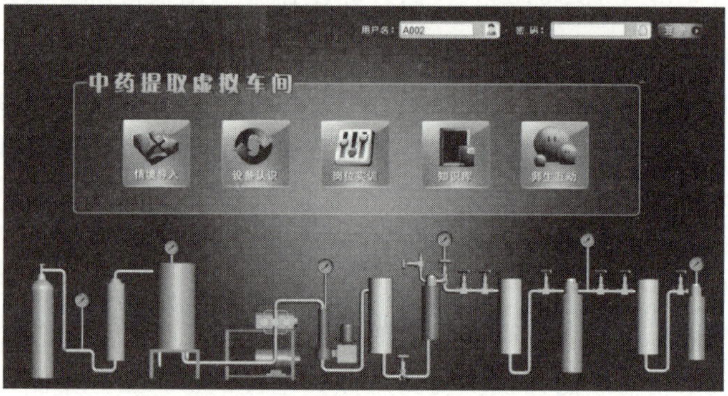

图5-15 《中药提取虚拟车间》软件首页

(一)虚拟仿真教学资源的需求分析

虚拟仿真教学资源的设计要充分考虑教师、学生和管理人员的需求。虚拟仿真教学资源的需求分析主要包括功能需求分析和性能需求分析,前者保证了设计的资源能够满足教师和学生以及管理者所需的功能,后者保证了资源的稳定性和可靠性。

《中药提取虚拟车间》针对传统中药提取实训教学成本高、消耗大的问题,以岗位为环节,全方位模拟中药提取生产工艺过程,既可满足实训教学需求也可满足岗位考核需求。

(二)虚拟仿真教学资源的教学设计

虚拟仿真教学资源的教学设计就是应用教学设计的原理和方法对虚拟仿真教学资源的教学目标、教学策略、教学评价进行综合设计。

1. 教学目标分析

虚拟仿真教学资源的目的主要在于培养学生观察能力、动手能力以及分析问题和解决问题的能力。具体的教学目标要依据具体教学内容和学生特征而定。《中药提取虚拟车间》的教学目标要求学生了解中药提取的生产过程,掌握中药提取相关设备的工作原理和操作方法,达到相关岗位的能力要求,能够解决实际工作中遇到的问题。

2. 教学策略设计

虚拟仿真教学资源教学策略的设计应强调以学生为中心,学生由被动地接受知识转变为主动探索相关知识、方法和技能。学生通过自主探究，发挥主观能动性，完成知识的意义建构。通过虚拟仿真教学资源，学生先学习相关知识，然后根据提示自定步调完成虚拟实验或实训等。

《中药提取虚拟车间》采用建构主义学习理论，基于真实情境下的任务驱动教学，以典型的生产岗位和设备为单元，以物料处理和设备标准操作规程为训练目标，在各环节设置控制点和考评标准，利用虚拟仿真技术提供真实的情境体验和沉浸式交互，全方位模拟中药制药生产工艺过程，有效弥补传统教学的不足，促进学生的实训和考核。

3. 教学评价设计

虚拟仿真教学资源的教学评价一般包括诊断性评价、形成性评价、总结性评价三种。诊断性评价就是在学习开始之前对学生的现有知识和能力进行测量，以判断学生是否已经掌握了虚拟仿真实验或实训所必需的知识和技能，对于测试结果较差的学生应提供补救性学习材料。形成性评价强调在虚拟仿真实验或实训过程中，对学生的学习过程进行跟踪和反馈，总结性评价一般在某一阶段的学习完成之后，其目的在于评定教学目标的达成程度，并促进学生将所学的知识和技能迁移到现实场景中。

《中药提取虚拟车间》设置了岗位考核模块。仿真考核要求学生在限定时间内完成实训任务，可有限次数求助，系统根据考核情况自动给出分数。学生还可以自我检测岗位实训操作的掌握情况(如图 5-16 所示)。

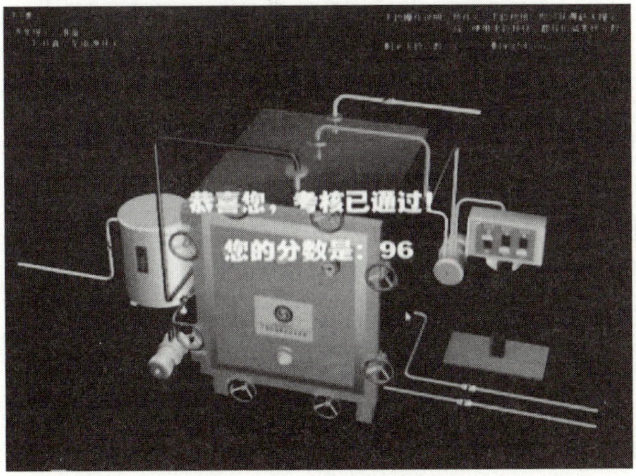

图 5-16　学生自主岗位考核

(三)虚拟仿真教学资源的系统设计

1. 结构和功能设计

结构和功能设计是虚拟仿真教学资源的重要工作。结构设计应体现教学内容的层次体系和教学过程或学习活动的先后顺序，并能够提供不同的学习路径，体现个别化学习。完整的虚拟仿真教学资源结构通常包括教学内容讲解模块、模拟操作模块、评价考核模块、资源库模块、协商交流模块、管理模块、帮助模块等。功能设计的基本原则是满足使用者的需求，即教师的教学需求、学生的学习需求和管理人员的管理需求。

《中药提取虚拟车间》分为情境导入、设备认识、岗位实训、知识库、师生互动和系统管理六大模块，集教学演示、自主学习、岗位操作、岗位考核和系统管理五大功能为一体。其结构功能如图 5-17 所示。

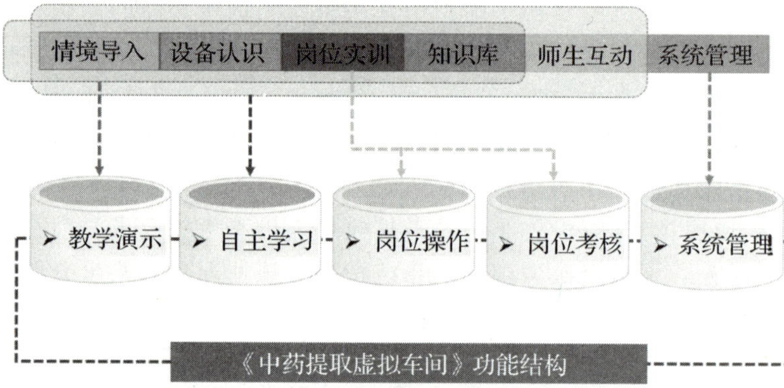

图 5-17 《中药提取虚拟车间》的功能结构

2. 用户界面设计

学生是通过用户界面与虚拟仿真教学资源进行交互的。因此，构建和谐友好、方便操作、逼近物理原型的人机界面是虚拟仿真教学资源要解决的首要问题。虚拟仿真教学资源的用户界面遵循真实性和便捷性。真实性可以丰富学生在虚拟情境中的体验，便捷性是指界面简洁、操作简单，在学习过程中，学生只要进行简单的鼠标和键盘操作即可达到目的。《中药提取虚拟车间》的界面设计较为简洁便于操作。用户界面主要分为三个部分，顶部是模块导航、左侧为知识点导航、中间为内容展示区。其部分模块界面如图5-18～图5-20所示。

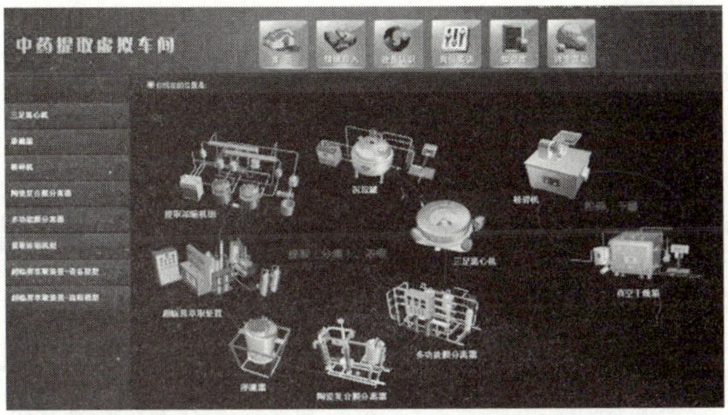

图 5-18　“设备认识”模块界面

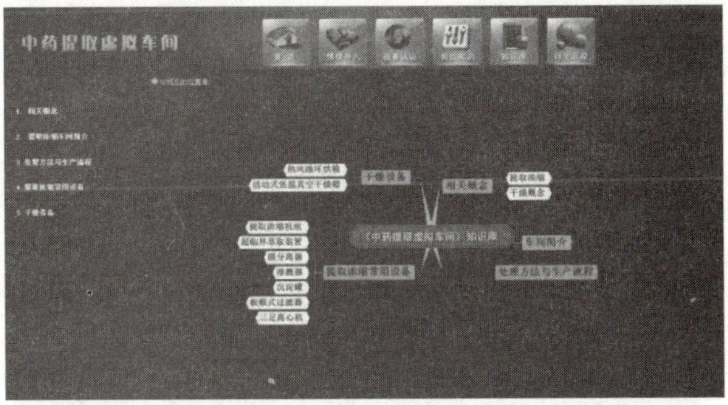

图 5-19　“知识库”模块界面

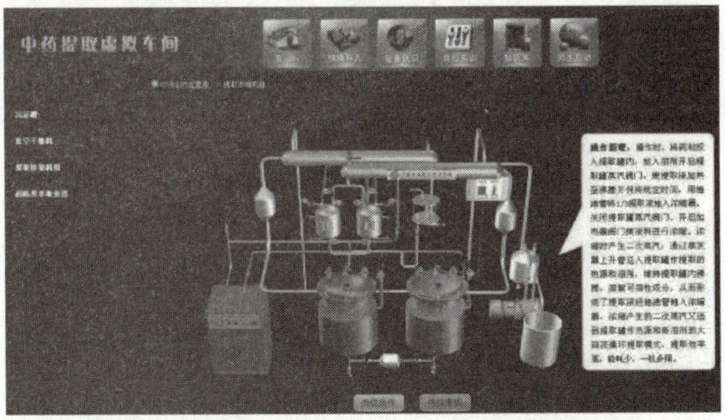

图 5-20　“岗位实训”模块界面

3. 虚拟情境设计

虚拟仿真教学资源要依据学生的经验、需求和教学内容，呈现具体的问题、学习目标、背景资料以及环境和资源等信息，通过设置问题、仿真场景和对象等手段来设计虚拟情境，以激发学生的学习动机和学习兴趣。虚拟情境应包含主题明确、清晰、易于分解、难度适中的具体任务并提供较为丰富的虚拟学习资源，适合于学生开展自主探究。

《中药提取虚拟车间》提供全三维虚拟车间(如图 5-21、图 5-22 所示)，用户自主漫游，使学生对真实车间场景、布局结构有着身临其境的认识。

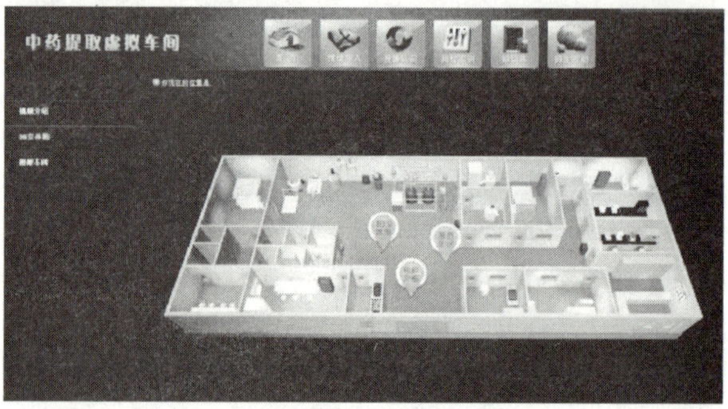

图 5-21　三维展示虚拟车间全景

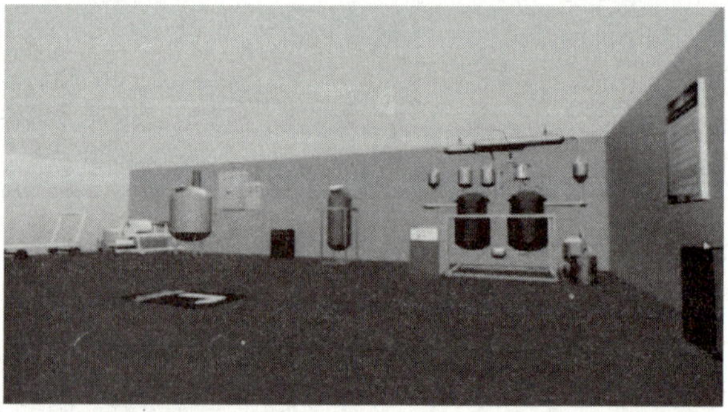

图 5-22　虚拟车间漫游

4. 模拟操作设计

虚拟仿真教学资源强调学生的模拟操作、强调操作过程的程序性、强调操作对象的表征以及现象和数据的处理。学生通过鼠标、键盘等控制虚拟仿真仪器设备，观察实验现象，从而对相关规律和原理有了直观和更理性的认识。

《中药提取虚拟车间》采用 3D Studio Max(一种三维动画渲染制作软件)建模，利用 Quest 3D(一种三维互动制作软件)制作三维动画交互，模拟声音效果，剖面显示设备内部结构，动态展示设备工作过程，使用时能够产生较强的沉浸感和互动性，可实现 360 度自由操控，帮助学生了解设备结构，认识设备名称与功能，让学生跟随提示轻松掌握设备操作方法和工作原理。软件通过声音、气体、液体的虚拟仿真展示，模拟真实生产场景(如图 5-23、图 5-24 所示)。

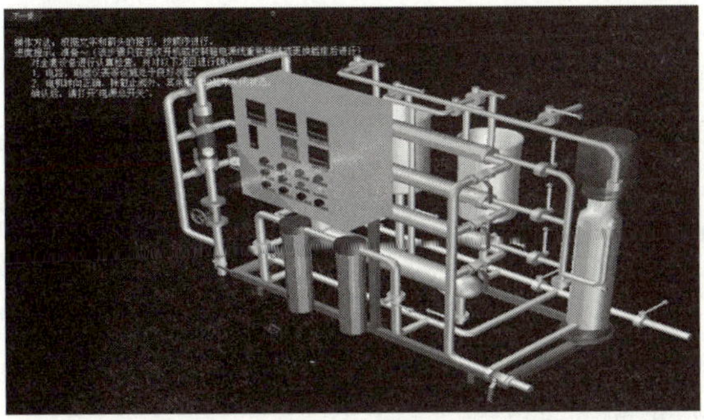

图 5-23 根据提示完成操作

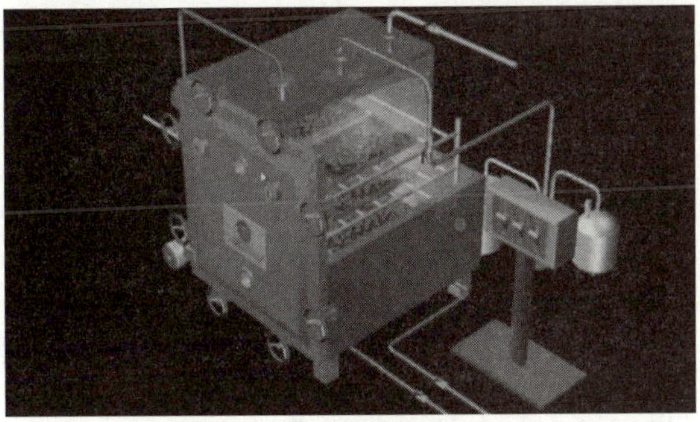

图 5-24 模拟实训操作

参考资源 5：《中药提取虚拟车间》虚拟仿真教学资源

参考资源 6：《汽车前照灯检修》虚拟仿真教学资源

扫一扫，认真学习虚拟仿真教学资源案例《中药提取虚拟车间》《汽车前照灯检修》，体会虚拟仿真教学资源的设计方法。

第五节 在线开放课程的设计

随着信息通信技术的飞速发展，社交媒体的普及，在线学习已经成为人们普遍采用的学习方式之一。以慕课为代表的新型在线开放课程和学习平台迅速兴起，掀起在线教育的热潮。在线开放课程作为一种新兴的课程形态，是推动和实现在线学习的有效途径。在线开放课程不仅拓展了教学时空，增强了教学吸引力，激发了学生的学习积极性和自主性，扩大了优质学习资源受益面，还能促进教学内容、方法、模式和教学管理体制机制发生变革，给高等教育教学改革发展带来新的机遇和挑战。

一、在线开放课程概述

2015年教育部出台《关于加强高等学校在线开放课程建设应用与管理的意见》，指出要构建有中国特色的在线开放课程体系和课程平台。如何进行在线开放课程的设计，是在线开放课程建设工作的关键环节。在介绍在线开放课程的设计前，以下先对在线开放课程的内涵、特征进行详细阐述。

（一）在线开放课程的内涵

在线开放课程随着慕课的兴起发展而来，指把教育扩大到课堂以外，免费为所有能够上网的人提供优质课程，由主讲教师负责，支持各种学习群体在线参与，由讲课视频、作业练习、论坛互动和考试相互交织的开放式网络课程。

（二）在线开放课程的特点

在线开放课程的特点主要表现为以下五个方面。

1. 内容免费开放

在线开放课程内容具有开放授权、开放结构和对全球任何学生开放的特性，课程资源没有限制，对所有的人免费开放，没有人数限制，不受年龄、肤色、种族的限制，也不受地理、时空的限制。

2. 资源在线共享

在线开放课程的学生利用网络平台、手机通信软件等可以自主地在线学习。课程资源是共享开放在网络平台上的，任何人只要具备上网条件，就可以在任何时间、任何地点，按照自己的步调开展学习，并且能够及时得到学习反馈。[①]

3. 平台交互性强

在线开放课程平台能与课程、课件紧密结合，为学生提供交互性较强的学习体验。课程平台支持教学活动的开展以及学习支持服务的实施，能充分利用社交网站支持学生的广泛交流，且重视基于平台大数据的学习分析。

4. 视频形式多样

在线开放课程资源包括物力资源和人力资源两个部分，其中物力资源分为基本信息、自学资源、活动资源、评价资源及学习产出五个要素，人力资源主要包括课程支持者、学生两个要素。其中，物力资源以优质课程视频为核心，录制形式生动多样，如课堂实录、演播室录制、实地拍摄、采访式、录屏式

① 陈肖庚，王顶明. MOOC的发展历程与主要特征分析[J]. 现代教育技术，2013(11)：5-10.

等。课程视频具有碎片化的特点，一般不长于15分钟。课程视频互动性强，视频内嵌互动、在线测试反馈、在线讨论等。

5. 课程学分认证

授课教师通过平台发布课程内容、学习活动和讨论主题。学生通过选课、课程学习、讨论、考试，最终获得课程证书。部分高校可制定在线开放课程教学质量认定标准，将通过本校认定的在线课程纳入培养方案和教学计划，并制定在线课程的教学效果评价办法和学生修读在线课程的学分认定办法。例如，《武昌工学院"中国大学MOOC(慕课)"学分认定实施办法》对学分的认证对象、认证原则以及认定标准做了详细的规定。

二、在线开放课程设计

在线开放课程的设计主要包括课程目标的设计、课程内容的设计、课程结构的设计、课程资源的设计、学习支持服务的设计以及课程评价的设计。

下面以"教学设计原理与方法"在线开放课程作为设计案例，来说明在线开放课程设计的具体操作过程。该课程由国家级精品资源共享课转型升级而成，在中国大学MOOC平台开课。

(一)课程目标的设计

课程目标是对整门课程学生要达到的知识目标和技能目标的描述。与传统面对面教学相比，在线开放课程的教学对象具有多样性、不可预测性的特点，教学对象范围更广，因此，课程目标的设计要考虑教学对象的范围。

"教学设计原理与方法"在线开放课程是由国家级精品资源共享课"教学设计原理与方法"转型升级而成(如图5-25所示)。因此，该课程扩大教学对象范围，主要包括小教、中教、职教的学生，以及在职教师。教学对象发生改变，教学目标也随之改变。教学目标根据现实社会人才培养的需求，要求学生掌握基本的、最新的教学设计理念和方法。在教学目标方面，通过本课程的学习，学生能够理解教学设计的基本概念和基本原理，了解当前国内外信息化教学与教学设计的研究热点及发展趋势；借助各种设计模式和操作表格，联系实际，开展实践，具有教学设计的综合运用能力和实践操作能力；转变教学理念，应用信息技术对课堂教学流程和结构进行重组与再造，探索新型教学模式。

(二)课程内容的设计

在线开放课程内容是在线开放课程教学中学生最主要和最直接的学习对象，课程各个章节内容依次呈现，同时还包括各个章节测试题、期末测试等。由于在线开放课程受众的多样性，学生的知识基础不尽相同，在线开放课程内

图 5-25 “教学设计原理与方法”MOOC 平台界面截面

容应该具有一定的拓展性和弹性，即同一内容提供多种可选择的方案以适应不同层次学生的需求。

根据教学目标，“教学设计原理与方法”在线开放课程在原有内容系统的基础上，结合当前教学设计热点与前沿，重构设计成 7 个专题，30 个学时。其中，数字教学资源设计、智慧课堂教学设计 2 个专题又分为 4 个子专题。专题内容如图 5-26 所示。

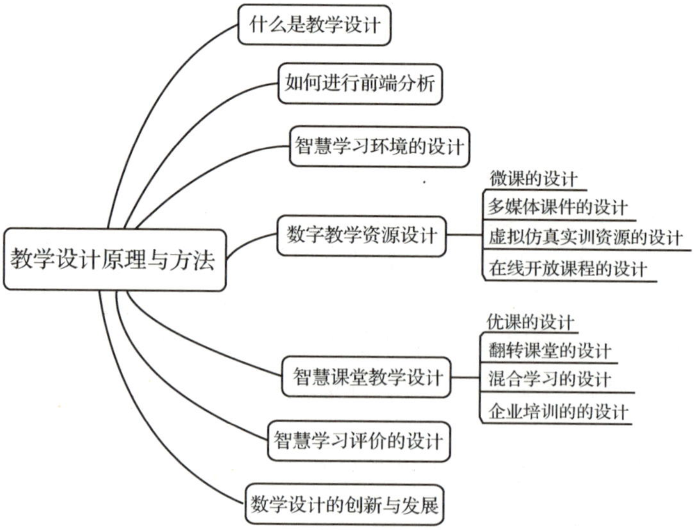

图 5-26 “教学设计原理与方法”专题内容

各个专题的知识点内容如表 5-6 所示。

表 5-6　“教学设计原理与方法”在线开放课程知识点

专题名称	主题	知识点
什么是教学设计		什么是教学设计。
如何进行前端分析		教学目标分析、教学内容分析、学生特征分析。
智慧学习环境的设计		什么是智慧学习环境、智慧学习环境的特征、如何进行智慧学习环境的设计。
数字教学资源设计	微课的设计	什么是微课、微课的类型、微课的教学设计、微课的制作方法与工具。
	多媒体课件的设计	什么是多媒体课件、多媒体课件的类型、多媒体课件的教学设计、多媒体课件的制作方法与工具。
	虚拟实训系统的设计	虚拟实训资源概述、虚拟实训资源的设计。
	在线开放课程的设计	在线开放课程概述、在线开放课程目标的设计、在线开放课程内容的设计、在线开放课程结构的设计、在线开放课程资源的设计、在线开放课程学习支持服务的设计、在线开放课程评价的设计。
智慧课堂教学设计	优课的设计	什么是优课、优课的典型模式、优课的设计。
	翻转课堂的设计	翻转课堂及其主要特征、翻转课堂的典型模式、翻转课堂的设计。
	混合学习的设计	混合学习及其主要特征、混合学习的典型模式、混合学习的设计。
	企业培训的设计	企业数字化学习与知识管理、企业数字化学习体系的设计、企业数字化学习体系构建的技术与工具。
智慧学习评价的设计		什么是智慧学习评价、智慧学习评价的方法与相关技术。
教学设计的创新与发展		教学设计的创新与发展。

(三)课程结构的设计

课程结构是指课程上线后的组织模块，通常体现了课程完整的教学流程，包括课程信息、课程资源、讨论区、测验作业、评分标准、考试六大基本模块。我们也可以根据学科特点，与平台开发商协商，增减模块。例如，“教学设计原理与方法”在线开放课程在中国大学 MOOC 平台中开设。该平台的主要模块包括学习帮助、教学计划安排、公告、评分标准、课件、测验与作业、考试以及讨论区。“教学设计原理与方法”在线开放课程结构具体如图 5-27 所示。

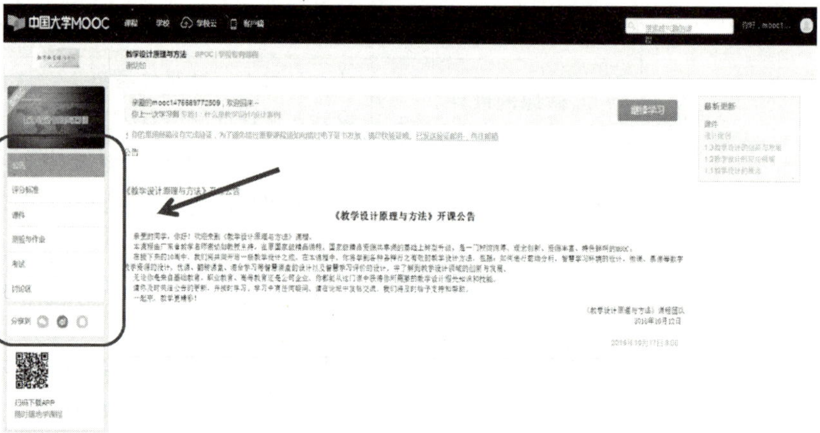

图 5-27 “教学设计原理与方法”在线开放课程结构

(四)课程资源的设计

课程资源形态与课程目标、性质、特征是有关联的。在线开放课程资源与精品资源、共享课资源有很大区别。在线开放课程资源从形态上可以分为非结构化、开放式，确定的、结构化、系统化，半结构化、半开放式三种形态。课程资源形态不同，其内容、资源、活动组织也各不相同，各有特色。具体如表 5-7 所示。

表 5-7 在线开放课程资源

形态	非结构化、开放式	确定的、结构化、系统化	半结构化、半开放式
内容资源活动	课程网站，包括：主频道聊天、阅读讨论区、每日简报、简报档案、博客列表、博客提要、录音、公告 RSS(简易信息聚合)、博客 RSS、OPML(大纲处理标记语言)提要列表、论坛资源、社交媒体资源。	基于平台的课件(教学视频)、课程信息、讨论区、Wiki 活动、课程大纲、扩展学习资料、课程测试题、教师推荐书目网站、课程评论。	基于平台的课程表、教学大纲、视频、参考资料、文本、知识卡、测试、评论、论坛、考核信息。

总体而言，在线开放课程资源的设计包括对演示文稿、知识点讲授视频、随堂测验、富文本、课堂讨论等的设计。而视频作为在线开放课程资源的核心，具有录制形式生动多样、碎片化、互动性的特点。视频的表现形式有多种，包括纯手写勾画、PPT 录屏、PPT 录屏＋手写勾画、画中画、采用近景或中景的课堂实录，还有演播厅录制、绿幕抠屏、实地拍摄、专家对话、专题访谈、讨论课式等形式。

"教学设计原理与方法"在线开放课程资源类型包括微课、拍摄的视频、讨论、问卷、项目实践作业等。根据各个专题的具体内容设计相应的资源，具体如表 5-8 所示。

表 5-8　"教学设计原理与方法"在线开放课程资源建设规划表

专题名称	主题	资源类型
什么是教学设计		微视频、讨论、文本。
如何进行前端分析		微视频、讨论、问卷、文本、作业。
智慧学习环境的设计		微视频、问卷、文本、作业。
数字教学资源设计	微课的设计	微视频、讨论、文本、网址、测验。
	多媒体课件的设计	微视频、讨论、测验。
	虚拟实训系统的设计	微视频、讨论、测验。
	在线开放课程的设计	微视频、讨论、网址、测验。
智慧课堂教学设计	优课的设计	微视频、文本、网址、作业。
	翻转课堂的设计	微视频、讨论、作业、测验。
	混合学习的设计	微视频、作业。
	企业培训的设计	微视频。
智慧学习评价的设计		微视频、测验。
教学设计的创新与发展		微视频、网址。

（五）学习支持服务的设计

学习支持服务的作用是指导、帮助和促进学生自主学习。学习支持服务的设计直接影响学生的学习效果。借鉴《中国 MOOCs 建设与发展白皮书》①，我

① 北京师范大学教育技术学院.《中国 MOOCs 建设与发展白皮书》发布[J]. 教育学报，2016(02)：26.

们将在线开放课程学习支持服务分为导学、督学、助学三种类型。每种类型分别包括不同的资源。具体如表 5-9 所示。

表 5-9　在线开放课程学习支持服务的类型

导学	督学	助学
◆课程介绍 ◆学习指南 ◆常见问题 ◆课程推荐	◆学习进度提醒 ◆课程信息提醒	◆线上讨论 ◆线下讨论 ◆集中答疑 ◆一对一辅导 ◆问题反馈/投诉 ◆课程笔记

“教学设计原理与方法”在线开放课程的学习支持服务包括导学、督学、助学。导学主要是课程介绍，如图 5-28 所示。督学主要是学习进度提醒与课程信息提醒，如图 5-29、图 5-30 所示。助学主要包括讨论、答疑、交流。答疑、交流不仅可在平台提供的功能上完成(如图 5-31 所示)，也可采用直播集中答疑的方式。

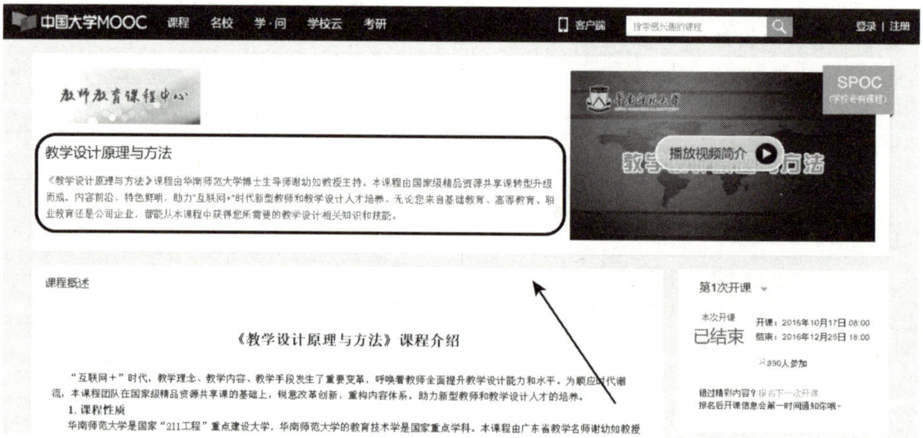

图 5-28　课程介绍

图 5-29　学习进度提醒

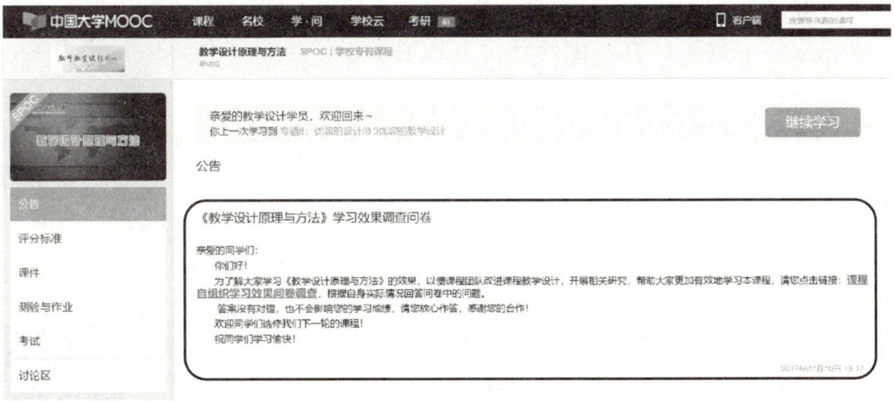

图 5-30　课程信息提醒

图 5-31　课程助学服务

（六）课程评价的设计

课程评价是衡量在线开放课程建设质量和学生学习效果的重要手段。每个课程都需选择、设置评价类型与标准以引导激励学生学习。在线开放课程学习的评价依赖于在线评价系统实现。评价的因素有定性指标和定量指标，评价类型包括形成性评价和总结性评价，而且更加关注形成性评价的促教与促学作用。例如，一门课程按百分制计算，单元测验和课程作业各占30%，在线讨论和期末考试各占20%，也可以根据学科特点适当增删或调整比例。由于在线开放课程学生数量巨大，因此评价方式通常以学生自评和学生互评为主，教师评价为辅。

“教学设计原理与方法”在线开放课程的评价标准主要包括两个部分，其中作业占70%，在线讨论占30%。作业包括数字教学资源设计和智慧课堂教学设计2个项目实践。在线讨论部分安排了11个问题和3次在线互动讨论。在“课堂讨论”中回复数量超过30条的学员可以获得满分。

设计方案2：在线开放课程“轻松玩转 Premiere”

扫一扫，认真学习在线开放课程“轻松玩转 Premiere”教学设计方案，理解在线开放课程的设计方法。

本章小结

本章主要介绍了网络学习资源的类型、特点和作用，并重点分析了不同类型的网络学习资源的设计，包括微课、网络课件、虚拟仿真教学资源、在线开放课程。

1. 网络学习资源的类型、特点和作用

网络学习资源的类型包括微课、网络课件、虚拟仿真教学资源、在线开放课程，其特点主要有资源共享性、形式多样性、双向交互性、内容生成性。网络学习资源的作用体现在：①有利于学生自主学习；②有利于教师创设情境；③有利于师生的互动交流；④有利于教育社会化的实现。

2. 不同类型的网络学习资源的设计

本章分别对微课、网络课件、虚拟仿真教学资源、在线开放课程的设计过程做了较详细的分析，并选取了各种类型网络学习资源的典型案例进行分析。

第二节中详细阐述了微课的内涵、类型、特点、教学设计和系统设计。

第三节中详细阐述了网络课件的内涵、类型、特点、教学设计和系统设计。

第四节中讨论了虚拟仿真教学资源的内涵、类型、特点、作用和设计。

第五节中讨论了在线开放课程的内涵、特点和设计。

思考与练习

1. 网络学习资源主要有哪些类型？各类型的特点和作用是什么？

2. 根据自己的兴趣，从微课和网络课件中任选其一，自选有关教学内容，进行设计和开发实践。

3. 根据自己的兴趣和实际条件，从虚拟仿真教学资源和在线开放课程中任选其一，自选有关教学内容，进行设计实践。

第六章　网络教学模式的设计

内容结构

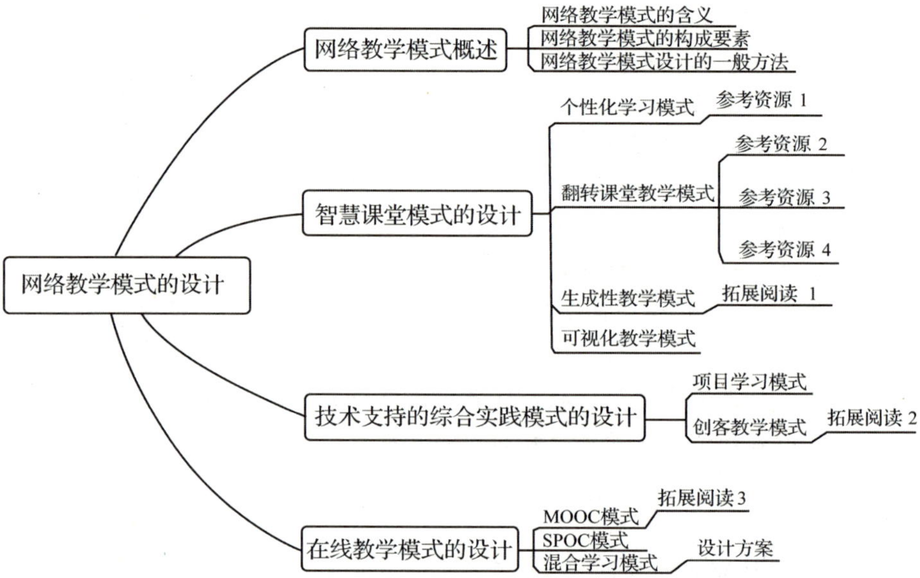

学习目标

1. 了解：网络教学模式的含义及构成要素、网络教学模式的一般设计方法。

2. 理解：几种典型的网络教学模式的特点、一般过程和设计方法。

3. 应用：根据本章介绍的教学模式，选择适当的教学内容，设计一份网络教学设计方案。

4. 分析：运用本章所学的知识和技能，针对一个网络教学视频课例或一份网络教学设计方案，分析和评价该课例或方案中的教学模式。

学习建议

1. 本章的重点是网络教学模式的含义及其设计方法。

2. 第一节可采用教师讲授-学生网上自主学习相结合的方式，第二、第

三、第四节可采用案例分析-问题研讨-项目实践相结合的方式。

3. 学生可通过扫描相应的二维码学习相关案例，理解、体会常见的网络教学模式的特点、设计方法与具体应用。

4. 结合本章内容，以小组合作的形式，选择合适的网络教学模式开展设计实践。

网络时代，教学系统各要素及其关系发生了深刻的变化，教学模式也有了新的发展，为了更好地发挥网络技术在教学中应用的优势、推动素质教育的发展、培养学生的创新精神与实践能力，网络教学模式的设计需体现“互联网＋”的时代特征。

第一节　网络教学模式概述

当前，翻转课堂、MOOC、创客教学等新型网络教学模式不断涌现，与传统教学模式相比，网络教学模式的设计方法有所不同，这是因为网络教学模式的内涵与构成要素发生了变化。

一、网络教学模式的含义

在对网络教学模式进行界定之前，我们先了解模式和教学模式的概念。《汉语大词典》将“模式”解释为：“事物的标准样式。”何克抗等人认为模式是再现现实的一种理论型简约形式。① 查有梁认为模式是一种重要的科学操作与科学思维的方法，它为解决特定的问题，在一定的抽象、简化、假设条件下，再现原型客体的某种本质特性。② 钟志贤认为模式是依据一定的理论基础表征现实活动和过程的一种模型或形式。③

《教育大辞典》把教学模式解释为：“反映特定教学理论逻辑轮廓，为实现某种教学任务的相对稳定而具体的教学活动结构。”④它具有假设性、近似性、操作性和整合性。李克东认为教学模式是指在一定的教育思想、教学理论和学习理论指导下，在一定的教学环境和资源的支持下，教与学活动中各要素之间

① 何克抗，郑永柏，谢幼如．教学系统设计[M]．北京：北京师范大学出版社，2016：51．

② 查有梁．课堂模式论[M]．桂林：广西师范大学出版社，2001：3．

③ 钟志贤．信息化教学模式——理论建构与实践例说[M]．北京：北京师范大学出版社，2006：4．

④ 顾明远．教育大辞典：增订合编本[M]．上海：上海教育出版社，1998：1697．

的稳定关系和活动进程的结构形式。① 钟志贤认为教学模式是指在学习环境设计理论与实践框架指导下，为达成一定的教学目标而构建的教学活动结构和教学方式。② 综上，我们认为教学模式是指在一定的教育思想、教学理论和学习理论指导下，在一定的环境中教与学活动各要素之间的稳定关系和活动进程的结构形式。由此看来，教学模式应体现理论与思想、环境与资源、关系与结构三个方面的内容。

随着信息技术教育应用的推进与教学改革的发展，网络教学模式不断涌现，网络学习环境下的教学活动与过程已发生了深刻的变化。所谓网络教学模式是指在一定教学思想和理论指导下，借助网络学习环境而形成的较为稳定的教学结构和程序的活动范式。

二、网络教学模式的构成要素

网络教学模式一般由教学理念、教学目标、教师与学生、网络环境与数字化资源、教学活动、学习支持服务、教学评价组成，与一般的教学模式不同，它在传统教学模式的基础上形成了自己的特色。

（一）教学理念

教学理念是网络教学模式赖以形成的理论基础。在不同教学理念指导下，会形成不同的网络教学模式。教学思想和观念制约着教学目标的制定、技术手段的应用、教学策略的安排等。例如，在个性化教学理念的指导下，会形成以培养学生个性化学习能力，以因材施教为特色的教学模式；在生成性教学理念的指导下，就会形成注重学习过程互动与反馈，强调学生附加价值生成的教学模式。教学理念是网络教学模式的灵魂，体现了教学活动所追求的价值取向。

（二）教学目标

教学目标是网络教学模式所追求的预期的教学结果，是网络教学模式运行的指南，也是一定教学理念的具体化表现。特定的网络教学模式一般具有特定的教学目标。例如，可视化教学模式的教学目标是通过可视化技术将学生内部心理表征简单、形象地表现出来，进而促进学生的认知发展。

（三）教师与学生

教师与学生是教学模式的主体，教师与学生之间的关系决定着教学模式的基本特征。在网络教学模式中，教师是学习的引导者，学生是学习的主体，教

① 李克东．新编现代教育技术基础[M]．上海：华东师范大学出版社，2002：340.

② 钟志贤．信息化教学模式——理论建构与实践例说[M]．北京：北京师范大学出版社，2006：4.

师和学生应充分交互。

(四)网络环境与数字化资源

网络环境与数字化资源是网络教学模式赖以运作的物质条件。互联网、移动互联网、物联网、传感网等的成熟和普及，拓宽了教育教学的时空，不断革新教育教学模式。网络课件、微课、MOOC 等开放性数字化资源为教育教学的多元发展提供了重要基础。与一般的教学模式相比，网络环境与数字化资源要素在网络教学模式中显得十分重要，它体现了网络教学模式的特色。

(五)教学活动

教学活动是教师组织引导学生主动作用于教学内容的过程及其形式。① 教学活动的设计与组织要在一定的教学思想与理论的指导下，结合学科特点来进行。

(六)学习支持服务

学习支持服务辅助网络教学模式有效开展，帮助学生自主学习，实现学习目标。它包括各种信息的、资源的、人员的和设施的服务，但重点在于对教学互动的支持。

(七)教学评价

教学评价是对网络学习环境下教师的教与学生的学相统一的教学活动进行价值判断的过程。在“互联网＋”时代，大数据、学习分析等技术能辅助教学评价更好地开展。

三、网络教学模式设计的一般方法

根据网络教学模式的含义，网络教学模式的设计可按如下步骤进行：明确指导思想，体现先进理论；分析教学内容，确定教学目标；选用网络环境与资源；设计学习活动与支持服务；设计进程关系，形成结构形式。

(一)明确指导思想，体现先进理论

教学模式对教育思想、教学理论和学习理论具有很强的依附性，换言之，用不同的教育思想、教学理论和学习理论做指导就必然形成不同的教学模式。因此，在设计网络教学模式时，必须以现代教育思想、教学理论和学习理论为指导，体现先进性，如个性化教学理念、翻转课堂理念、生成性教学理念等。

(二)分析教学内容，确定教学目标

教学目标既是教学活动的指南，又是教学评价的依据。通过教学目标的分

① 黄甫全，王本陆．现代教学论学程(修订版)[M]．北京：教育科学出版社，2003：123.

析可以确定所需的教学内容和教学内容的安排次序。因此，在设计网络教学模式时，同样离不开教学内容和教学目标的分析。它是实现网络教学模式的前提和基础。

（三）选用网络环境与资源

教学模式离不开特定的教学环境和教学资源。网络教学模式，离不开网络学习环境和数字化学习资源。因此，在设计网络教学模式时，必须根据教学目标的要求，合理选择网络学习环境与数字化学习资源，并设计这些环境与资源的应用方式，使其更有效地支持教与学活动。

（四）设计学习活动与支持服务

在线学习易产生孤独感、情感的缺失，影响学生学习的积极性，同时当代学生具有个性化、多样化的学习需求，因此学习活动与支持服务对学生的网络学习至关重要。网络学习活动的设计应充分体现学生的主体性，激发学生的主动性，关注学生的个性化；支持服务设计除了及时为学生提供信息、资源等，更重要的是关注和加强教学交互，包括教师与学生、学生与学生、学生与网络学习环境及数字化学习资源之间的交互。

（五）设计进程关系，形成结构形式

尽管教学是一个动态的系统，但教学模式是教学系统中各要素之间形成的稳定结构形式。在设计网络教学模式时，要在一定教育思想和教育理论的指导下，厘清教学要素之间的关系，结合学科的特点来设计教学活动以及各个活动的进程关系，最终形成稳定的教学结构形式。

第二节　智慧课堂模式的设计

随着物联网、云计算和新一代移动网络技术等的兴起和快速发展，教育信息化开始步入“智慧教育”时代。智慧学习是智慧教育的核心，个性化学习模式、翻转课堂教学模式、生成性教学模式、可视化教学模式等的设计与应用逐渐成为专家学者和一线教师关注的热点。

一、个性化学习模式

21 世纪是发展个性的世纪，《学会生存——教育世界的今天和明天》一书中强调教育内容必须个性化，必须尊重个人的多样性和独特性，并指出教师将来的任务是培养一个人的个性并为他进入现实世界开辟道路。① 从古至今，人们对个性化学习的追求从未间断，可追溯到中国的孔子和古希腊的苏格拉底。如今，智慧教育与智慧课堂更加注重学生的个性化发展，培养学生的综合能力，而新兴技术的支持也使得个性化学习模式有了新的进展。

（一）个性化学习

受遗传因素、文化背景以及成长经历的影响，世界上没有完全相同的两个学生，“每个人的学习就像他的指纹一样独特”②。“互联网＋”时代是发展个性的时代，《国家中长期教育改革和发展规划纲要(2010－2020年)》③指出，要坚持以人为本、树立多样化人才观念；要尊重个人选择，鼓励个性发展。《教育信息化“十三五”规划》指出，“优质数字教育资源服务基本满足信息化教学需求和个性化学习需求”④。

个性化教与学的思想可以追溯到中国的孔子和古希腊的苏格拉底。孔子强调“因材施教”；苏格拉底的“产婆术”教学法强调师生共同谈话、个性问答，根据学生的实际情况，循循善诱。班级集体教学出现的同时加剧了人们对个性化学习的研究，随着社会的进步和教育的发展，尤其是在信息技术飞速发展的今天，个性化学习已经成为当代教育改革与发展的热点。目前，关于个性化学习的定义主要有以下三类。

①个性化学习是一种理念。邓晖指出，个性化学习是指以承认学生在社会背景、智力背景、态度价值、情感和生理等方面存在个别差异为前提，努力使学生的个性特征与学习环境之间达到一种平衡，使学生的素质得到全面提升，实现培养具有完善个性的人的一种教育理念。⑤ ②个性化学习是一种学习范式。刘学智认为，个性化学习是指以学生个性化差异为基础，以促进学生个性化发展为目标的学习范式。⑥ 郑云翔认为，个性化学习是指以学生个性差异为

① 联合国教科文组织国际教育发展委员会．学会生存——教育世界的今天和明天[M]．北京：教育科学出版社，1996：186.

② [美]黛安·弗谷森．个性化学习设计指南[M]．王玲玲，译．上海：华东师范大学出版社，2009：119.

③ 中华人民共和国中央人民政府．国家中长期教育改革和发展规划纲要(2010－2020年)[EB/OL].[2010-07-29]. http：//www.moe.edu.cn/publicfiles/business/htmlfiles/moe/moe_838/201008/93704.html.

④ 中华人民共和国教育部．教育部关于印发《教育信息化“十三五”规划》的通知[EB/OL]．[2016-06-07]. http：//www.moe.edu.cn/srcsite/A16/s3342/201606/t20160622_269367.html.

⑤ 邓晖．网络个性化学习支持系统研究[D]．上海：华东师范大学，2003.

⑥ 刘学智，范立双．日本中小学教育中的个性化学习：经验、问题与启示[J]．比较教育研究，2006(02)：13-17.

基础，强调学习过程要针对其个性特征和发展潜能而采取恰当的方法、手段、策略、内容、过程、评价等，使学生在各方面获得充分、自由发展，以促进学生个性发展为目标的学习范式。[①] ③个性化学习是一种过程。李广等认为个性化学习是指针对学生个性特点和发展潜能而采取恰当的方法、手段、内容、起点、进程、评价方式，促使学生各方面获得充分、自由、和谐发展的过程，[②]同时个性化学习强调，学习过程既是个性的展现和养成过程，也是自我实现和追求个性化的过程。

（二）个性化学习模式的设计[③]

1. 电子书包支持的个性化学习模式的简介

近年来，电子书包的教学应用受到世界各国及地区的持续关注，尤其倾向于利用电子书包构建学习环境，以此促进学习效果的改善。在课堂教学中，为每位师生提供可接入互联网的电子书包，从而构建基于电子书包的一对一学习环境。该学习环境具有一对一的特性，包含丰富的学习支持，学生不仅可应用电子书包的丰富资源、虚拟学具及学习支持服务，还可访问网络服务平台进行资源搜索及互动交流。

我们以基于问题的学习为例，探讨电子书包支持的个性化学习模式的设计。

通过分析课堂教学的一般要素及规律，我们认为电子书包支持的问题导向式个性化学习活动的要素主要包括：教师、学生、内容、个性化支持。结合问题导向的个性化学习特点，分析各要素之间的关系，从而提出电子书包支持下问题导向的个性化学习模式，如图 6-1 所示。

2. 电子书包支持的个性化学习模式的基本环节

在上述模式中，整个学习过程以基于问题的学习框架来展开，主要分为问题情境、自主分析、个性化解疑、作品形成、学习评价、总结反思六个环节。问题导向的作用不仅体现在整个学习过程的设计，还作用于每个学习环节的展开，电子书包学习环境主要通过提供立体化资源、个人学习空间、互动讨论空

---

① 郑云翔．新建构主义视角下大学生个性化学习的教学模式探究[J]．远程教育杂志，2015(04)：48-58.

② 李广，姜英杰．个性化学习的理论建构与特征分析[J]．东北师大学报(哲学社会科学版)，2005(03)：152-156.

③ 王芹磊，谢幼如．电子书包支持下问题导向的个性化学习模式探究[C]//计算机与教育：实践、创新、未来——全国计算机辅助教育学会第 16 届学术年会论文集．杭州：中国人工智能学会计算机辅助教育专业委员会，2014：283-291.

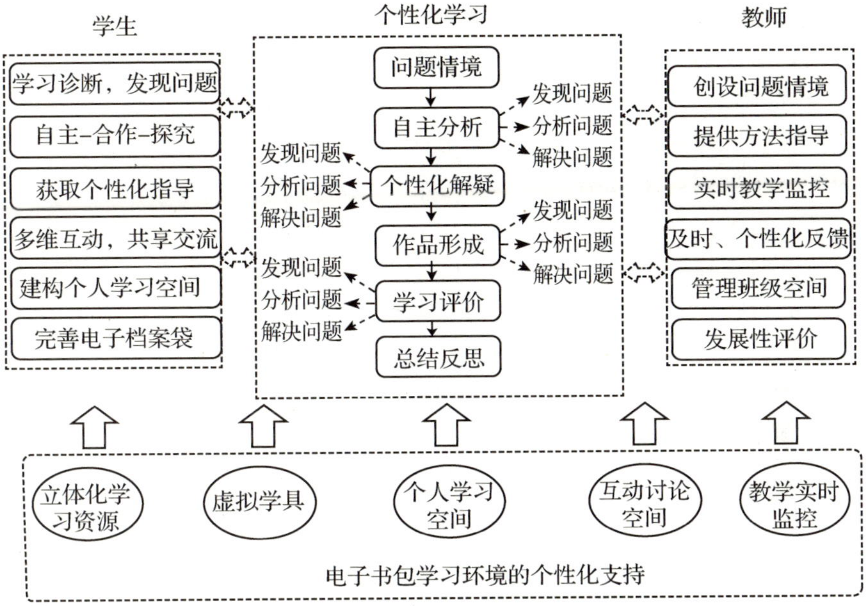

图 6-1　电子书包支持个性化学习模式

间、教学实时监控等功能来实现个性化支持。下面从个性化学习的六个环节具体解析该模式的组成与结构。

(1)问题情境

在该环节教师利用丰富的学习资源创设问题情境，从而激发学生思考，导入新课。学生通过思考问题，进行学习诊断，从而发现学习问题，明晰学习任务。

(2)自主分析

学生在该阶段将学习问题自主分解为各个子问题，明确学习目标，并初步探索问题解决的方法与技巧。每位学生可获得电子书包推送的资源及方法指导，也可访问网络搜集问题解决的技巧，还可将自己的疑问发布到互动讨论空间寻求帮助。教师在该阶段可为学生提供学习框架或展示案例，给予适当的方法指导。

(3)个性化解疑

解决疑问的活动包括自主、探究、合作学习，强调学生可根据自身需求选择学习资源、学习方式与步调，并可得到针对性的反馈评价。从个性化支持的角度，学生进行的个性化解疑活动主要包括两个方面。一方面，学生在互动讨论空间的支持下，进行多维互动交流，可进行人机(人与电子书包)、师生、生生交互，如人工智能软件会对学习操作做出智能性的反馈，教师通过监控软件对学生进行针对性的辅导，学习个体及学习小组之间可进行任意的交流互动；另一方面，学生通过构建个人学习空间来促进自身需求，并与他人共享交流。

(4)作品形成

学生在个性化解疑后，可基于学习问题构建出自己对知识内容及方法的理解。为进一步巩固学习效果，展示与培养学生的个性及创造性，开展学习创作活动。学生可把问题解决方案整合成作品，或根据教师提供的案例，运用已学的知识与方法创作学习作品。学生在电子书包环境中的数码笔、拍照等支持下将学习作品可视化，进而开展作品的展示与交流活动，激发创作热情。

(5)学习评价

个性化学习注重学生自身的发展及潜能的发掘，其评价是典型的发展性评价。该阶段包括三个环节：首先，学生将学习作品上传到个人学习空间，在班级中共享，允许教师、同学或学习小组点评学习作品；其次，教师挑选出典型的作品进行示范性的讲评；最后，学习个体或小组进行自我评价。在该阶段，电子书包个性化支持起到的最大作用在于实现了学习个体与小组之间任意性的互动交流。

(6)总结反思

在该阶段，学生需要填写电子档案袋，评价自己在分析问题、分工合作及学习创作过程中的表现情况，并将当前的表现与以前的学习情况进行对比分析，从而形成较客观的自我认识。其中，电子档案袋作为评价工具，不仅应包含学生行为及结果的评价标准，记录学习行为及结果，而且应具有统计分析功能，并为学生生成个性化的发展规划。

(三)个性化学习模式的应用

1. 教学案例介绍

本案例选自广州市P小学二年级语文课“雷锋叔叔，你在哪里”第二课时。在应用上述模式的基础上，确定该课的教学目标为能够理解文章重点句子，体会雷锋精神，并进行诗歌创作；教学活动过程主要是在“发现问题—分析问题—解决问题”的导向下形成的。在学习过程中，师生人手一本电子书包，学生可获取立体化资源，实现多维互动交流，获得及时、针对性的反馈，并通过个人学习空间获取建议性的个人发展规划等。

2. 教学过程

在电子书包的支持下，将问题导向的个性化学习模式与语文教学规律相结合，设计本节课的教学过程为“温故知新，进行识字练习”—“摹写字词，掌握书写规范”—“探究重点句，协作完成任务”—“展示作品，共享交流”—“创作诗歌，体会雷锋精神”—“归纳总结，布置作业”六个环节，每个环节在问题的导向下展开，如图 6-2 所示。

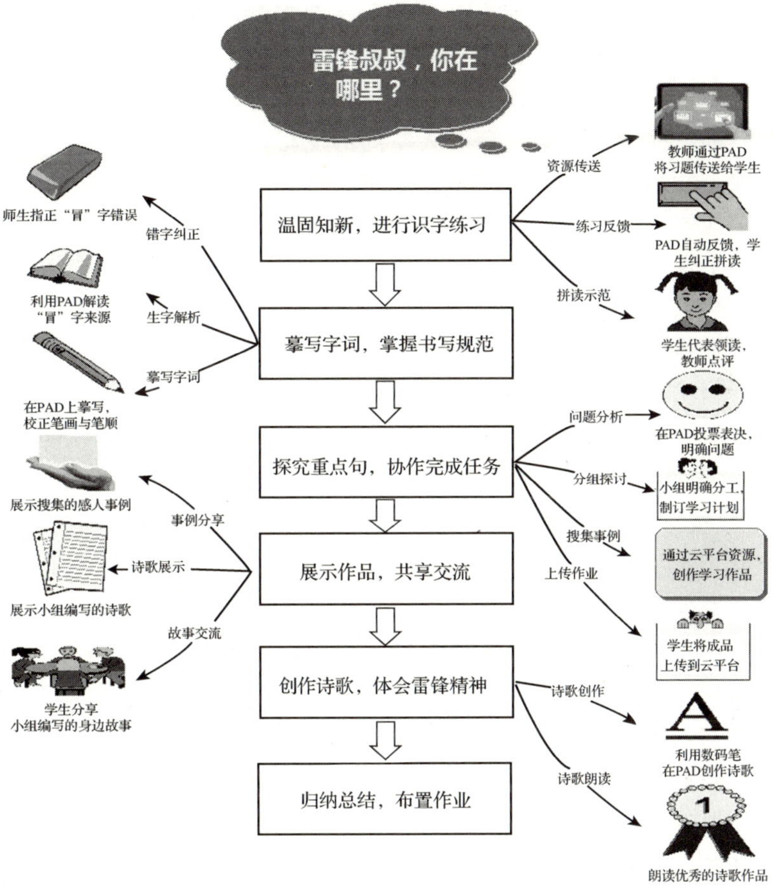

图 6-2　“雷锋叔叔，你在哪里”教学流程

“探究重点句，协作完成任务”阶段是本节课的重点，主要分为三个环节。首先，学习小组在学习问题的引导下，讨论分析重、难点句子。学生通过电子书包访问学校云平台上的专题资源库，搜寻并整理材料，阐释自己对“雷锋叔叔就在我们身边……”等重点句的理解。其次，学生运用通过解决问题获取的知识与方法仿写句子，将其发布到互动讨论区，进行师生、生生间的多维互动交流，从而体会雷锋精神。最后，学生进行学习创作，搜集感人事例，编写故事及诗歌，并保存发布到个人学习空间，以供他人浏览与评价。在学习过程中，学生拥有较大的自主选择性，可以展现并培养学习个性，发掘自我的潜能。

在该案例中，电子书包支持的学习环境主要由无线网络、电子书包及教学软件等组合而成。其个性化支持主要体现在以下四个方面：第一，资源的个性化支持，学生通过电子书包不仅可自主选择关于雷锋的学习材料，也可获得电子书包自动推送及教师传输的资源；第二，反馈的个性化支持，在仿写句子、诗歌创作等环节中，学生将作品在互动讨论区进行讨论交流，可得到教师或学生的针对性的反馈评价；第三，个人空间的支持，学生构建个人学习空间，将学习作品保存并发布到个人空间中，便于共享交流，并积累满足自身需求的学习材料；第四，学习监控的支持，教师利用教学监控软件掌握学习情况，进而对学生进行个性化的指导。

参考资源1：小学语文"雷锋叔叔，你在哪里"教学录像

扫一扫，观看"雷锋叔叔，你在哪里"教学录像，分析个性化学习模式在小学语文教学中的应用。

二、翻转课堂教学模式

翻转课堂通过颠倒"知识传授"和"知识内化"两个学习过程，高效利用课堂教学时间，充分发挥学生学习的主动性，实现对传统教学模式的重组与创新。智慧课堂个性化、协同化、泛在化等特点能较好地支持翻转教学活动开展。

(一)翻转课堂

翻转课堂，近年来成为全球教育界关注的热点，2011 年还被加拿大《环球邮报》评为"影响课堂教学的重大技术变革"。① 翻转课堂起源于美国科罗拉多州落基山林地公园高中的两位化学教师——伯尔曼(Jon Bergmann)和萨姆斯(Aaron Sams)，他们将演示文稿及实时讲解录制成视频并将其传到网上供学生下载或播放，以此帮助课堂缺席的同学。一段时间以后，两位教师就逐渐以学生在家看视频、听讲解为基础，腾出课堂上的时间来为在完成作业或实验过程中有困难的学生提供帮助。

(二)初中数学翻转课堂教学模式的设计

1. 电子书包支持的初中数学翻转课堂教学模式简介

通过文献研究与理论探讨，我们发现翻转课堂通过改变传统课堂教学中知识传授与知识内化的顺序，为解决数学复习课中存在的问题提供了一条新的途径，而电子书包在此过程中可起到良好的技术支撑作用。我们在佛山市 P 中学的

① 何克抗．从"翻转课堂"的本质，看"翻转课堂"在我国的未来发展[J]．电化教育研究，2014(07)：5-16.

“练—评—讲”模式的基础上，结合电子书包的教学功能，提出电子书包支持的初中数学翻转课堂教学模式，该模式由课前、课中、课后三大环节组成，如图 6-3 所示。

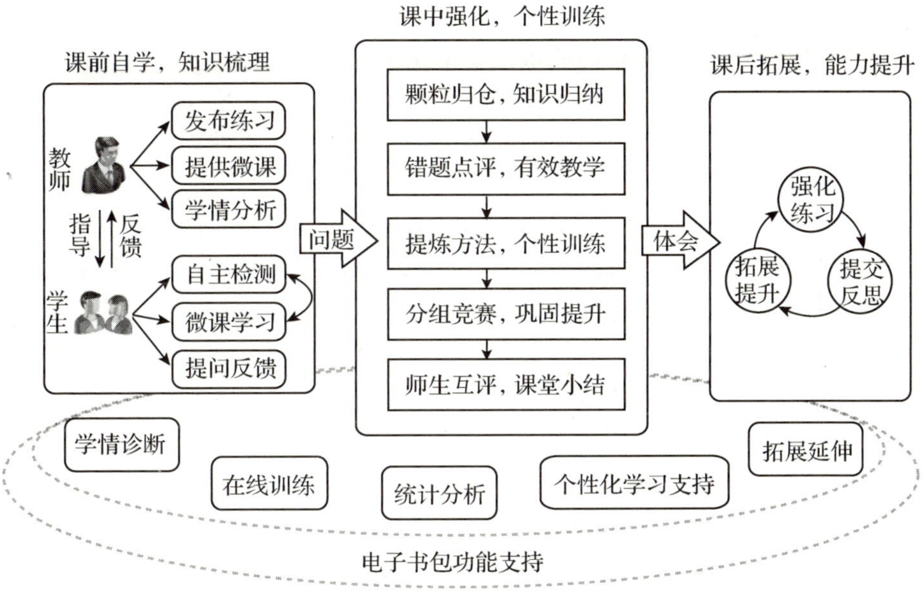

图 6-3　电子书包支持的初中数学翻转课堂教学模式

该模式的特色与创新体现在以下三个方面。

第一，该模式的构建紧紧围绕初中数学复习课存在的问题和教学需求，并将数学问题解决与翻转课堂相联系，在教学中引导学生发现问题、解决问题，具有较强的学科性。

第二，该模式超越以往对电子书包功能的简单介绍，从教学支持的角度，详细阐明电子书包在初中数学翻转课堂中的支持作用，促进电子书包与课堂教学融合。

第三，该模式在该校“练—评—讲”模式的基础上融入电子书包的技术支持，并经过两轮迭代设计进行调整和优化，具有较强的可操作性和可推广性。

2. 电子书包支持的初中数学翻转课堂教学模式的基本环节

(1)课前自学，知识梳理

在数学复习课前，教师针对复习的重、难点制作相应的微课(每段不超过 10 分钟)，并发布到电子书包平台上。同时，教师根据复习的知识点发布相应的习题，习题的设置要充分考虑学生已有的认知结构，合理地设计习题的数量和难度。学生自主学习微课，完成相应习题，并根据电子书包的反馈情况在平台上撰写错题反思，也可再次选择相应的微课进行复习巩固。在上课前，教师对学生完成练习的情况进行分析，为课堂活动的设计提供指导。

(2)课中强化，个性训练

建构主义者认为，知识的获得是学生在一定情境下通过人际协作活动实现意义建构的过程。因此，教师在设计课堂活动时，应在鼓励学生自主探究，运用所学到的知识来分析解决问题的基础上，充分调动学生的积极性，参与小组协作，协同解决问题。

错题点评，有效教学。教师利用电子书包的统计分析功能，分析学生课前练习的得分及错题情况，总结易错题型，帮助学生明确学习目标。接着由学生自主提出问题，并通过小组活动协作解决问题。

提炼方法，个性训练。教师选取共性错题详细讲解，并引导学生提炼解题方法，梳理整章知识点。然后学生利用在线测试功能在电子书包上完成系统智能推送的习题。教师随时捕捉学生学习动态，并及时加以指导。

分组竞赛，巩固提升。完成个性训练后，教师发布难度递减的习题，根据个性训练成绩分层进行答题竞赛。小组长统计小组平均分汇报给教师，并进行小组点评。

师生互评，课堂小结。电子书包支持的翻转课堂的评价应该是多维度、多方式的。课堂小结环节，先由学生进行自我评价，再由教师进行评价结果的统计与反馈，让学生针对不足的地方在课后进行加强和补救。

(3)课后拓展，能力提升

课后，学生利用电子书包针对课堂中存在的问题进行补救练习，并利用电子书包的资源进行拓展学习。而教师可通过对学生课内外的学习情况进行评价，为下一次教学提供参考。

(三)初中数学翻转课堂教学模式的应用

1. 教学案例介绍

本案例选自全国基础教育信息化应用现场会展示课例——九年级数学课“二元一次方程与一次函数”第一课时。该课例的教学目标包括可分解如下。①知识与技能目标：理解二元一次方程(组)与一次函数的关系；能利用函数图像写出二元一次方程组的解，能通过解方程组求直线的交点坐标。②过程与方法目标：经历一次函数与二元一次方程(组)关系的探索，学会用函数的观点去认识问题，体会转化的思想方法、数形结合的思想方法、特殊与一般的思想方法。③情感态度目标：通过探究活动，养成严谨的学习态度；通过师生、生生交流与小组活动，感受学习的乐趣，体验数学的价值和神奇。

本课采用“翻转课堂”“探究性学习”“分层教学”教学理念，再造教学流程，借助电子书包等信息技术有效解决教学重、难点，完成教学目标。

2. 教学过程

教学流程主要分为课前、课中、课后三部分。课前：“观看微课，自主检测”。课中：“预习反馈，引入新课”—“合作探究，重点突破”—“当堂检测，基础训练”—“分层落实，提高训练”—“课堂总结，内化知识”。课后：“作业布置，拓展延伸”。具体如图 6-4 所示。

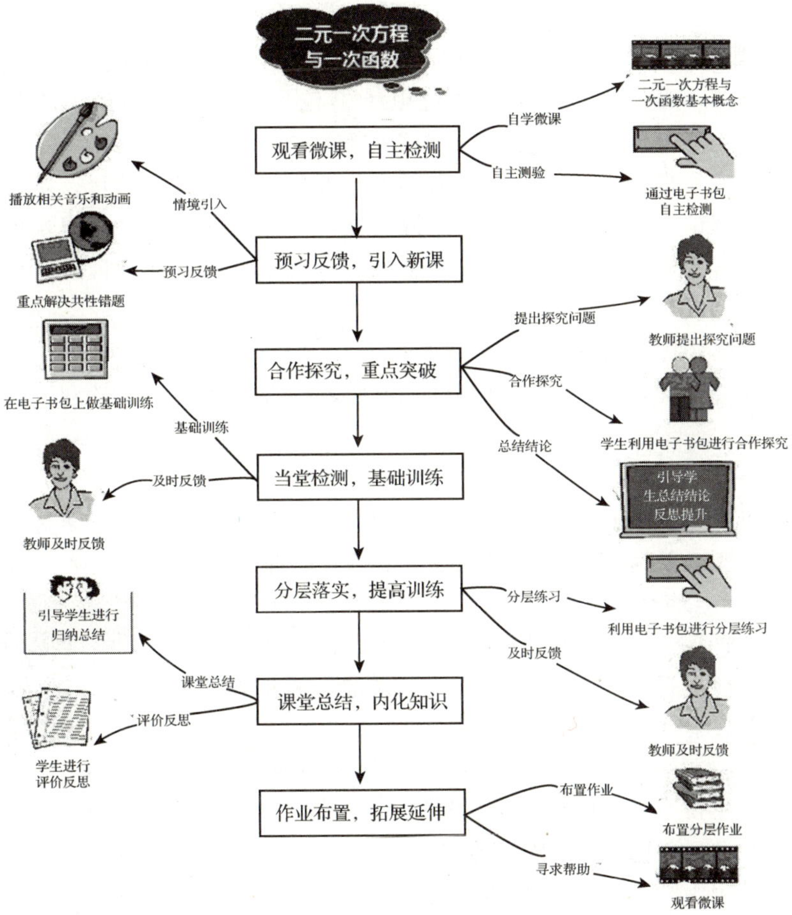

图 6-4 “二元一次方程与一次函数”教学流程

(1)课前

观看微课，自主检测。课前，教师通过云平台将微课和预习提纲发送到电子书包，学生观看微课并完成课前检测题。

(2)课中

预习反馈，引入新课。教师根据课前检测题得分统计情况，将学生自然分层，重点讲解共性错题，并引导学生观看动画，调动学习积极性，进入学习状态。

合作探究，重点突破。该环节包括两个探究活动。活动一为探究二元一次方程与一次函数的关系，活动二为探究二元一次方程组的解与图像之间的关系。学生利用电子书包中的几何画板等工具合作探究并得出结论。

当堂检测，基础训练。老师通过电子书包平台发布两套相关的基础训练题，所有学生在电子书包上实时作答完成练习，并获得即时反馈。

分层落实，提高训练。学生重做预习作业中出错率高的题目，基础较好的学生根据掌握情况，自主选择两组不同层次的题目完成练习；做得快的同学可以到项目课程中做讨论题，或到平台上看课外阅读资料。教师最后针对学生做题情况及时反馈。

课堂总结，内化知识。教师引导学生对本节课的学习进行自我总结和反思：本节课主要学习的知识有哪些？你有哪些收获与体会？你学到了哪些数学思想方法？

(3)课后

作业布置，拓展延伸。所有学生完成基础习题，更正错题，学有余力者完成拓展提升题以及讨论题；如遇问题，观看课前推送微课。

参考资源2：小学数学“图形的拼组”教学录像

扫一扫，观看“图形的拼组”教学录像，分析翻转课堂模式在小学数学课堂教学中的应用。

翻转课堂除了在中小学已经得到大力推广应用，在职业教育领域也有广泛的应用，为职业教育教学改革提供了新的思路和方法。请同学们扫一扫二维码，利用所提供的教学录像，分析翻转课堂在职业教育教学中的应用。

参考资源 3：中职"做好垃圾分类方案策划"教学录像

参考资源 4：高职"虚拟交换单元(VSU)技术应用与实现"教学录像

扫一扫，观看"做好垃圾分类方案策划""虚拟交换单元(VSU)技术应用与实现"教学录像，分析翻转课堂模式在中职、高职课堂教学中的应用。

三、生成性教学模式

21 世纪强调人核心素养的培养，注重人才的全面发展，传统的预设性教学由于过分注重教学规律的实现、教学目标的达成，从而限制了教师的发挥空间，阻碍了学生个性化和创造力的生成。因此，根据社会对人才培养的需要，教学应该由预设转向生成。

(一)生成性教学

课堂教学不应当是一个封闭系统，也不应当拘泥于预先设定的固定不变的程序，要鼓励师生互动中的即兴创造，超越目标预定的要求。

我们认为，生成性教学是在弹性预设基础上，师生充分交互，不断调整教学活动和行为，共同建构并形成新的信息、资源的动态过程，以实现教学目标和创生附加价值。

(二)生成性教学模式的设计

1. 电子书包支持的生成性教学模式简介

从教学生成的视角，李祎认为学习应营造一种"生成场"，通过教师或他人的直接或间接的引导和帮助，学生在生成场中积极地利用各种信息来进行知识意义的生成。[①] 教学生成系统就是在生成场中运行的，它是由信息场域和思维系统"交叉"重叠而构成的一种信息加工系统。

我们认为生成性教学过程分为"弹性预设"—"交往-反馈"—"应对-建构"—"生成-创造"—"评价-反思"5 个阶段，且每一阶段的实施均有电子书包作为外力加以推动。因此，电子书包支持的生成性教学过程模式如图 6-5 所示。

① 李祎．教学生成的理论基础[J]．教育评论，2005(04)：58-60.

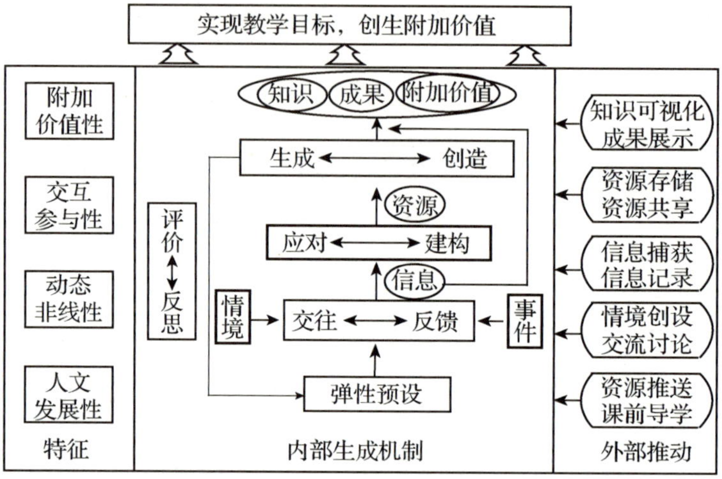

图 6-5　电子书包支持的生成性教学过程模式

2. 电子书包支持的生成性教学模式的基本环节

(1)弹性预设

弹性预设是生成性教学的基础。在教学中，一定的教学预设是非常必要的，且应是有弹性、有空白的预设。[①] 教师要在深入了解学生和教材的基础上，对课堂教学进行弹性设计。学生课前进行学习准备，形成获取新知的认知基础。课前的弹性预设需要教师进行有效指导，并推送丰富的学习资源。

(2)交往-反馈

交往与反馈是生成性教学的前提。在教学中创设情境，师生充分交往互动，教师密切关注学生反应，并留意发生的教学事件，对学生的学习状态与学习情况做出反馈，为教学生成创造机会。在这一过程中，会产生大量的、丰富的而又转瞬即逝的生成性信息，需要对这些信息进行及时的捕捉和记录。

(3)应对-建构

应对与建构是生成性教学的关键。教师根据学生的学习状态及时调整教学行为和教学方法，提供有力的“脚手架”。在交往与反馈中产生的生成性信息，一部分可以直接内化为学生的生成性知识，另一部分则被教师及时捕捉并积极应对，以语言、文字、行为等方式外显出来，形成生成性资源，通过存储和共享来支持学生的意义建构。

① 李祎，涂荣豹．生成性教学的基本特征与设计[J]．教育研究，2007(01)：41-44.

（4）生成-创造

生成与创造是生成性教学的目标。学生在教师的引导下，构建生成性知识并同化或顺应已有认知结构。除此之外，还伴随着预设之外的教学目标、教学成果以及附加价值等的生成和创造。生成与创造的结果通过可视化等方式呈现并展示共享。

（5）评价-反思

评价与反思是促进生成性教学的有效手段。评价与反思为下一步教学的预设与生成提供经验和指导，也是提升教师生成性教学能力的方法。

（三）生成性教学模式的应用

1. 教学案例介绍

本案例选自佛山市G小学一年级语文阅读课《自己去吧》第二课时，本课文是一篇内容浅显易懂的童话故事，语言富有童趣，并激励学生自强自立。这节课的生成性教学过程如图6-6所示，它不仅实现了课内生成，也实现了课外生成。

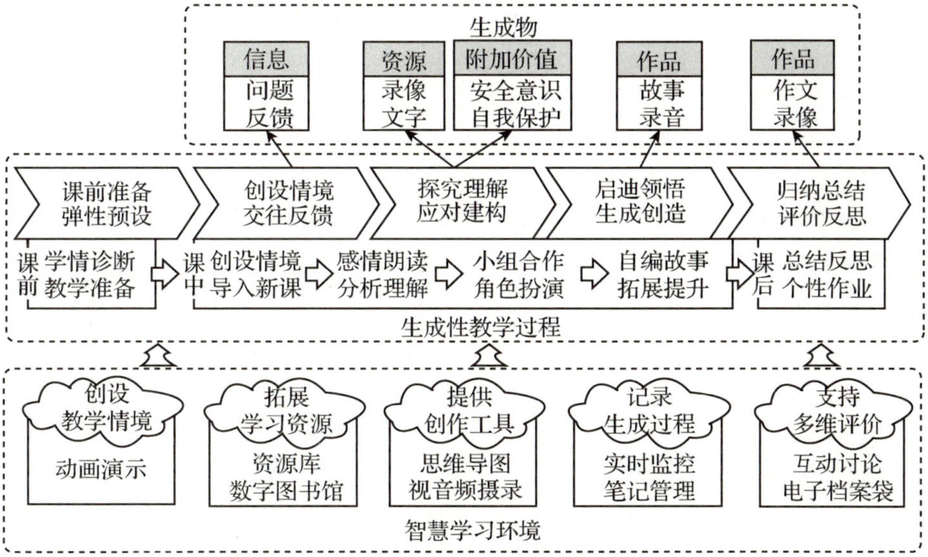

图6-6　《自己去吧》生成性教学过程

2. 教学过程

该课的生成性教学过程可以分为以下几个阶段。

（1）课前准备，弹性预设

课前教师通过电子书包进行学情诊断，然后对教学目标、教学内容、教学过程等进行弹性预设，教师和学生都进行相关的教学准备。

(2)创设情境，交往反馈

课中教师首先创设教学情境，然后组织学生进行感情朗读与体会。在联系生活个性说话活动中，学生利用电子书包的录音功能将说的话上传到互动讨论区并进行交流。在论坛互动中，教师发现学生 A 说“我自己去游泳”，学生 B 对其进行了质疑，认为一年级的小朋友不能单独去游泳。于是老师将这个问题提出来，同学们纷纷发表意见，为后面的“自编故事”环节做了一定铺垫，同时也促使学生更加具有安全意识与观念。

(3)探究理解，应对建构

学生在完成感情朗读之后进行探究理解，根据理解个性扮演并用电子书包拍摄上传，教师发现有一组学生在扮演过程中加入了很多自己的想法，于是提出来并让学生在互动讨论中进行评价。

(4)启迪领悟，生成创造

学生将灵感与思路用语言表达出来，进行故事创作并上传共享。教师发现上传的录音中也有很多奇思妙想，调整教学预设，将课后的拓展阅读改成了个性作业，让学生尝试写一段话，或学做一件事，让父母帮忙拍摄并上传。

(5)归纳总结，评价反思

课后，教师与学生通过教学空间、学习空间以及评价工具等进行评价反思。

拓展阅读 1：《智慧学习环境下小学语文阅读课生成性教学路径的探究》

扫一扫，阅读《智慧学习环境下小学语文阅读课生成性教学路径的探究》，理解小学语文阅读课生成性教学路径的设计。

四、可视化教学模式

可视化是运用计算机图形学或一般图形学的原理和方法，将数据转换为图形、图像，以直观的形式表示出来的理论、方法和技术。可视化技术不仅能够为学生学习过程提供可视化的支架与导航，还可作为认知工具支持学生知识的建构和问题的解决。

(一)可视化

“可视化”作为专业术语的出现，始于美国自然科学基金会在 1987 年召开的一个专题研讨会，随着计算机技术的发展，可视化引起了诸多研究者的关注。可视化的英文是 visualization，原意为“可使看得见的，清楚地呈现”，也可译为形象化、成就展现等。事实上，将任何抽象的事物、过程变成图形、图像等形象化的表示都可以称为可视化。①

目前关于可视化的定义主要有两种角度。从技术的角度看，可视化是利用计算机图形学和图像处理技术，将数据转换成图形或图像在屏幕上显示出来，并进行交互处理的理论、方法和技术，从过程的角度看，可视化是一个过程——它将数据、信息和知识转化为一种形象化的视觉表达形式，充分利用了人们对可视模式快速识别的自然能力，以形象化的姿态接受大众的解读。②

随着时间的推移，可视化的发展经历了从科学计算可视化、数据可视化、信息可视化到知识可视化的过程。可视化技术的快速发展不仅为教师的教学活动提供了很大的便利，也为教学成绩的提高提供了保障。

（二）可视化教学模式的设计

1. 电子书包支持的科学探究可视化教学模式简介

结合小学科学探究过程的特点及其内在需求，支持科学探究过程的可视化工具可以分为知识可视化、数据可视化和思维可视化三种类型。

知识可视化是研究两个以上人之间运用视觉表征的手段促进知识创造和传递作用的领域，是所有能用以构成和传输复杂意识的图形化手段。③ 在科学探究过程中可以采用知识可视化工具来呈现科学知识，可以运用结构化图形表征的方法为学生呈现清晰的知识及其关系；也可以运用视频、动画的富媒体形式，使静态抽象的知识动态化、可视化；还可以利用知识可视化工具来模拟科学现象，使抽象的科学现象（如电场、磁场）可视化，或利用虚拟实验把科学实验情境、科学实验过程、微观世界的运动、抽象科学规律等模拟呈现出来。

数据可视化关注数据的视觉表现形式，其基本思想是将数据转换为图形、图像在屏幕上进行显示，并进行交互处理，使人们可以从不同的维度对数据进行观察和更为深入的分析。从科学探究过程角度看，数据分析是形成科学结论的前提，数据可视化工具有利于促进学生分析数据，得出结论。从科学课堂的角度看，学生的知识生成、思维生成都可作为数据保存在探究平台中，对这些数据可视化并进行分析，有利于教师捕捉生成，诊断学情，调控教学。

思维可视化是指运用图示或图示组合的方式将教学过程中原本不可见的思

---

① 莫永华，魏文晨，吕永峰．分层可视化方法原理与实践[M]. 长沙：中南大学出版社，2011：4.

② 周宁，陈勇跃，金大卫，等．知识可视化与信息可视化比较研究[J]. 情报理论与实践，2007(02)：178-180.

③ Burkhard R A. Knowledge visualization[D]. Zürich：Eth Zürich，2005.

维规律、思维路径及方法呈现出来，其本质是将隐性思维进行显性化的过程。①实现思维可视化的图示方法主要有概念图、认知地图、语义网络、思维导图、流程图等。在科学探究过程中将学生的思维过程进行图形化或概念化，一方面可以帮助学生厘清科学概念之间的逻辑关系，另一方面有助于教师对学生科学思维的走向和过程进行关注，促进学生思维的深度发展。

结合小学科学探究过程及电子书包的功能特征，电子书包支持的科学探究可视化教学模式，如图 6-7 所示。

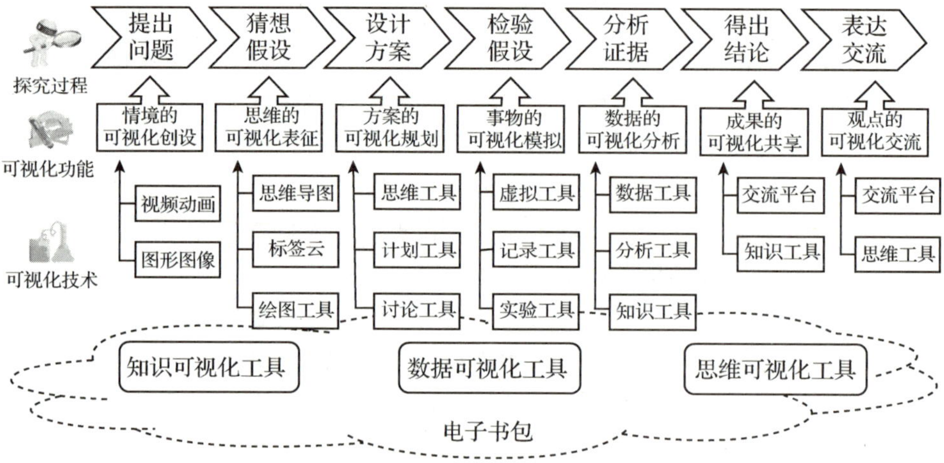

图 6-7　电子书包支持的科学探究可视化教学模式

2. 电子书包支持的科学探究可视化教学模式的基本环节

根据对科学探究的基本过程和内涵的分析可见，一般的科学探究过程包括假设阶段、探索阶段和形成结论阶段，具体可以分为提出问题、猜想假设、设计方案、检验假设、分析证据、得出结论、表达交流七个环节，下面简要分析科学探究过程的基本环节。

(1)假设阶段

在假设阶段，学生通过分析问题情境，提出问题，形成假设。

提出问题。开展探究的第一步是提出问题，学生的探究也是围绕问题来展开的。教师根据教学内容和教学目标，设计与学生原有认知结构相联系但又不和谐、与学习目标相关但又不直接的情境，引发学生的认知冲突，从而促使学生处

① 赵博．从“知识灌输”到“能力发展”的巨变——“未来课堂”中的思维可视化技术对落实课改的现实价值[J]．中国信息技术教育，2013(03)：77-79.

于一种“疑问”状态，自然提出值得探究的问题，并激发他们试图找出解决问题的方法和途径的兴趣，引发探究的产生。电子书包中集成的大量图形、动画、视频等可视化资源展示或模拟现实，再现生活中的真实情境，能够促使学生进入问题环境，产生认知冲突，并通过讨论等方式提出问题。

猜想假设。猜想假设即学生通过猜想、预测、推理等内部思维活动形成对问题的假定性答案。猜想假设的主要作用是提出探究的方法和可能性，一方面可以帮助学生确定探究方向、制订探究计划、部署探究程序，另一方面可以调动学生积极参与科学探究，促进学生思维能力、创造能力的发展。在猜想假设过程中，常用的方法有归纳法、演绎法、类比法等。在这个环节，可以利用电子书包中的绘制思维导图、概念图的思维工具支持学生进行猜想假设，并让学生将假设发布到电子书包云平台中进行共享与交流，用标签云功能将学生的思维可视化，促进学生思维的发展。

(2)探索阶段

在探索阶段，学生通过设计方案、检验假设、分析证据活动对假设进行检验和评价。

设计方案。探究方案的制定是探究过程顺利进行的有力保障。在设计探究方案时，学生需思考探究的原理和方法、实施步骤、工具或材料等内容。在设计方案环节，学生在教师的引导下提出探究思路，制订研究计划。在开展探究之前，学生要厘清开展什么探究、探究的顺序是什么、每个步骤如何开展。在这个过程中，可以利用流程图、思维导图等思维可视化工具将实验步骤清晰记录下来，并在云平台进行共享，支持学生进行分析与表达。

检验假设。科学探究重视学生在实践活动中收集实证材料，这是科学探究与其他学习的重要区别。在科学探究过程中，学生根据制订的计划开展探究，收集证据以支持假设的论证。在这个环节中，可以利用电子书包提供的虚拟仿真资源，帮助学生在可视化的环境中获取信息；利用电子书包的录像和云平台功能，记录学生的探究过程，实现出声思维可视化；还可以利用云共享电子表格对探究结果进行数据的记录。

分析证据。学生在搜集证据后，需要根据信息、事实或者现象之间的关系及其相互联系，对相关信息进行加工整理，对证据进行归纳分析，对现象和数据进行描述处理，进而判断事实证据和假设之间的关系，并通过分析归纳，用科学的方法对事实证据进行概括总结。在此环节中，电子书包提供数据可视化工具帮助学生将实验数据绘制成图表，支持学生分析处理数据，同时，提供可视化的资源帮助学生在数据分析过程中进行知识补充、解答困惑。

(3)形成结论阶段

在形成结论阶段，学生根据证据分析的结果，并通过客观描述和主观解释与他人进行交流，从而得出结论。

得出结论。在探究过程中，学生分析比较所获得的实验事实和证据，并与已有知识经验相联系，以科学的方法对证据进行概括总结，就形成了探究结论。在此环节中，利用电子书包可突破传统的纸笔报告方式，通过思维导图、演示文稿、视频等多种可视化形式进行成果的展示，并在云平台共享探究成果。

表达与交流。学生通过表达与交流，交换对问题的解释和看法，展示探究成果，在此过程中还会有思维碰撞，引发新的问题和更为深入的探究。可见，表达与交流可加深学生对科学知识的理解，还能培养学生乐于合作和交流、敢于发表见解的性格。知识可视化工具可以有效支持学生对探究过程和结果的交流与传播。学生可以利用各种概念建模的软件，将概念从抽象理解转化为可视化的图形、图像，并在学习平台进行交流。通过可视化的交流，学生在交互中不断修正和完善自己的科学概念，在交流中达成共识，形成最终的结论。

(三)电子书包支持的科学探究可视化教学模式的应用

1. 教学案例介绍

本案例选自广州市L小学四年级科学探究观察型可视化教学案例“食物在人体内的旅行”第二课时，其教学目标包括四个方面。①知识目标。人体活动需要的能量来自消化器官对食物中营养的吸收。人体的消化器官包括口腔、食道、胃、小肠和大肠，消化器官形态不同，作用也不同。食物在人体内按顺序进入这些消化器官，通过整套器官的作用被消化吸收。②技能目标。利用移动设备上的互动课件和“人体探秘”APP认识消化器官的形态、作用，了解食物在体内消化的过程，并能在自己的身体上找到相应器官的位置。③过程与方法目标。通过直接观察、基于“人体探秘”的虚拟观察，培养科学观察和科学思维等能力。通过小组交流和汇报，提升协作学习能力和表达能力。④情感态度与价值观目标。通过联系生活拓展阅读和解决问题，提高保护人体消化器官的意识。通过系统化的科学观察过程，树立科学、客观认识事物的观念。善于在反复观察、研究中完善认识。

2. 教学过程

本课是一节典型的科学观察课，学生亲历“提出问题→猜想假设→观察记录→交流讨论→形成概念→应用拓展”的完整科学探究过程，该课基于科学探究过程可视化软件(Scientific Inquiry Process Visualization Tool，SIV)，引导学生开展系统化的观察探究。同时，该课内容涉及食道、胃、小肠、大肠等学生无法直接进行观察的内容，因此教师选择 SIV 中嵌入的 IClass(多媒体网络教室)、“人体探秘”等 APP 作为探究工具，利用其直观性、容量大、互动性强等的特点，将“抽象知识”变成“形象知识”，将“见不到”的过程变成“可视化”的过程，将“不可体验”的过程变成“可体验”的过程，更容易使学生理解所学的知识，让学生从多角度学习到既看不见又摸不着的消化器官的相关知识。具体如图 6-8 所示。

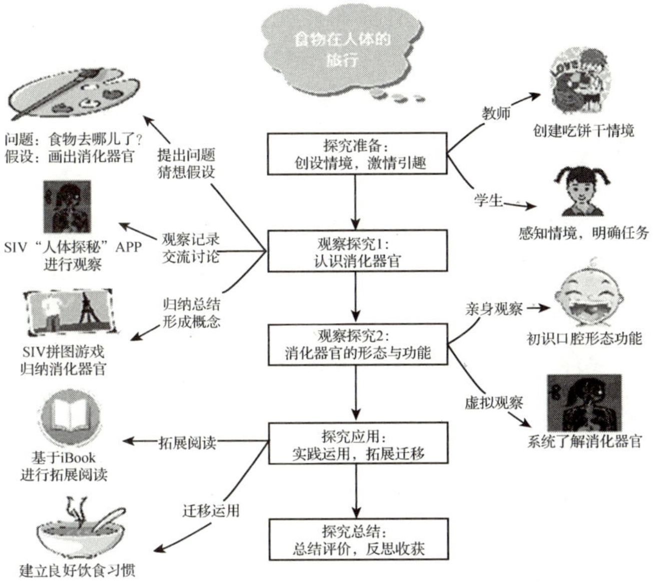

图 6-8　“食物在人体内的旅行”教学流程

探究准备：创设情境，激情引趣。教师请同学们吃饼干，引发学生思考“吃下去的食物去哪里了？”，激发探究兴趣。

观察探究 1：认识消化器官。在该环节中教师引导学生提出“食物去哪儿了？”并做出假设，利用 SIV 中的“人体探秘”APP 进行观察并交流讨论，最后通过 SIV 拼图游戏归纳消化器官。

观察探究 2：消化器官的形态与功能。在该环节中教师引导学生亲身互相观察口腔咀嚼饼干的过程，并通过 APP 虚拟观察实物在体内消化的过程，进而系统了解系统消化器官。

探究应用：实践运用，拓展迁移。在该环节中教师引导学生进入拓展阅读，思考“生活运用”中的思考题，谈谈自己的感受，并完成应用迁移小测试。

探究总结：总结评价，反思收获。在该环节中教师引导学生总结本节课掌握的观察探究的方法，认识的消化器官；教师提倡保护消化器官，希望学生能在生活中养成正确的习惯，好好保护消化器官。

第三节 技术支持的综合实践模式的设计

综合实践活动是在教师引导下，学生自主进行的综合性学习活动，是基于学生的经验，密切联系学生自身生活和社会实际，体现对知识的综合应用的实践性课程。教育部《教育信息化“十三五”规划》提出要深化信息技术与教育教学的融合发展，从服务教育教学拓展为服务育人全过程。因此，要在教育教学中，依托信息技术营造信息化教学环境，促进教学理念、教学模式和教学内容改革，推进信息技术在日常教学中的深入、广泛应用。探索技术支持的项目学习、创客教学等综合实践模式，着力提升学生的信息素养、创新意识和创新能力，促进学生的全面发展具有重要的理论与实践意义。

一、项目学习模式

项目学习模式注重实践性和参与性，强调以问题解决为中心、多种学习途径相整合，实现了向“以学生为中心”和“能力中心型”教育的转变，在高等教育、职业教育、中小学教育甚至企业、政府、军事等各个领域都颇受欢迎。[①]近年来，信息技术与教育教学的深度融合，促进了项目学习模式的发展。

(一)项目学习

项目学习是一种以学生为中心的教学模式，指的是学生从真实世界中的基本问题出发，围绕复杂的、来自真实情境的主题，在精心设计任务、活动的基础之上，以小组方式进行较长时期的开放性探究，并将学习结果以作品的形式表现出来，最终达到知识建构与自身能力提高的一种学习模式。

项目学习作为一种革新性的教学模式，具有以下四个方面的特征。[②]

1. 以学生为中心

项目学习的一个重要原则就是学生根据自身的兴趣来选择学习的主题和内容，学生对学习有充分的自主选择权。从选题、收集资料开始到作品制作、答辩、成果展示，都是学生自主决断的过程。

2. 强调多学科交叉

学科知识的综合性是项目学习的一个典型特征。在项目学习中，学生研究

---

① 黄明燕，赵建华．项目学习研究综述——基于与学科教学融合的视角[J]．远程教育杂志，2014(02)：90-98.

② 郑大伟，柯清超．信息技术支持的项目学习[M]．北京：人民教育出版社，2009：5.

的问题是"跨学科"的，即学生无法单纯依靠某一门学科知识来解决这一问题，所以项目学习强调综合运用多门学科知识来解决问题。

3. 强调协作学习

由于项目学习中的一个项目任务往往无法由一个人单独完成，所以它通常采用小组合作学习的方式。项目学习鼓励学生之间进行协作学习，对学习任务进行合理分工，并适时地进行协商和讨论。

4. 强调解决实际问题能力的培养

在项目学习中，学生需要从真实情境中某个实际的问题出发，他们需要经历发现问题、分析问题、设计解决方案、实施方案并最终解决问题的过程。通过项目学习，学生的问题解决能力得到有效的提高，其批判性思维和创造性思维也能得到相应的提高。

(二)项目学习模式的设计

1. 信息技术支持的项目学习模式的简介

项目学习，可以让学生结合一个作品或项目的完成进行探究，对适合某一类型的任务进行实施。项目学习模式强调学生动手操作，注重学生知识的综合应用，强调成果的形成。信息技术支持的项目学习需将信息技术与项目学习深度融合，其中信息技术对项目学习的支持作用主要是：①支持获取网络中丰富的学习内容和学习资源；②提供思维导图等认知工具及知识管理工具，支持情境探究和发现学习；③提供数据统计软件等分析工具，支持数据的处理和分析；④提供互动讨论平台及空间，支持协作学习和交流探讨；⑤为作品的创作和发布提供良好平台和共享空间。由此，我们提出信息技术支持的项目学习模式，如图 6-9 所示。

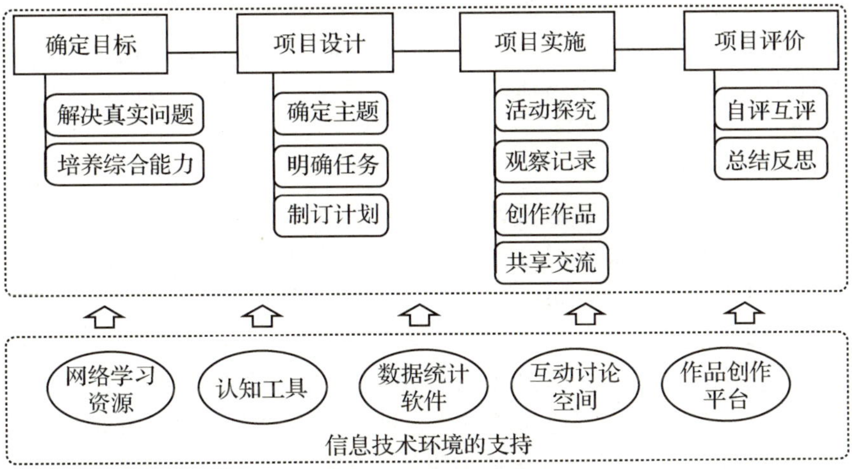

图 6-9　信息技术支持的项目学习模式

2. 信息技术支持的项目学习模式的基本环节

在上述模式中，信息技术支持的项目学习一般包括四个阶段：确定目标、项目设计、项目实施、项目评价。

(1)确定目标

在项目学习的开始需要确定学习的目标。项目学习的目标是学生参与项目学习活动后应该表现出来的可见行为的具体且明确的表述。项目学习目标是项目学习的根本出发点和最终归宿，项目学习目标决定着项目计划的总方向。项目学习的目标设计可参考布卢姆等人的教学目标分类理论、加涅的学习结果分类理论。

(2)项目设计

项目设计主要包括确定主题、明确任务、制订计划三个环节。学生的所有探究活动都是围绕主题展开的，因此，确定合适的主题是确定整个项目学习成功的首要因素。学习主题应该体现课程的教学内容、教学目标，此外，项目主题的选定还要结合学生的兴趣。确定项目主题之后，教师需要针对项目主题帮助学生明确项目学习的任务。项目学习的任务是指为达到既定的项目学习目标需要完成的探究内容。最后，学生在教师的指导下将学习任务分解，从学习团队、学习目标和任务、学习过程、学习工具与环境、项目时间表、学习评价等几个方面来制订项目计划书。

(3)项目实施

教师指导学习小组根据项目计划书开展项目学习，如活动探究、观察记录、资料收集、交流讨论等。项目学习结束后，学习小组需要在教师的指导下归纳整理学习过程中的数据、资料，形成项目作品，并在教师的指导下汇报、交流项目作品。在项目学习活动过程中，教师应做好组织、管理和监督的工作，及时对学生开展项目学习活动的状态和表现进行跟踪，适时适度地给学生提供帮助。

(4)项目评价

教师组织学习小组，根据项目计划书中的评价方式开展自评、互评等评价活动，帮助学生回顾反思学习过程，促进项目学习目标的完成。

(三)项目学习模式的应用

1. 教学案例介绍

该案例是由南宁市 B 小学和 D 小学四年级的师生共同开展的一个科学探究学习项目。通过校级远程协作的方式，城乡两地学生通过应用信息通信工具结成学习共同体，共同研究不同环境下(母鸡孵化、人工孵化)小鸡孵化的过程，通过对小鸡孵化的观察、实验、温度数据测试等活动，学生掌握了小鸡的发育过程与小鸡孵化的科学知识，学会设计恒温孵化箱，学会科学实验观察、温度数据测量与记录的方法。项目小组在学习过程中通过学习网站进行学习讨论、实验数据分享等。

2. 教学过程

本案例的教学过程包括项目设计、项目实施及项目评价三个环节。

(1)项目设计

项目设计环节包括三步。

第一步，确定主题，学习小组在教师的指导下，结合课文内容“小鸡的孵化”，通过头脑风暴、小组讨论，最后决定探究小鸡是如何孵化出来的。

第二步，明确任务，将项目主题分解为以下四个小活动或小任务。

活动 1：数据收集，了解小鸡孵化的条件。农村学生可以利用当地的优势，向有养鸡经验的人或养鸡场的技术人员请教小鸡孵化的信息，并记录下来，然后通过网络或面对面的形式和城市的学生交流小鸡孵化的数据和信息。

活动 2：两校分别设计和制作孵化箱。首先是组建团队，在教师的指导下，学生自行分组，并明确分工，准备小鸡孵化的材料和工具。

活动 3：实验探究，观察记录。

活动 4：结果分析，形成作品，分享交流。根据时间研究所得结果和过程记录，制作作品，通过网络交流和分享成果

第三步，根据明确的任务和活动计划，制定探究过程的流程图，并通过概念图工具绘制该流程图，如图 6-10 所示。

(2)项目实施

项目实施包括两个环节。第一，开展活动，观察记录。两地学生分别在教师的指导下自行分组，通过协作交流，按照活动设计的过程，动手实践，依次完成以上四个任务。第二，形成作品，共享交流。通过活动的开展，学生集思广益，创作出各类作品，如实验室作品、摄影作品、折线统计图、手抄报、日记精选等，最后整理成项目学习的电子作品。

(3)项目评价

通过自我评价、同伴互评、教师评价等方式对项目成果进行评价。通过开展本项目，学生提高了数据整理能力、图表制作能力、网络协作能力、动手实践能力，培养了科学探究的精神以及严谨的科学态度。

二、创客教学模式

数字设计技术、开源硬件创新平台及快速成型技术的发展与普及，使得创

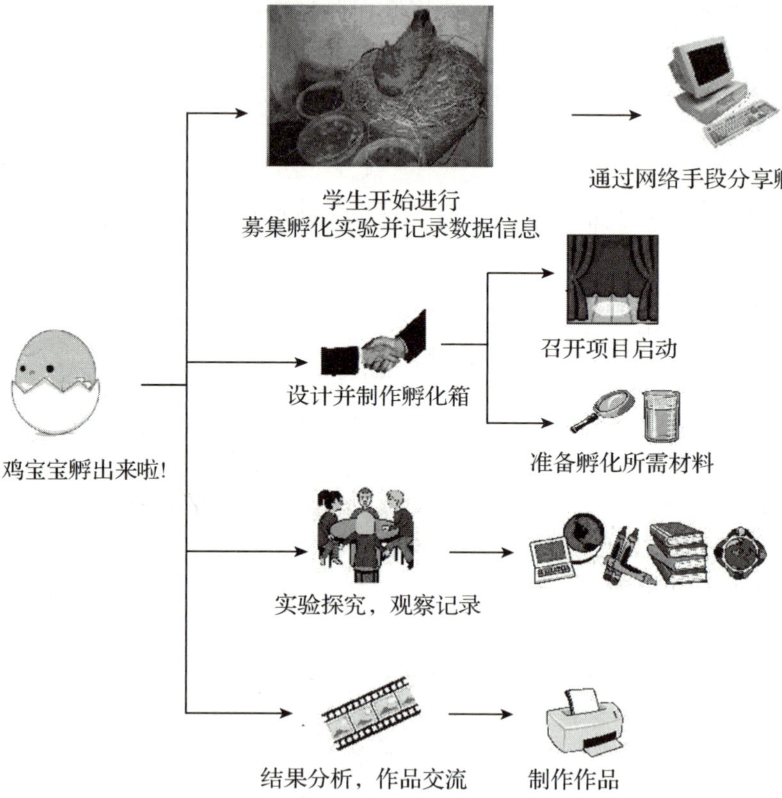

图 6-10 “鸡宝宝孵出来了”活动设计流程图

客运动在世界各地开展得如火如荼。① 创客运动对教育领域的席卷孕育了创客教育与创客教学。创客教育教学的核心要素在于通过动手实践培养人的创新思维和创新技能，其价值特征体现了以全人发展的教育目标。

(一)创客教学

教育部《教育信息化“十三五”规划》指出应有效利用信息技术推进“众创空间”建设，探索 STEAM 教育、创客教育等新型教育模式，使学生具有较强的信息意识与创新意识。② 同时，21 世纪核心素养也强调学生学习能力和创新素养的培养。③ 但当前中小学教学仍以知识讲授为主，缺乏相应的实践操作，学

① 高金丽．创客教学模式的设计与实践研究[D]. 上海：华东师范大学，2016.

② 中华人民共和国教育部．教育部关于印发《教育信息化“十三五”规划》的通知[EB/OL]. [2016-06-07]. http：//www. moe. gov. cn/srcsite/A16/s3342/201606/t20160622 _ 269367. html.

③ 褚宏启．21 世纪核心素养及其培育[J]. 基础教育论坛，2016(06)：58-59.

生习得的知识与现实生活相脱节，无法满足21世纪信息社会对创新型人才的需求。杨现民认为，创客教育是一种融合信息技术，秉承"开放创新探究体验"教育理念，以"创造中学"为主要学习方式和以培养各类创新型人才为目的的新型教育模式。① 创客教学是创客教育的教学实践。随着3D打印技术、机器人技术、智能材料技术、更为简洁的编程语言等建构性技术的发展和普及，中小学创客教学即将迎来空前发展的"黄金时代"。

创客教学并非无源之水，其背后蕴含着丰富的教育理念，主要包括创新教育、设计型学习理念。

1. 创新教育

创新教育(Creative Pedagogy)提出于20世纪末，朱永新认为创新教育是"根据创新原理，以培养学生具有一定的创新意识、创新思维、创新能力以及创新个性为主要目标的教育理论和方法"②。著名心理学家斯坦伯格(Robert Sternberg)认为在创新教育中，创造案例的培养一方面体现在创造出的具有新颖性和价值的产品，另一方面体现在个体产生新想法、问题解决、自我实现的思维过程。③ 陈龙安综合吉尔福德的智力结构模式、帕尼斯的创造性问题解决模式、威廉斯的创造与情致教学模式，提出了"爱的"(ATDE)创新教学模式，包括问(asking)、想(thinking)、做(doing)、评(evaluating)四个环节。④ 创客教学同样以创新能力的培养作为其主要的教学目标之一，强调学生创新性产品的创作以及创新思维的培养，在创客教学中应给予学生充分的时间和资源，重视学生创新想法的产生过程。

2. 设计型学习

设计型学习(Learning-By-Design，LBD)又叫基于设计的学习，王佑镁认为，设计型学习是一项以学习目标为准则的基于项目的活动，设计源于实践中的具体问题，而问题解决的本身即对各种理论的创造性应用。在设计型学习中，设计的思想贯穿于整个学习过程，学习得到的结论又反馈于设计，检验设计的合理性与有效性，在解决问题的过程中，设计随着学习的开展而不断深化。⑤ 在设计型学习中，设计的理论一方面体现在基于产品的设计——学习面

① 杨现民，李冀红．创客教育的价值潜能及其争议[J]. 现代远程教育研究，2015(02)：23-34.

② 朱永新，杨树兵．创新教育论纲[J]. 教育研究，1999(08)：8-15.

③ Sternberg R J. The nature of creativity：contemporary psychological perspectives [M]. Cambridge：Cambridge University Press，1988.

④ 陈龙安．创造性思维与教学[M]. 北京：中国轻工业出版社，1999：79.

⑤ 王佑镁，李璐．设计型学习——一种正在兴起的学习范式[J]. 中国电化教育，2009(10)：12-16.

临的是来自现实生活的结构不良的问题，学习结果指向真实的人工制品，要求将多学科知识与现实问题结合；另一方面体现在基于过程的设计——在迭代设计的过程中加深对概念、问题的理解。

（二）创客教学模式的设计

1. 网络空间支持的创客教学模式的简介

教育部《教育信息化“十三五”规划》强调，要“大力推进‘网络学习空间人人通’，网络学习空间应用普及化”，网络空间作为一种可以提供个性化服务的学习环境，能够为创客教学提供包括学习资源、学习工具、协作交流平台等多种功能支持①，从而促进教与学方式的变革，促进创新型人才的培养。

具有创新性的人工制品是中小学创客教学物化的学习结果，也是创客教学最显著的特征，因此，中小学创客教学流程应以创客作品的创作过程为其核心环节。创客作品的创作过程是一个从产生创意构思、设计并将其转化为实物，最后进行展示交流的完整过程。通过理论研究及对创客教学流程的分析，结合网络空间在创客教学中的功能和作用，我们提出网络空间支持的创客教学模式，如图 6-11 所示。

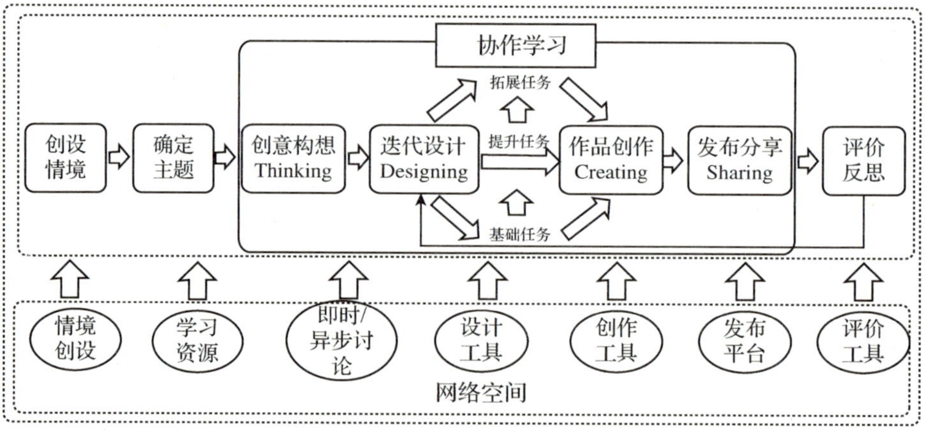

图 6-11　网络空间支持的创客教学模式

2. 网络空间支持的创客教学模式的基本环节

网络空间支持的创客教学模式以创客作品的创作为核心环节，共包括创设情境、确定主题、创意构想、迭代设计、作品创作、发布分享和评价反思七个

① 谢幼如，盛创新，杨晓彤，等. 网络学习空间提升自我效能感的效果研究[J]. 中国电化教育，2016(01)：34-40.

环节。其中迭代设计与作品创作两个环节按照任务难度由基础任务到提升任务再到拓展任务逐级进行。基础任务以模仿学习为主，从提高任务到拓展任务对学生的创新程度要求逐步提高。

(1)创设情境

教师利用多媒体资源创设复杂真实的生活场景，激发学生的学习兴趣和创新意识。网络空间可提供视频、动画、案例等交互性的媒体资源用于问题情境的创设。

(2)确定主题

学生以小组为单位，结合对生活的观察和思考，提出问题并确定小组项目学习的主题。网络空间提供微课、网络课件等学习资源，学生可以根据自己的创作需要选择相应的学习资源进行自主学习。

(3)创意构想

学生针对主题运用发散思维自由联想，以寻求具有创新性的想法。根据创新教育理念，创客教学应注重学生创新思维方式的培养，促进学生从不同角度看待问题，提出不同寻常的想法。网络空间的互动平台支持班级内外的即时及异步讨论，不仅支持组内学生的协作学习，还可支持学生作品的共享与互评以及与社会创客的互动，以实现多维互动与共创。

(4)迭代设计

学生综合运用所学知识，利用设计工具进行创客作品设计，建立模型并绘制设计图。根据设计型学习理念，创客作品的设计过程应具有迭代性，学生在作品制作中反复检验设计的合理性与有效性，并不断修改完善设计方案及作品。网络空间提供画图软件、线路图绘制软件等设计工具。

(5)作品创作

学生通过小组合作，将设计落实到具体的动手操作，利用开源硬件、3D打印、手工工具等创作工具将创意设计变成实物。网络空间提供图形化编程环境、视频录制、编辑工具等创作工具。

(6)发布分享

学生利用网络发布创客作品，展示并分享其创意构想、设计思路以及制作过程。创客教学强调作品的展示和分享，通过作品展示交流创意，激发灵感，构建共创、共享的创客学习氛围。

(7)评价反思

学生对作品自评和组间互评，进行自我反思，不断修改完善作品。网络空间提供量化评价工具及基于讨论空间的过程性评价工具。

(三)创客教学模式的应用

1. 教学案例介绍

该案例选自佛山市D小学校本课程中的“Arduino中传感器的应用”专题。教学对象为该校的创客兴趣小组，包括三、四、五年级的学生共八名。该创客兴趣小组成员已经掌握了Arduino基本的编程语言和套件中基本工具的使用，普遍具有较强的创新能力和动手实践能力，能够在教师的指导下充分发挥想象力进行创客学习。教师根据网络空间支持的创客教学模式进行教学设计，基于某学习平台在创客教学中开展相应的学习活动和教学活动。

2. 教学过程

该案例中，教学过程主要包括“创设情境、引发疑问、创意构想、迭代设计、作品创作、发布分享、评价反思”七个环节。具体如表6-1所示。

表6-1 “Arduino中传感器的应用”教学流程

学习步骤	学生活动	教师活动	网络空间支持作用
创设情境	观看教师上传的生活中传感器的例子，通过网络搜索进行补充。	收集生活中应用传感器的例子，上传到网络平台。	创设情境：通过视频、图片和文字呈现生活中各种各样的传感器及其使用方法。
引发疑问	反思生活体验，发现传感器应用的不足之处。	引导学生思考传感器还可以如何应用在哪些地方，解决生活中的问题或改善现有的产品。	提供搜索工具。
创意构想	针对发现的问题，思考设计新颖的、具有个人或社会价值的传感器应用。	提供一些创新思维方法，如头脑风暴、联想法等。	
迭代设计	以小组为单位，利用设计工具，对作品的功能、外形、电路图等进行迭代设计。	巡堂，随时准备提供设计方面的帮助。	提供互联网查询相关资料；提供Arduino接线图绘制工具。
作品创作	以小组为单位，利用创作工具，按照设计方案进行作品制作。	巡堂，随时准备提供制作方面的帮助。	提供异步协作平台，学生可以与校园外的创客们交流互动。

续表

<table>
<tr><th>学习步骤</th><th>学生活动</th><th>教师活动</th><th>网络空间支持作用</th></tr>
<tr><td rowspan="2">发布分享</td><td>将作品拍摄成小视频发布到网络空间的校内互动平台中，全校学生进行投票和点赞。</td><td rowspan="2">提供演讲的一般方法，指导学生更好地进行作品展示。</td><td rowspan="2">提供在线分享平台。</td></tr>
<tr><td>学生以小组为单位上台展示作品，包括设计思路、亮点等。</td></tr>
<tr><td>评价反思</td><td>对本次项目学习进行自评，评价内容包括作品的设计和制作过程以及作品本身。</td><td>对学生进行评价，评价内容包括作品的设计和制作过程以及学生作品本身。</td><td>在线呈现自评问卷和作品的评价表。</td></tr>
</table>

课上，教师将课前收集的各类传感器及其应用案例上传到某学习平台并推送到学生的客户端供学生观看。学生反思生活体验，思考生活中的哪些问题可以利用 Arduino 套件以及各种类型的传感器元件制作成的电子作品来解决，并根据问题确定小组学习的主题。学生以小组为单位，利用绘图软件绘制元件组接图以及线路图，构思代码逻辑，充分考虑设计的可行性后按照设计图动手制作、编写代码，完成创客作品，其间反复与教师和同学讨论，不断修改设计方案。学生按照自己的实际情况选择进行基础任务、提升任务还是拓展任务。基础任务以模仿学习为主，学生模仿教师展示的案例，在实际动手操作中掌握传感器的基本编程知识。从提高任务到拓展任务对学生的创新程度要求逐步提高，拓展任务要求学生利用 Arduino 套件与多种传感器元件创新性地解决自己发现的生活中的实际问题。教师展示社会创客空间中相关的创客作品及分享视频，并提供演讲和进行汇报展示的一般方法，如可以从构思来源、设计方案、特色亮点等方面对自己的创客作品进行展示。学生以演讲的形式向所有同学展示作品，并将展示过程录像上传至某学习平台。最后，学生利用网络空间的评价表进行自评和组间互评。

拓展阅读 2：《网络空间支持的中小学创客教学模式研究》

扫一扫，阅读《网络空间支持的中小学创客教学模式研究》，理解创客教学模式的设计与应用。

第四节　在线教学模式的设计

近年来，以 MOOC 为代表的在线教育提供了开放、灵活的知识传播和学习方式，在教育观念、教育体制、教学模式等方面都有着深刻影响。为积极顺应在线开放教育发展的趋势，2016 年 6 月，教育部《教育信息化“十三五”规划》指出要“继续推动高校建设并向社会开放在线课程，促进中央部门高校支援西部高校开展在线开放课程线上线下混合式教学改革；积极支持、推进高等学校继续教育数字化资源开放和在线教育联盟、大学与企业继续教育联盟建设，扩大高校优质教育资源受益面，在提升高等教育、继续教育质量中发挥重要作用”①。

一、MOOC 模式

作为教育信息化的最新进展，以 MOOC 为代表的在线教育提供了开放、灵活的知识传播和学习方式，在教育观念、教育体制、教学模式等方面都有着深刻影响。随着 MOOC 的发展，MOOC 教学模式不断涌现，有效促进了在线教育教学模式的变革，同时为我国在线教育的发展和人才培养模式的改革与创新提供了新的切入点和契机。

(一)MOOC

MOOC 是通过网络自由、免费取得学习资源的大型开放式网络课程。MOOC 的概念于 2008 年首次提出，随后其发展一直不温不火，直到 2012 年才迅速升温，并呈现出“井喷式”的热潮。2012 年，美国的顶尖大学陆续设立网络学习平台，在网上提供免费课程，Coursera、Udacity、edX 三大课程提供商的兴起，给更多学生提供了系统学习的可能。MOOC 给互联网产业及在线学习、高等教育带来巨大影响，斯坦福大学校长将其比作教育史上的“一场数字海啸”，《纽约时报》专栏作者帕帕罗(Laura Pappano)将 2012 年称为“MOOC 元年”。

随后，MOOC 开始席卷中国。2013 年 5 月 21 日，美国在线教育平台 edX 发展了亚洲首批成员，清华大学、北京大学、香港大学、香港科技大学等高校

① 中华人民共和国教育部. 教育部关于印发《教育信息化“十三五”规划》的通知[EB/OL]. [2016-06-07]. http: //www. moe. edu. cn/srcsite/A16/s3342/201606/t20160622 _ 269367. html.

加入其中。2013年7月8日，上海交通大学和复旦大学也与著名共享课平台Coursera签订协议，正式加入MOOC大家族。2013年6月，清华大学组成攻坚团队，启动基于edX开放源代码的中文平台研发工作，历时四个月，正式推出“学堂在线”平台，面向全球提供在线课程。

（二）经典的MOOC教学模式

近年来，不同的意识形态驱动MOOC呈现不同的课程设计倾向，在不断的实践探索中已形成多种MOOC教学模式。谢幼如等基于不同的学习理论将MOOC教学模式分为基于联通主义学习理论的MOOC教学模式（cMOOC模式）、基于行为主义学习理论的MOOC教学模式（xMOOC模式）、基于建构主义学习理论的MOOC教学模式和基于多种学习理论的MOOC教学模式。① 下面我们着重介绍cMOOC模式和xMOOC模式。

1. cMOOC模式

cMOOC提倡把所有学生的想法连接在一起以获得更多的知识，这种理念来源于联通主义学习理论。联通主义是西蒙斯（George Siemens）在2005年提出的一种互联网时代的学习理论，其基本思想是：知识是网络化联结的，学习是联结专门节点和信息源的过程。② cMOOC基于网络环境的联通主义学习理论能够更好地解释人类基于网络的分布式认知过程。③ 王萍在2013年提出了cMOOC课程模式（如图6-12所示）。④ 该模式是从多门cMOOC中总结出来的一般性模式，对cMOOC中各要素间的关系做出了简明扼要的概括，具有一定的代表性。

从图6-12可以看出：在cMOOC中，教师提供的资源是知识探究的出发点；教师是课程的发起人和协调人，而非课程的主导者；课程组织者设定学习主题、安排专家互动、推荐学习资源、促进分享和协作。在cMOOC中，学习依赖于学生的自我调控，要求学生具有较高的自主性；学生自发地交流、协作、建立联结、构建学习网络。学生基于多种社交媒体（如讨论组、微博、社

---

① 谢幼如，张惠颜，吴利红，等．以MOOCs为代表的在线教育教与学模式的理论分析[J]．电化教育研究，2016(03)：50-58.

② Siemens G. Connectivism：a learning theory for the digital age[J]. Instructional technology &distance learning，2005(01)：3-10.

③ 申灵灵，韩锡斌，程建钢．“后MOOC时代”终极回归开放在线教育——2008—2014年国际文献研究特点分析与趋势思考[J]．现代远程教育研究，2014(03)：17-26.

④ 王萍．大规模在线开放课程的新发展与应用：从cMOOC到xMOOC[J]．现代远程教育研究，2013(03)：13-19.

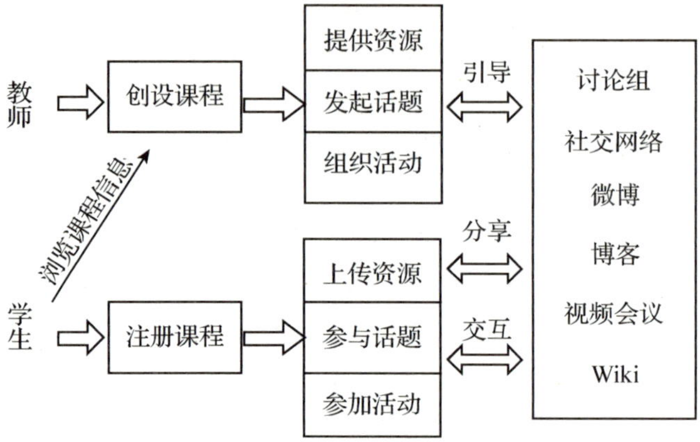

图 6-12 cMOOC 课程模式

会化标签、社交网络等)进行互动式学习，通过资源共享与多维交互拓展知识的范围，通过交流、协作构建学习网络，通过社区内不同认知的交互构建新的知识。①

在 cMOOC 教学中，没有设置非常清晰的课程教学目标，课程内容不是教师事先确定的结构化内容，而是教师根据教学进度动态调整教学而生成的主题，对教学过程并没有实施监控，且过于强调知识的创造过程。②此外，学生的学习轨迹广泛地遍布整个网络，加上技术条件的限制，对 cMOOC 学生学习效果的评价显得非常困难。这是 cMOOC 课程教学模式的特色之处，也是其局限性。

2. xMOOC 模式

2011 年秋季，以斯坦福大学试探性地在网上免费开放的三门计算机科学课程——“数据库”(Databases)、“机器学习”(Machine Learning)和“人工智能导论”(Introduction to Artificial Intelligence)为开端，之后，依托 Coursera、Udacity 和 edX 三大支撑平台的 xMOOC 呈现“井喷式”发展。③

xMOOC 以行为主义学习理论为主要理论基础。行为主义学习理论的基本观点包括：学习是刺激和反应的联结，主张通过强化和模仿来形成和改变行为，学习等同于行为的结果，需要外界给予适当的强化以得到有效的学习效

① 王萍．大规模在线开放课程的新发展与应用：从 cMOOC 到 xMOOC[J]. 现代远程教育研究，2013(03)：13-19.

②③ 韩锡斌，翟文峰，程建钢．cMOOC 与 xMOOC 的辨证分析及高等教育生态链整合[J]. 现代远程教育研究，2013(06)：3-10.

果；学习的过程是渐进的，认识事物由部分到整体。[1] xMOOC 中广泛应用的微视频、微测试及其自动反馈是典型的程序化教学模式，教师按照周次或者课程内容结构上传教学资源，控制学生的学习步骤，为教学内容设定按部就班的学习顺序。xMOOC 课程模式如图 6-13 所示。[2]

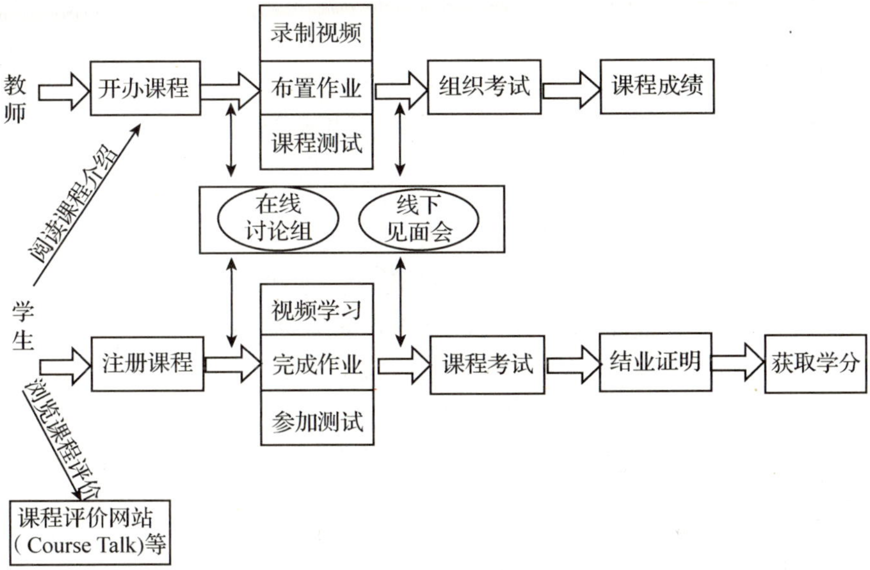

图 6-13　xMOOC 课程模式

xMOOC 课程一般会在开课前进行宣传。学生可以提前了解课程介绍与课程安排，进行注册。在学习过程中，也可以根据个人学习情况，退出某门课程的选课。课程开始后，教师定期发布视频、课件、作业、测试等。这些视频不是校内课堂的录像，而是专门为 xMOOC 课程录制的短小精悍的视频。很多视频会延伸课程的开放程度，提供多种语言的字幕，以方便全球学生学习。作业通常有截止日期，学生可有计划地按时完成课程作业。作业可以通过在线系统自动评分，学生自评、互评等方式进行评估。课程会安排小测试和期中、期末考试。在这个过程中，学生在规定的时间内参加考试，获得考试成绩。课程网站还开设有讨论组，学生可以进行在线学习交流。一些课程还会组织线下见面会，方便学生进行面对面的交流活动。例如，Coursera 已经在全球 1000 多个

① 王继新，张屹．远程教育原理与技术[M]．北京：北京大学出版社，2008：37.

② 王萍．大规模在线开放课程的新发展与应用：从 cMOOC 到 xMOOC[J]．现代远程教育研究，2013(03)：13-19.

城市组织了课程线下见面会，学生可以根据自己的地域选择加入邻近的线下见面会，进行面对面的学习交流，形成地区学习小组。完成课程且考试合格后，学生可以得到结业证书或者学分。

拓展阅读3：《以MOOCs为代表的在线教育教与学模式的理论分析》

扫一扫，阅读《以MOOCs为代表的在线教育教与学模式的理论分析》，了解更多MOOC教学模式和相关理论。

（三）MOOC教学模式的设计

随着MOOC的迅速发展与广泛应用，形成了各种各样的MOOC应用模式，如混合教学模式、翻转课堂教学模式等。这些模式以MOOC应用为基础，融合多种学习理论与教学方法，强调以学生为中心，注重学习评价主体的多元化和评价方式的多样化。我们以全国教育科学“十二五”规划2014年度国家重点课题“教育信息化与大型开放式网络课程（MOOCS）战略研究”（项目编号：ACA140009）子课题“以MOOCs为代表的在线教育教与学模式研究”为依托开展MOOC教学模式研究，构建了高校MF教学模式。M代表MOOC，F代表翻转课堂，MF教学模式就是融合MOOC与翻转课堂理念的教学模式。①

1. 高校MF教学模式的理念

我们从课程与教学论的角度出发，结合我国高等学校的实际情况，融合MOOC与翻转课堂的理念，提出高校MF教学模式。本教学模式的主要理念有以下几个方面。

融合MOOC与翻转课堂的理念。本模式吸纳MOOC与翻转课堂的先进理念，指导高校教学改革，体现了互联网时代对课程与教学的新需求。

应用、改造与创生优质课程资源。本模式汲取MOOC精髓，通过直接应用MOOC、利用MOOC理念改造现有的在线课程和创生优质课程资源三种方式，为翻转课堂的实施提供优质资源和服务保障。

---

① 谢幼如，倪妙珊，柏晶，等．融合翻转课堂与MOOCs的高校MF教学模式[J]．中国电化教育，2015(10)：40-46.

创新高校课程教学模式。利用 MOOC 化的高互动性教学平台和高质量视频激发学生学习兴趣，支持学生的课前学习，并通过课堂教学活动的开展，促进知识内化，实现高校课程教学模式的变革与创新。

有效实现人才培养目标。本模式契合“21 世纪技能”中对大学生创造和革新能力、批判性思维和解决问题的能力、信息素养能力、主动性和自主性能力的培养，能有效提升 21 世纪高校人才培养质量。

2. 高校 MF 教学模式的理论基础

教学模式是指在一定的教育思想、教学理论和学习理论指导下，在一定的环境中教与学活动各要素之间的稳定关系和活动进程的结构形式。① 我们在后现代主义教学观的指导下，通过理论演绎构建高校 MF 教学模式。

后现代主义教学观对既往的教学目的、内容、过程、评价以及师生关系等方面进行解构，提倡以学生的个性、创造性和评判精神的培养为目标，强调课程内容的丰富性、回归性、关联性和严密性②，主张教学过程的建构性、复杂性和动态性，重视差异性、多元性的教学评价，鼓励师生关系的平等性与交流性③。

因此，高校 MF 教学模式应体现以下特征。①重视学生个性发展。在教学中尊重学生的个性差异，充分发挥学生的主体作用。②关注教学的开放与多元。利用教学平台创设开放的教学环境，关联多元化知识，重构课程内容；采用多样性方式促进知识内化和意义建构；运用多元方式开展学习评价。③促进师生对话与生成。在教学平台的支持下，设计在线学习和课堂交流活动，促进师生之间和生生之间平等对话、友爱协商及自由建构，并通过反思与重组，进一步丰富课程本身。

3. 高校 MF 教学模式的主要环节

在后现代主义教学理论指导下，我们提出如图 6-14 所示的高校 MF 教学模式。该模式融合 MOOC 与翻转课堂的理念，以人才培养目标为出发点和落脚点，包括“教师教学准备”“课前知识传授”“课中知识内化”和“课后拓展提升”四个环节。

---

① 谢幼如，尹睿．网络教学设计与评价[M]．北京：北京师范大学出版社，2010：289.

② [美]小威廉姆·E．多尔．后现代课程观[M]．王红宇，译．北京：教育科学出版社，2000：248-261.

③ 朱玉．后现代主义课程观及其反思[J]．课程教育研究，2013(04)：2-3.

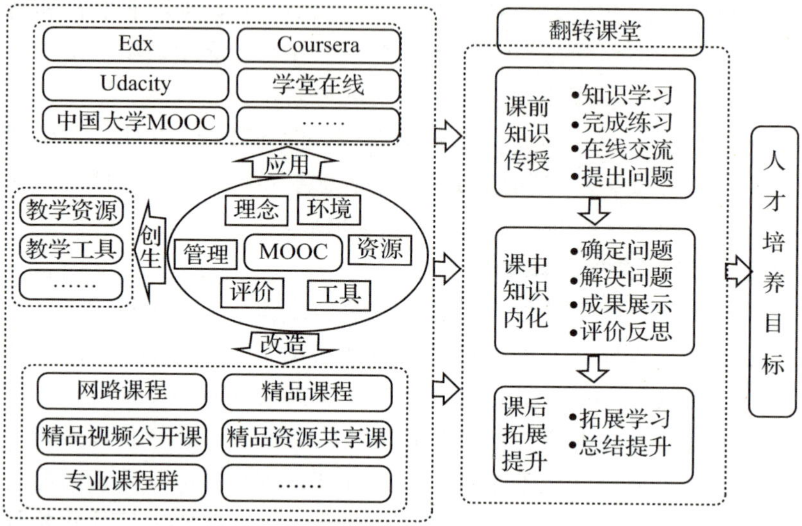

图 6-14　融合 MOOC 与翻转课堂的 MF 教学模式

(1)教师教学准备

在开展教学之前，教师融合 MOOC 的教学理念、教学环境、教学资源、教学工具、教学评价、管理方式等方面的特征，进行课程的设计与开发。

①选择并应用已有的 MOOC。国内外 MOOC 平台汇聚了高校的顶尖学科课程，教师直接选用与课程相关的资源，可节约资源制作与采购成本，保障课前知识传递的质量，并预留更多时间设计教学活动，关注学生动态。

②改造现有的在线课程。随着教育部、财政部“学校本科教学质量与教学改革工程”的推进，高校的精品课程、精品开放课程、专业课程群等课程资源不断递增，教师利用 MOOC 理念对其进行改造，实现课程的转型升级，能有效促进这些课程资源的应用与共享。

③创生新的课程资源。对于尚缺的课程资源，可鼓励教师在校内或校际组建团队，以协同创新和集成创新的方式，创建新的课程资源与工具。

(2)课前知识传授

学生在平台上自主学习课程视频与教学材料，并通过针对性、及时反馈的练习进行检测巩固。倘若遇到疑难困惑，学生可反复探究视频，借助教学工具或网络资源开拓思维，也可在讨论区中发表尚未解决的问题，与教师、同学交流讨论。教师通过学习平台的数据进行学情诊断，了解学生学习的难点，调整教学设计。

(3)课中知识内化

在课堂上，教师首先依据教学内容和学生课前学习时产生的疑惑，归纳或提出有意义的问题，引导学生采用自主探究、小组协作、项目实践等方式进行问题解决，通过成果展示进行交流分享，完成知识内化；然后采用过程性评价、总结性评价等多元评价方式对学生的学习情况进行评价反馈。

(4)课后拓展提升

课后，教学平台为学生提供拓展资源、知识管理工具和评价反思工具。学生对自身学习情况进行反思，进一步深化知识理解与建构，并利用在线课程资源进行拓展学习，促进知识迁移。

(四)MOOC 教学模式的应用

为进一步验证高校 MF 教学模式的适应性与有效性，我们分别选择公共课“现代教育技术应用”、教育技术专业基础课“教育技术研究方法”和面向专业核心能力培养的“教育技术学专业精品课程群”开展教学实践，形成了“基于移动终端的高校公共课 MF 教学模式”“基于个人学习空间的专业基础课 MF 教学模式”和“基于课程群的专业综合实践 MF 教学模式”三种典型应用模式。

1. 基于移动终端的高校公共课 MF 教学模式

高校公共课量大面广，不同专业学生的学习诉求不同，课堂教学局限于知识讲授，难以满足学生的个性化需求。针对公共课存在的问题，我们依托“现代教育技术应用”课程，采用高校 MF 教学模式开展基于移动终端的教学实践。

(1)教学应用模式与实施路径

“现代教育技术应用”是高等师范院校师范类本科生的公共必修课程，是一门融合现代教育技术与教育理念，反映信息时代教与学革新趋势，以中小学职前教师教育技术应用能力培养为着眼点的立体化课程。该课程创建了微信公众平台，开发了信息化教学工具系列微课，积累了大量的教学案例。我们通过教学实践，形成了基于移动终端的高校公共课 MF 教学模式(如图 6-15 所示)。

首先，借鉴 MOOC 平台的功能模块，利用微信公众平台、手机浏览器、QQ、印象笔记等各类移动终端应用，提供教学所需的信息检索、信息订阅、内容推送、互动交流、学习管理、知识管理与共享等功能。其次，融合 MOOC 与翻转课堂理念对教学内容进行分析，编写教学设计，开发视频资源与交互式练习等。最后，进行教学实施。课前，教师利用微信公众平台推送导学任务单与知识内容，学生开展移动学习，师生利用微信和 QQ 群等工具及时互动交流，并完成练习检测，总结学习收获与困惑；课中，教师引导学生开展协作探究，通过技能操作训练解决课前问题，并在课堂与教学平台上展示学生

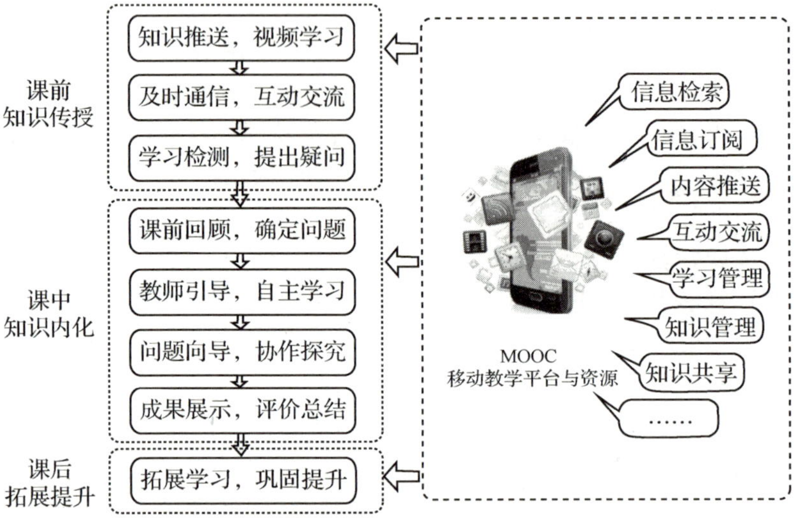

图 6-15　基于移动终端的高校公共课 MF 教学模式

的生成性学习成果，进行评价总结；课后，学生根据自身需求进行拓展学习，巩固提升。

(2)主要特色

高校 MF 教学模式的实施使教师从教学主导者转变为资源提供者、引导者和服务者，为学生提供高效、个性化指导，满足了学生的个性化学习要求，有效解决了公共课的实际教学问题，且具有如下特色。一是突破时空限制。在 MOOC 理念指导下，教师结合移动终端为学生提供丰富的、碎片化的学习资源，使学习环境更为开放，课程内容更为丰富，有效支持学生泛在学习与资源共享。二是增进师生互动。学生在课内可与教师、同学深入互动，在课外还可随时利用各类社交软件进行及时的沟通交流，有效促进意义建构。

2. 基于个人学习空间的专业基础课 MF 教学模式

根据专业人才培养的需要和教学改革的实际，积极助推教育部倡导的“网络学习空间人人通”教育信息化标志工程，促进在线开放课程的创新应用，我们依托“教育技术研究方法”精品资源共享课，采用高校 MF 教学模式开展基于个人学习空间的教学改革与实践。

(1)教学应用模式与实施路径

“教育技术研究方法”是教育技术专业三门核心主干课程之一，旨在为教育技术专业本科生开展教育技术研究打下理论和方法基础，培养学生从事科学研究的能力。目前该课程已建设有数量齐全、质量优良的课程视频、教学课件、教学案例等课程资源。我们在教学实践中形成了“基于个人学习空间的专业基础课 MF 教学模式”，如图 6-16 所示。

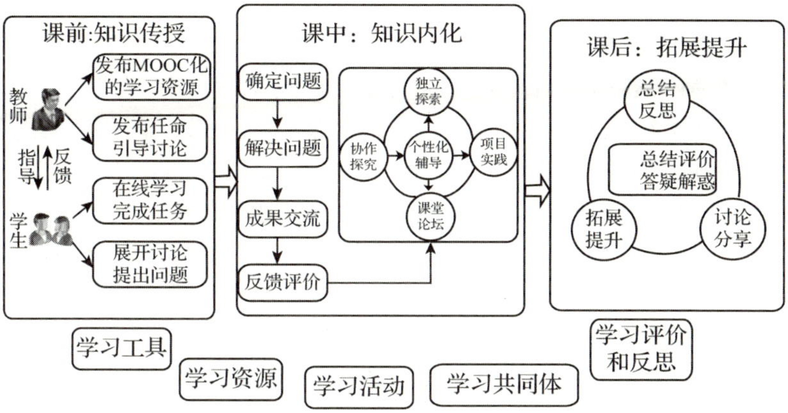

图 6-16　基于个人学习空间的专业基础课 MF 教学模式

首先，教师团队利用 MOOC 理念搭建个人学习空间，为学生提供课程学习与交流的平台。[①] 所构建的个人学习空间具有 MOOC 平台的典型功能：①提供“资源共享区”“学习讨论区”“公告栏”等模块，有助于组织在线学习活动，促进资源共享；②提供多样化的学习工具（如论坛、日志、收藏夹、留言板、实时聊天等），帮助学生进行知识获取、知识管理和即时互动交流；③提供创建群组功能，便于形成学习共同体，进行协作会话，完成知识建构；④提供多元学习评价与反思功能，客观题可获得即时评价反馈，主观题可开展小组互评，同时还能利用日志功能进行总结与反思。

其次，基于个人学习空间，教师团队探索 MF 教学模式在“教育技术研究方法”课程的创新应用。以“教育技术行动研究”专题为例，课前，教师团队在 MOOC 与翻转课堂的理念指导下，对已有的精品开放课程资源进行改造，制作教学微视频，设计学习任务单，将学习目标、研讨问题、学习资源和练习检测题目等资源发布到个人学习空间中。学生根据任务开展在线学习与互动讨论，并提出存在的问题。课中，教师根据学生的学习反馈确定教学问题，组织学生通过协作探究、项目实践等方法开展行动研究方案的设计，并利用个人学习空间的课堂论坛模块发布实践成果和心得。课后，学生在个人学习空间进行

① 谢幼如，伍文燕，倪妙珊．PLS 提升大学生网络学习自我效能感的行为模式研究[J]．电化教育研究，2015(06)：31-36.

总结反思、分享讨论，实现拓展提升。在整个教学过程中，学生可通过个人学习空间获取学习资源，实现多维互动交流，并通过个人学习空间进行课后知识巩固等。

(2)实施效果

课程结束后，教师结合学生日常考查(在线学习＋课堂学习，占30%)，项目实践评定(研究选题与方案制定、研究方法的应用、研究论文报告撰写，占40%)和期末考试评定(占30%)三种形式对学生进行综合评价。其中，学生项目实践作品的得分率分别为87.25%、86.00%和86.63%，反映了学生的研究实践能力得到较大的提升。总体来看，该模式有效激发了学生对教育技术研究方法的学习兴趣，加强了学生对研究方法基础知识的掌握，提高了学生对教育技术研究方法的应用能力和从事科学研究的能力。

3. 基于课程群的专业综合实践MF教学模式

当前，大学生普遍存在创新与实践能力缺失的问题。我们试图利用专业课程群提升大学生专业综合实践能力。面向专业的精品课程群是把同属一个专业技能培养范畴的相关课程按照精品资源共享课的建设标准作为整体来建设的课程超集①，可有效打破专业课程壁垒，促进专业综合改革，提升学生专业综合实践能力。我们依托教育技术学专业精品课程群，采用高校MF教学模式探索教育技术学专业综合改革与人才培养的创新模式。

(1)教学应用模式与实施路径

教育技术学专业精品课程群统整了教育技术学专业10门专业核心课程，实现了专业综合实践与课程理论学习相互渗透，促进教育技术学专业综合型优质人才培养。目前已建成较为完备的课程群系统，有效整合课程资源、专业综合实践资源、专业资源库和在线课程工具。在课程群系统的支持下，我们运用高校MF教学模式，将课程学习与专业综合实践相结合，创生了“基于课程群的专业综合实践MF教学模式”，如图6-17所示。

首先，教师团队融合MOOC与课程群的理念打通各门课程间的壁垒，并对专业综合实践资源进行MOOC化改造，使课程群的平台和资源更好地适应学生的自主探究学习。其次，学生在完成相关课程学习后，围绕面向专业核心能力培养的综合性实践项目开展实践。在翻转课堂理念指导下，项目实践的开展连接了课内与课外：“实践准备”环节，学生在课内明确项目实践要求，确定实践选题；“制订计划”与“开展实践”环节，学生在课外基于专业主干课程群系

① 谢幼如，尹睿，谢虎．精品课程群支持的专业综合改革与实践[J]．中国电化教育，2013(08)：1-7.

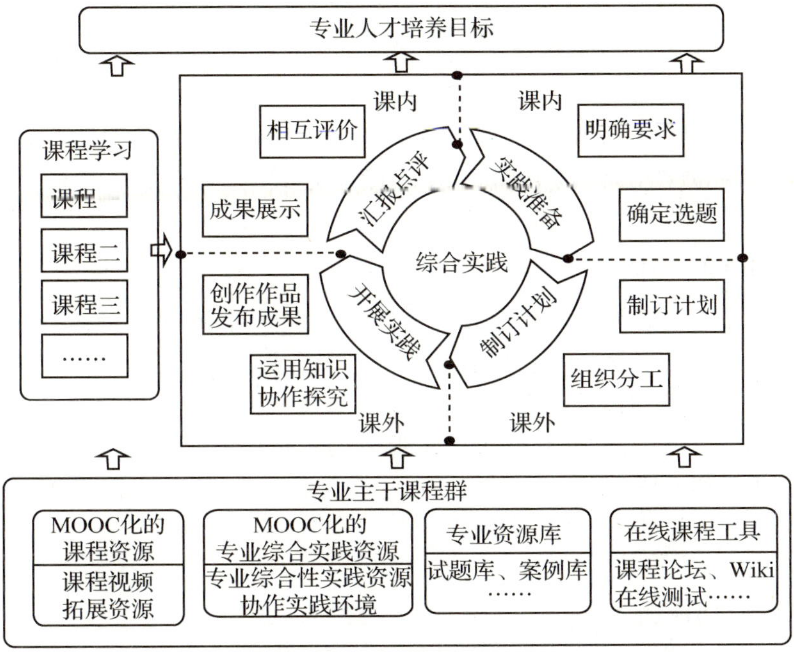

图 6-17 基于课程群的专业综合实践 MF 教学模式

统中的资源和工具巩固知识学习，并通过综合实践活动的开展初步内化知识；“汇报点评”环节，学生回到课内进行汇报交流，在师生的交流点评中完成知识内化。在整个专业综合实践过程中，课程群系统为学生提供 MOOC 化的课程资源、MOOC 化的专业综合实践资源、专业资源库和多种在线学习工具，支持学生互动交流、知识建构与价值生成。

(2)效果与特色

学生完成项目实践后，教师从学生在课程群系统中的行为数据和学生的综合实践作品两个方面进行评价。数据表明，借助 MOOC 化的资源、工具，学生进行自主学习、协作学习等能力得到加强。从“理念”“内容”“过程与方法”和“技术支持”四个方面对学生的综合实践作品进行评价，平均得分均在 85%以上，可见该模式的应用转变了学生的学习方式，有效提升了学生的综合实践能力。

基于课程群的专业综合实践 MF 教学模式具有如下特色。①促进课程间融合。通过课程间的优化组合，一方面保持了单门课程的独立属性，另一方面又立足于课程群视角凸显课程与课程之间的关联，有效促进课程间的融合，为学生专业核心能力培养提供良好的环境与资源。②支持教学资源的生成。基于课程群开展专业综合实践，学生在实践过程中所搜集的资料、开展的讨论和形成的作品均在平台上开放共享，形成多样化的生成性资源，丰富课程内容。③创新人才培养模式。通过融合 MOOC 与翻转课堂理念实施教学，有效促进教学方式的转变、课程管理方式的改革和人才培养模式的创新。

二、SPOC 模式

在经历了平台建设、课程建设与实践后，人们对 MOOC 的研究从狂热的追捧转变为理性的反思。哈佛大学、加州大学伯克利分校等全球顶尖学府也在尝试一种更加精致的课程类型——SPOC，小规模限制性在线课程。SPOC 既融合了 MOOC 的优势，又弥补了传统课堂的不足，通过变革教学结构、创新教学模式来提高教学质量，为在线课程的应用提供新的发展方向，推动新的教育变革。

（一）SPOC

1. SPOC 的内涵

2013 年，加州大学伯克利分校 MOOC 实验室的福克斯（Armando Fox）率先提出 SPOC 这一概念。[①] SPOC 是在 MOOC 基础上，针对 MOOC 的不足而提出的。SPOC 将优质 MOOC 资源与课堂面对面教学有机结合起来，具有小规模、限制性、支持深度交互、评价方式科学、认证效力较高、运营模式和盈利措施完善等特点，强调要针对学生的个性化特点开展教学，向学生提供小规模且私人化的在线学习环境，它是以满足学生的个性化特征，并有针对性地对学生进行管理和控制的一种在线课程形式。[②]

2. SPOC 与 MOOC 的区别

SPOC 既弥补了传统课堂的不足，又融合了 MOOC 的优势。SPOC 与 MOOC 的区别如表 6-2 所示。

---

① 柳春艳．SPOC 在中小学教育中的应用模式探索——基于 ARCS 模型视角[J]．中国电化教育，2015(12)：120-125.

② 贺斌，曹阳．SPOC：基于 MOOC 的教学流程创新[J]．中国电化教育，2015(03)：22-29.

表 6-2　SPOC 与 MOOC 对比①

比较项	SPOC	MOOC
是否免费	是	是
是否开放	是	是
是否限定人数	是	否
是否有入读条件	是	否
典型项目	哈佛大学的第一门 SPOC 课程，名称为“版权(Copyright)”，该课程从全球 4000 名申请者中选择 500 人加入，形成在线教学班。	Coursera、edX、Udacity、Future-Learn。

从表 6-2 可以看出，SPOC 和 MOOC 同样是免费、开放的，但是对入读人数和入读条件进行了限制。MOOC 学习人数过多，导致学生参与互动的机会受限。另外，它很难客观公正地确定学生的学习绩效是否满足该课程学分的认证资格；而 SPOC 的学习人数通常限定在几十人，最多几百人，不像 MOOC 有成千上万人，所以学习活动会更加灵活高效，测试更加严谨，从而也会提高证书的可信度。②

(二)SPOC 教学模式的设计

SPOC 主要针对两类学生进行设置，即校内的大学生和校外的在线学生。前者的学习是一种结合了课堂教学与在线教学的混合学习模式，是在大学校园课堂，采用 MOOC 视频实施翻转课堂教学。后者的学习是根据设定的申请条件，从全球的申请者中选取一定规模(通常是 500 人)的学生纳入 SPOC。SPOC 的一般模式如图 6-18 所示，入选为正式生的学生必须保证学习时间和学习强度，在课外自主观看视频、参与在线讨论、完成作业，参加考试，在课内参与教师组织的拓展学习、小组研讨等活动，以协作学习和研讨式学习的方式解决在课外未能解决的问题，促进深度学习。最终，通过者将获得课程证书。未申请成功的学生则以旁听生的身份注册学习在线课程。这部分学生可以在课外自主观看课程视频，自定节奏学习指定的课程材料，参与在线讨论，完成作业，但是，他们不能接受教学团队的面对面指导，且在课程结束时一般不会被授予任何证书。

① 祝智庭，刘名卓.“后 MOOC”时期的在线学习新样式[J]. 开放教育研究，2014(03)：36-43.

② Lue R. Harvard plans to boldly go with ‘SPOCs’[EB/OL]. [2017-01-13]. http://cacm.acm.org/news/168214-harvard-plans-to-boldly-go-with-spocs/fulltext.

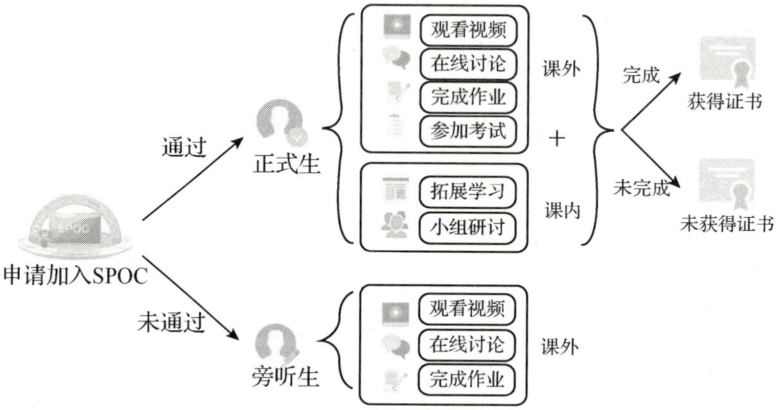

图 6-18　SPOC 的一般模式

（三）SPOC 教学模式的应用

下面，我们以华南师范大学“教学设计原理与方法”MOOC 课程教学为例，介绍 SPOC 教学模式的应用。“教学设计原理与方法”是教育技术专业核心课程之一，2004 年被评为国家级精品课程，2012 年顺利转型升级为国家级精品资源共享课，并于 2013 年 6 月首批在“爱课程”上线，2015 年 12 月，“教学设计原理与方法”开始转型升级为 MOOC，并于 2016 年 10 月在中国大学 MOOC 平台上线。该课程采用 SPOC 教学模式，如图 6-19 所示。学生需要先获得课程密码，才能申请加入课程。申请加入该课程的学生包括校外学生和校内学生两大类。校外学生是来自全国各地的本科生、研究生、教师等，校内学生是华南师范大学现代教育技术专业的研究生。

校外学生的学习活动全部在线完成，包括观看视频、互动讨论、完成项目实践、参与自评互评等。完成课程学习且通过课程考核的学生可以获得课程证书。

校内学生的学习活动包括线上学习活动和线下学习活动。线上的学习活动与校外学生一样。线下，学生可以学习教师提供的拓展内容（这些内容是契合学生个性化需求而且线上没有的新内容），在课堂中参与小组研讨等，通过与同学、教师的沟通、研讨，解决课外未能解决的问题，深化知识理解。此外，学生也会在课堂中开展项目实践，如组内讨论，选定项目实践的主题，针对在项目实践过程中遇到难点、疑点问题，寻求教师的指导。完成项目实践后，学生在课堂中展示汇报，获得教师面对面的点评、指导，听取同学们的意见，改进项目实践作品。由于学校课程管理、学生培养的相关规定，课程需要进行期末考试，因此，校内学生还需要参加期末考试。校内学生完成课程学习且通过课程考核的可以获得相应课程的学分，否则需要补考或者重修。

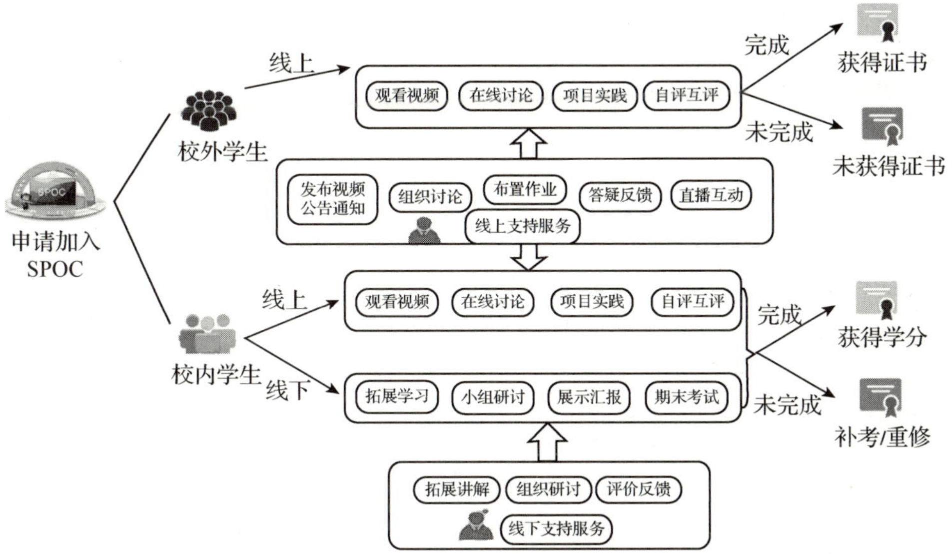

图 6-19　“教学设计原理与方法”SPOC 教学模式

在开课过程中，教师为所有学生提供线上支持服务，包括定期发布视频、公告、通知、提醒等，帮助学生有节奏地学习课程，或者提醒学生在规定时间内完成相关内容的学习和项目实践；组织课程讨论，发布与课程内容相关的主题讨论，引导学生针对课堂内容进行深入的思考；答疑反馈，关注学生在讨论区的互动情况，了解学生讨论的动态，回复学生提出的问题。一般情况下，学生相互之间会通过互动交流解决问题，但有时学生的讨论会偏离主题或者出现共性的错误，这时，就需要教师及时进行引导。此外，教师根据学生需求，开展直播互动活动，针对某一主题，统一回复学生提出的问题。直播过程中，学生会产生新的问题，教师可以及时做出回应。直播的目的是促进学生对课程的理解，增进师生之间的交流。

教师除了提供线上支持服务，还需要为在校学生补充讲解拓展内容，组织学生进行主题研讨，提供个性化、针对性的指导，促进学生知识内化，对学生的学习过程与项目实践成果做出评价反馈。

学生的知识吸收在课外进行，因此，在课堂中有更多的时间进行知识内化。从学生的作品和反馈来看，SPOC 教学模式赋予学生完整、深入的学习体验，受到了学生的欢迎，提升了学生的学习质量。

三、混合学习模式

混合学习(Blended Learning)最早是为了解决 E-Learning 培训效果不理想的问题而提出的。20 世纪末期，E-Learning 的培训效果没有达到人们的预期，其发展前景受到了质疑，在此背景下，混合学习的理念被提出，试图将传统教育与 E-Learning 的在线学习优势结合起来。经过十多年的发展，随着研究的深入和混合学习著作的大量产生，研究者们对混合学习的认识逐渐聚焦到面对面学习与在线学习的结合上来。[①]

(一)混合学习

在国外，混合学习有两种翻译方法，一种是 Hybrid Learning，表示各种技术的混合，还有一种是 Blended Learning，表示融合在一起以取得更好的效果。目前使用比较广泛的是 Blended Learning 这种表达形式。邦克(Curtis Bonk)等人认为混合学习是 combination of face-to-face instruction with online learning，即面对面教学和计算机辅助在线学习的结合。[②] 克里斯滕森(Clayton Christensen)认为混合学习是指学生一部分的学习发生在受监督的传统教学环境中，另一部分的学习发生在网络环境中，其中学生能在一定程度上对学习时间、地点、路径和节奏进行控制。综合来看，混合学习是整合面对面教学和在线学习两种模式，以达到降低成本，提高效益的一种教学方式。[③]

混合学习的基本思想表现在两个方面：一是融合现代教育技术与传统教学优势；二是关注教师主导与学生主体的结合，促进教学变革。混合学习的理论基础主要有系统科学理论、人本主义思想、教育传播理论、建构主义学习理论、情境认知与学习理论等。

(二)混合学习模式的设计

混合学习的设计分为面向课堂的混合学习设计、面向课程的混合学习设计、面向专业的混合学习设计和面向人才培养的混合学习设计。不管面向哪种类型的混合学习设计，主要的设计框架通常都分为四个步骤(如图 6-20 所示)：第一步，明确混合学习的教学目标，分析学生特征；第二步，构建技术支持的混合学习环境，设计、开发、应用混合学习的教学资源；第三步，设计混合学

① 罗九同，孙梦，顾小清．混合学习视角下 MOOC 的创新研究：SPOC 案例分析[J]．现代教育技术，2014(07)：18-25.

② 詹泽慧，李晓华．混合学习：定义、策略、现状与发展趋势——与美国印第安纳大学柯蒂斯·邦克教授的对话[J]．中国电化教育，2009(12)：1-5.

③ 李克东，赵建华．混合学习的原理与应用模式[J]．电化教育研究，2004(07)：1-6.

习中的教学活动，包括线上活动和面对面的线下活动；第四步，实施混合学习的教学评价，包括传统教学评价和在线教学评价。

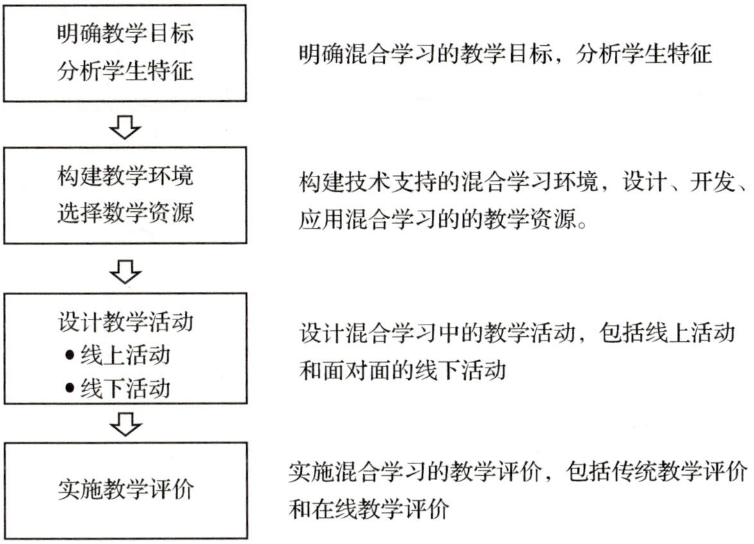

图 6-20　混合学习模式的设计步骤

（三）混合学习模式的应用

下面，我们以华南理工大学计算机学院“高级程序设计语言 C＋＋”为例，对面向课程的混合学习设计进行分析。

1. 课程简介

该课程是一门计算机和信息类专业的基础主干课程，是计算机专业课程的必修前导课程，建有网络课程，免费对社会开放。该课程一直有以首席教授领导的课程团队持续进行建设，资源齐全，有教学大纲、考试大纲、教学 PPT、授课录像、习题案例等。为达到使学生既能受到严格的程序设计思维和能力的训练，又可快速地接触到业界最新技术的培养目标，该课程立足于程序设计语言的理解和应用，帮助学生建立以循序渐进方式分析求解问题的思维方法，以信息技术提升教学手段，用图形语言的理念设计课件，用现代教学法构建网络课程，通过教学综合平台延伸课堂时空，将实践和理论相结合，增加思考性、创新性作业，作业不离计算机，增加大作业和实训环节，以笔试和上机编程方式考试，提高学生动手能力。

2. 设计过程

首先，明确混合学习的教学目标，进行学生特征分析。该课程的教学分为理论教学、实践教学和知识拓展三个部分，因此其教学目标也分为：第一，理论目标，学生通过理论学习掌握高级程序语言 C++的基本概念、理论；第二，实践目标，学生通过实践训练能够熟练应用 VC++集成环境设计和调试 C 语言程序，应用 C 语言设计解决简单实际问题的程序，完成简单程序的测试；第三，拓展目标，学生通过本课程的学习能够养成良好的编程习惯，提高个性化学习和独创能力。本课程的学生具有以下特征：信息技术驾驭能力良好，并且对计算机有一定的依赖性；作为新媒体时代的原住民，对计算机网络有良好兴趣；学习主动性参差不齐，部分学生尚未养成自主学习的习惯。

其次，对本课程的网络教学环境和资源进行构建和组织。本课程在网络教学综合平台上开展线上教与学，并提供了教学大纲、考试大纲、教学 PPT、授课录像、习题案例等基本在线学习资源，在线测试、历年优秀作业、详细的实验指导、实验问题反馈等多种学习辅助材料，如图 6-21 所示。

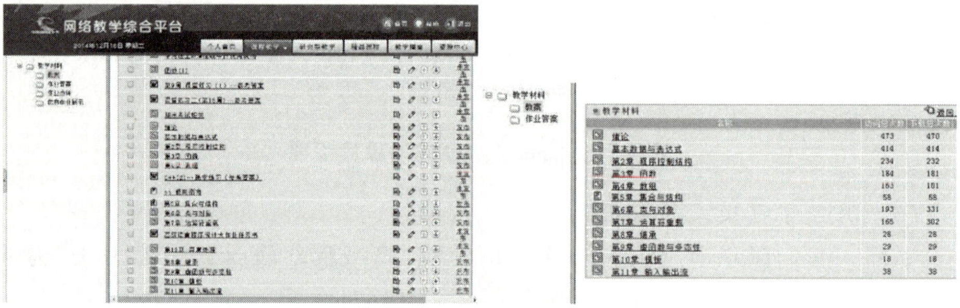

图 6-21　混合学习网络教学环境和资源

再次，对本课程的混合教学活动进行设计，即线上活动和线下活动(如图 6-22 所示)。在课前预习阶段主要是线上活动，学生通过网络教学平台进行线上预习。重点、难点讲授阶段主要为线下活动，教师面对面地讲授教学重、难点。在自主学习、讨论交流阶段，一方面学生通过教学平台中的资源进行线上自主学习，另一方面学生之间面对面进行线下交流和讨论。在练习检测、课后作业阶段，线上活动主要是学生通过教学平台进行课堂练习，并完成课后作业，线下活动主要是教师对易错题目的重点讲解。综合来看，在本课程的混合学习活动中，主要的线上活动有学生在线自主学习、在线完成课程作业、师生在线答疑讨论等。

最后，实施混合学习的教学评价，包括在线教学评价和传统教学评价。在线教学评价形式包括：一方面，教师在平台上布置、批阅作业，并提供参考答案，基于竞教结合平台进行实验部署；另一方面，学生在教学平台上进行自

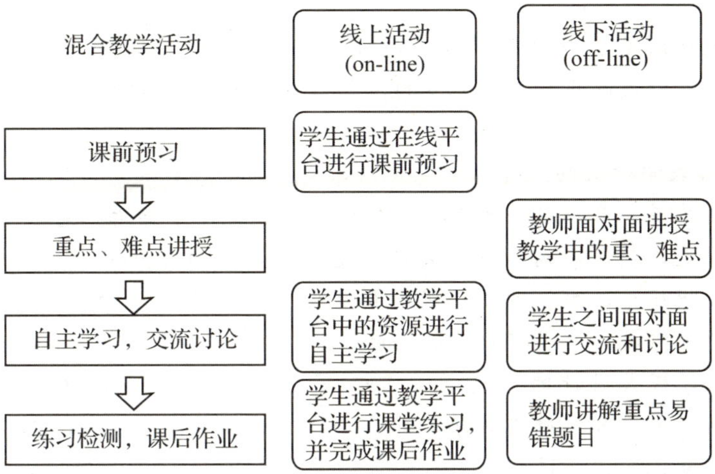

图 6-22　“高级程序设计语言 C＋＋”课程混合教学活动设计

测，平台能够自动统计学生自测结果并做出反馈。传统教学评价主要是教师线下组织课程期末考试。

采用混合学习模式，教学效果得到显著的提升：调动了学生的学习积极性，学生考试的平均成绩在 80 分左右；提高了学生的动手能力，学生设计出了一些实用的小软件；发挥了学生的主观能动性，学生能够积极参与各种竞赛，部分学生在全国大学生程序设计、ACM(计算机协会)国际大学生程序设计等竞赛中斩获佳绩；课程积累了 200 多个程序案例，400 多道题目，可以满足学生的自主学习和课外辅助学习。

混合学习模式不仅在高校应用广泛，在职业院校也有较为成熟的应用。福建化工学校基于“二维动画制作”课程开展了混合学习模式的实践与探索。该校教师将“知识片＋微视频＋在线测试”“跨时空的互动交流”“根据平台数据做出的及时反馈”等 MOOC“元素”有效融入基于中职学情的混合学习模式中，通过实践与探索，逐步完善“二维动画制作”课程的混合教学改革与创新。

设计方案：中职“二维动画制作”课程混合学习设计

扫一扫，阅读中职“二维动画制作”课程混合学习设计，详细了解混合学习模式在中等职业学校应用的设计。

本章小结

本章主要论述了网络教学模式设计的有关内容，包括网络教学模式的概述、智慧课堂模式的设计、技术支持的综合实践模式的设计、在线教学模式的设计。

1. 网络教学模式的概述

网络教学模式是指在一定教学思想和理论指导下，借助网络学习环境而形成的较为稳定的教学结构和程序的活动范式。网络教学模式一般由教学理念、教学目标、教师与学生、网络环境与数字化资源、教学活动、学习支持服务、教学评价要素组成，形成了自己的特色。

网络教学模式设计的一般方法可归纳为：①明确指导思想，体现先进理论；②分析教学内容，确定教学目标；③选用网络环境与资源；④设计学习活动与支持服务；⑤设计进程关系，形成结构形式。

2. 常见的网络教学模式设计

常见的网络教学模式设计主要包括：智慧课堂模式(个性化学习模式、翻转课堂教学模式、生成性教学模式、可视化教学模式)的设计，技术支持的综合实践模式(项目学习模式、创客教学模式)的设计，在线教学模式(MOOC模式、SPOC模式、混合学习模式)的设计。

思考练习

1. 什么是教学模式？试说说网络教学模式的构成要素有哪些。

2. 简述常见的几种网络教学模式的特点及其设计方法。

3. 针对一个网络教学视频课例或者一份网络教学设计方案，分析其教学模式与特点，并与其他同学交流讨论。

4. 选择适当的教学内容，运用本章的网络教学模式设计方法，设计一份教学设计方案。

第七章　网络教学评价

内容结构

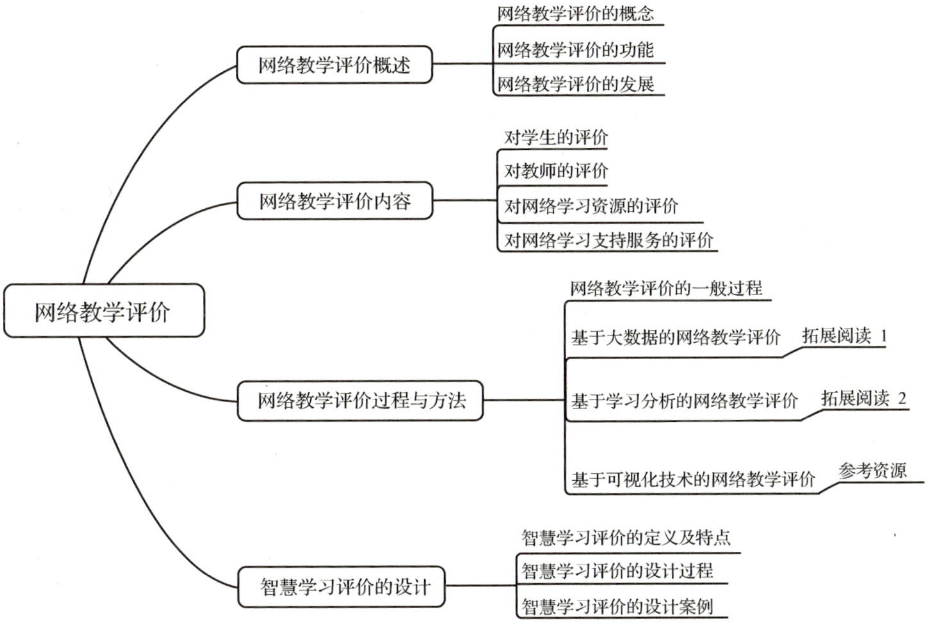

学习目标

1. 识记：网络教学评价、大数据、学习分析、可视化技术、智慧学习评价。

2. 了解：网络教学评价的内容、网络教学评价的过程与方法。

3. 理解：几种典型的网络教学评价方法的特点、过程，以及智慧学习评价的设计过程。

4. 应用：能根据实际情况，选择恰当的网络教学评价方法(学习分析、大数据、可视化技术)，进行网络教学评价。

学习建议

1. 本章的重点是网络教学评价的内容、网络教学评价的方法，难点是网络教学评价的过程、智慧学习评价的设计。

2. 第一、第二、第三节可采用教师讲授-学生网上自主学习相结合的方式，第四节可采用案例分析-问题研讨-项目实践相结合的方式。

3. 学生可运用本章的有关知识和方法，动手设计一份网络教学评价方案及采用的网络评价方法。

计算机技术与通信技术的结合打破了时间、空间的界限，建立了开放型的网络教学环境。当前，云计算、大数据、物联网、虚拟现实等新技术逐步广泛应用，网络教学开展如火如荼，如 MOOC 教学、网络空间教学、专递课堂等，推动形成了基于信息技术的新型教育教学模式。网络教学与课堂教学相比，学生的学习主要是基于网络进行的探索、发现、竞争、协作和角色扮演等一系列自主学习活动。由于网络教学具有活动在时空上分离、需要可靠而安全的传输系统等特点，因此，与网络教学有关的教学评价也有着鲜明的特色。

第一节　网络教学评价概述

网络教学评价是网络教学的重要组成部分，对网络教学质量起着重要的把关作用。与传统的教学评价相比，网络教学评价显得更为重要和复杂，这是因为网络的非现实性使得教学的环境变得更为复杂，教师以及相关的评价部门有时难以观察到学生的真实行为，难以对教学效果做出综合性的判断。

一、网络教学评价的概念

网络教学评价属于教育评价的子范畴，具备教育评价的三个方面的含义(价值判断、评价发展、参照标准)。网络教学与传统教学相比，既具有不同的含义，又体现出鲜明的功能特色。另外，随着“互联网＋”时代对智慧教育理念的倡导，以及 21 世纪人才培养模式的创新，网络教学评价也随之不断发展，呈现新型态势。

(一)网络教学评价的含义

网络教学评价是指在网络环境中，依据一定的教学目标，借助网络技术与工具，采用相应的评价方法，对网络教学过程及其结果进行测量，并做出价值性判断。网络教学评价一般包括对网络教学过程中教师、学生、教学内容、教学方法、教学环境、教学资源、学习支持服务和教学管理等诸因素的全面评价，但通常情况下的网络教学评价，主要是对学生的学习、教师的教学、教学资源及学习支持服务的评价。

（二）网络教学评价的特点

网络教学评价与传统教学评价相比有其独特个性。例如，在评价目标方面，网络教学评价以提升学习者素养技能、促进学习者发展为评价终极目的，而传统教学评价主要为了甄别和选拔；在评价内容方面，网络教学评价更侧重学生核心素养的评价，而传统教学评价重点考查学生对学科知识的记忆和理解；在评价方式方面，网络教学评价采用新兴智能处理技术，实现评价数据的收集、分析，以及结果的反馈，并有机结合量化评价和质性评价，而传统教学评价方式相对单一，以纸笔为主，注重量化结果。

当前，云计算、大数据、物联网、移动计算等新技术逐步广泛应用，网络教学环境大幅改善，不断推动网络教学评价朝着智能化、智慧化方向发展，使得现阶段的网络教学评价具有不同于以往的特点。

1. 利用大数据

在当今这个数据为王的时代，数据成为重要的无形资本，它为教学评价提供了崭新的思路，尤其是网络教学评价。大数据能够收集在过去既不现实也不可能集聚起来的反馈数据，其背后蕴藏的重要信息和隐形规律对于解密“教学黑箱”、提高教学有效性等具有重要作用。[①] 通过对网络教学系统采集的大数据进行挖掘和分析，可以探索教学评价、学习内容、学习方法等变量与学生学习效果的相关关系，使得教学评价更加全面、客观，进而使得预测、了解、评估教学行为更加简单、精准、科学。

2. 注重学习分析

网络教学评价数据来源广泛，数据集过大，数据类型繁多，数据更新速度过快，势必要采用学习分析技术进行科学处理，以数据驱动的网络教学评价必然包括大量以不同目的命名的“分析”。网络教学评价依托学习分析为学生提供实时行为和内容活动反馈、推荐社交网络信息等分析报告等，主要目的在于优化学生的学习进程。例如，网络学习系统记录并理解学生学习的过程及不同的学生在不同的情境中是如何学习的，这些数据可以作为评价学生学习的数据，通过数据进行学习分析，分析其背后的原理，进而为不同的学生设计个性化的学习方案，推送不同的学习资源，优化和改进不同学生的学习。

3. 强调过程动态性

学习本身是一个动态发展的过程，评价主要是为了促进学生的学习和发

---

① 方海光．教育大数据[M]．北京：机械工业出版社，2016：78．

展。因此评价不仅在学习过程结束后进行，而且贯穿于学习的全过程中。网络教学评价强调对网络教学的过程进行实时监控，利用即时的反馈信息来指导、调控甚至补救网络教学与学习活动，不过分追求目标的标准化和方法的规范化。因此，网络教学评价强调实时动态性，注重评价标准的多维性、评价过程的对话性、评价方式的多样性、评价目的的发展性、评价机制的激励性等，进而实现网络教学评价系统与网络教学系统的无缝衔接。

二、网络教学评价的功能

网络教学的特点决定了它具有与传统教学评价不同的评价功能。网络教学的数字特征决定了它的功能主要是对网络学习过程中师生的在线行为进行精确的把握与分析，以对网络教学过程中的教学效果及目标等做出评价判断，对教学过程进行监控，以保证教学的质量。网络教学评价具有一定的导向、诊断、调控和激励作用。①

(一)导向功能

网络教学评价的导向功能是指网络教学评价本身所具有的引导评价对象朝着理想目标前进的功效和能力，这是由评价标准的方向性决定的。因为在网络教学评价标准中，规定了要评价哪些方面以及各个方面所占的权重。这些评价的方面及其权重，对被评价对象来说，起着“指挥棒”的作用，为其努力指定方向，被评价对象必须按目标努力才能达到合格的标准，否则就得不到理想的评价结果。

(二)诊断功能

网络教学评价的诊断功能是指通过对分析与评估网络教学过程中师生的在线行为等因素，对网络教学实施过程中存在的问题进行分析与归纳，得出当前网络教学活动中存在什么问题，问题出在什么地方、原因是什么，并提出相应的修改意见。网络教学评价就像一张晴雨表，时刻监控整个教学过程，起到诊断的作用。

(三)调控功能

从网络教学评价的结果中得到的信息可以让网络教学的实施者和接收者从中发现问题，并及时进行修正和补救，从而使网络教学活动在不断的循环修正中得到改进，使网络教学活动更顺利、有效地进行。通过将网络教学过程科学、全面、合理地呈现给设计者和使用者，网络教学评价可以对教学活动提出建设性的意见，以达到对其调控、改进的目的。

---

① 黄文均．网络教学评价简论[J]．当代教育科学，2005(18)：50-52.

（四）激励功能

网络教学评价使教师和学生认识到自身存在的优点与不足，激发他们的竞争欲望，激起他们的内部动力和主观能动性，以追求更好的评价结果，从而起到教学相长的效果。此外，各种评价结果可以激励开发者对教学支撑平台进行更优化的设计。

三、网络教学评价的发展

教育部《教育信息化“十三五”规划》明确指出，要融合网络学习空间创新教学模式、学习模式、教研模式和教育资源的共建共享模式。[①] 因此，利用信息化实现政府、学校、家长和社会广泛连接与信息快速互通，推动教育评价尤其是网络教学评价的多元化、智能化、智慧化，成为网络教学的重要主题。网络教学评价是一个系统，兼具复杂性和情境性。网络教学评价的研究与实践分析表明，其逐渐呈现出以下发展趋势。

（一）强调评价理念的创新

网络教学评价强调评价理念的创新，主要是融入对学科核心素养、聚焦对知识深度理解、面向对学生个性化发展的评价。“互联网＋”时代，随着人才培养模式的创新和新兴技术的发展，越来越注重21世纪核心素养的培养，尤其是学科核心素养的形成。因此，网络教学评价应融入对学科核心素养的评价。加之网络技术的深入应用，知识产生和淘汰的速度日益加快，越来越多的人意识到学习不是回忆知识，而是深思和产生新知，应用所学解决未来的实际问题。因而网络教学评价需聚焦对知识深度理解的评价。另外，新的技术与方法的教学应用，使教育教学更加关注个体差异。网络教学评价也需动态生成个性化评价标准，进而实现对学生个性化发展的评价。

（二）关注评价过程的智能化

网络教学评价关注评价过程的智能化，主要表现为智能化监控记录、可视化评价结果、自适应辅助决策等。随着云计算、大数据、学习分析等新技术逐步广泛应用，电子书包等设备可实现数据、信息的实时监控，从而使得教学评价过程更加专业、更加智能。同时，新兴技术的应用使得评价结果越来越精准，且更加可视化，由于评价结果的呈现和反馈是相关人员做决策的重要指标，这为教育教学工作者评价教学提供了莫大的便捷。另外，网络教学评价往

① 中华人民共和国教育部．教育部关于印发《教育信息化“十三五”规划》的通知[EB/OL]．[2016-06-07]．http：//www.moe.gov.cn/srcsite/A16/s3342/201606/t20160622_269367.html.

往针对评价结果提供最直接、最有效的学习诊断和预测，进而给学生提升学习效率和效果提出有价值的建议，辅助教学决策。

第二节　网络教学评价内容

课堂教学评价主要从学生、教师、教学内容和媒体四个要素进行。网络教学的目的主要是给学生提供学习的途径、资源和方法，使学生获得知识与技能，最终实现个人的全面发展。因此，对学生的评价是网络教学评价的主要内容。同时，教师是网络教学过程中必不可少的要素。此外，在网络教学中，教师和学生在时空上是分离的，基于教育教学手段的特殊性，将教师与学生有效衔接在一起的纽带是网络学习资源和网络学习支持服务。因此，网络教学评价包括对学生、教师、网络学习资源、网络学习支持服务方面的评价。

一、对学生的评价

学生是学习的主体，网络教学的主要目的在于为学生提供学习的途径、资源和方法，使学生获得知识与技能，培养学生的综合能力与素养，最终使学生获得全面发展。对学生的评价是网络教学评价的主要内容，其不单注重对学生学习结果的评价，更注重对学生学习过程的评价。

(一)学生学习过程的评价

现代教育评价理论已经跳出仅仅针对学生学习结果进行评价与测量的窠臼，针对学习过程的评价受到日益广泛的关注和重视。在网络教学评价中，对学生学习活动(过程)的评价尤为重要。通过对学习活动的评价能够发现学生在学习过程中遇到的困难与问题，从而为改进教学、及时反馈提供依据；通过对学生在学习活动中的表现进行监控评价，也能够了解学生学习的积极性、主动性、态度、风格等不易直接观察而又对学习至关重要的方面，从而为学生提供个性化的服务与帮助。另外，对活动或过程的评价能够帮助学生清晰了解个人学习现状，找到努力的方向，从而提升学习质量，取得显著的学习效果。因此，对学生学习过程的评价主要包括：对学生参与学习活动情况的评价，如交互程度、答疑情况、解决问题的策略与能力等；对学生资源利用状况的评价；对学生学习态度的评价。

1. 学生参与学习活动情况的评价

在网络教学中，教师、学生、媒体、学习资源彼此之间相互作用，如教师与学生的交互、学生与学生的交互、学生与学习资源的交互、教师与学习资源的交互等。学习的过程就是学生与教学的其他要素进行交互的过程，学生参与教学活动的行为即学习效果的表现，对这些行为的评价可有效调控学生的学习。

通过学生利用各种网络交流工具辅助学习的情况，可以了解学生主动参与学习活动的情况，即学生与教师、同伴和学习资源的交互程度；根据网络平台讨论区的发言数据量可以了解学生对所学知识的认知状况，了解学生与他人合作学习的积极主动性；通过学生发表的问题数、浏览问题解决的次数以及提供解决方案的次数等信息反映学生对所学知识的理解程度以及主动学习的情况。

2. 学生资源利用情况的评价

网络环境为学生的学习提供了丰富的资源，但并非每个学生都能在资源利用方面达到优秀，若不善于利用资源，无疑会使学生迷失在庞大繁杂的信息海洋中。因此，学生利用网络学习资源的能力和水平，对其学习效果具有至关重要的影响。

对资源利用情况的评价包括对网络教学平台及其资源的使用情况。例如，记录学生登录系统的时间及注销登录的时间来确定学生的在线学习时间；通过课程内容页面浏览范围和次数来提供学生学习范围、进度的参数和信息；利用问题资源及相关资料的浏览情况来了解学生学习的深度和广度；利用学生向问题中心提交的问题和解决方案、在讨论区发言的情况以及发表的资料甚至是对网络课程的修改、建议等，了解学生学习的态度、对学习主题的理解、问题的解决情况等。

3. 学生学习态度的评价

学习态度是习得的、影响个人对学习做出行为选择的、有组织的内部准备状态或反应的倾向性。一般来说，态度是由三种具有层次性的心理成分组合而成的，这三种成分是：认知成分，主要是对事物的了解和评价；情感成分，主要是对事物的喜爱或厌恶程度；意向成分，主要是反应倾向、行为的准备倾向或行为的准备状况。特定的学习态度并不决定特定的行为表现，但学习态度在一定程度上导致学习行为的某种趋向。一般情况下，意向成分制约着人对某一事物的行为方式，所以可以通过对行为方式的测量，推测其认知和情感成分。同样，由于态度具有可变性，也可以通过对学习活动中前后两种学习态度进行对比来实现对学习态度的测量评价。

(二)学生学习结果的评价

任何教育教学最终都是为了促进学生知识的增长、能力的提高以及全面的发展。通过对学生学习结果的评价，可以获得教学对学生所产生的影响。对学生学习结果的评价主要是对通过网络教学完成后学生达到教学目标的程度、完成任务的状况、达标测试的成绩、实践作品的优劣、信息素养的提高和创新精神的培养等各种学习结果的评价实现的，依据这些评价，可以判定网络教学在教育教学中的效用。

1. 学习目标达成度

目标达成度是学习目标的实现程度。布卢姆等人将认知领域的学习目标从低级到高级分为六级：记忆、理解、应用、分析、评价与创造。通常，可以设计各种测验来对学生的知识发展变化进行评测，以达到评价学生学习目标达成度的目的。

2. 任务完成情况

对学习任务完成情况的评价主要从学习任务的完成程度和完成效率方面来考查。在学习活动中，学生讨论问题、与他人交流对问题的看法、自己思考问题、收集与问题相关的资料最后提出问题的解决方法、对问题下结论等都是任务完成情况的表现，整个过程可划分为三个阶段：问题的提出、问题的解决和对问题解决方案的评价，对任务完成情况的评价可从这三个方面展开，也可从解决问题的每个步骤入手进行评价。

3. 达标测试

达标测试就是根据测试目的，让学生在规定的时间内，按指定的方式，解答教师预先准备的测试题目或量表题目，其结果用数值的形式表示，测试的结果作为更全面评价学生的基础。达标测试是教学评价的一种测量手段和资料收集手段，主要有成绩考试、水平测验和诊断测验等几种类型。其功能主要有：鞭策与激励学生的学习、改善教师的教学、评价教学的效果等。

4. 实践作品

网络环境下的学习具有很大的自主性，但这种自主性不是随意的和任意的，而是在一定教学目标的规定下进行的。教师通常会采用任务驱动策略进行教学，通过学生任务完成情况对学生的学习进行评价，任务完成的表现形式可以是口头报告、作品、实验等实践作品。实践作品在一定程度上反映了学生的学习过程，也体现了学生学习的效果，反映学生知识、技能的掌握和能力提高的程度。

5. 信息素养

在网络教学中，对学生信息素养的评价主要从以下三个方面进行。①信息知识，指一切与信息有关的理论、知识和方法，如对信息、信息化的性质、信息社会的影响等的认识与理解。②信息能力，指有效地利用信息设备和信息资源获取信息、加工处理信息以及创造新信息的能力，如信息工具的使用能力，包括搜索引擎、浏览器、文字处理工具、电子表格软件、多媒体课件制作工具等的使用，以及获取和识别信息的能力，即能在网络的信息汪洋中寻找自己需要的信息并批判地识别和使用的能力。③信息意识和信息伦理道德，信息意识主要指人们在信息活动中产生的认识、观念和需求的总和，如对信息社会的了解以及信息社会对自己行为的要求，对信息的敏锐力等，信息伦理道德是针对当今网络信息泛滥，信息垃圾和信息滥用行为的肆虐而提出的。

6. 创新精神

培养学生的创新精神主要从以下几个方面着手：培养创新意识、培养创新思维能力、培养创新实践能力、培养创新品格等。在网络教学中，学生的创新精神可从以下几个方面来评价：能自觉发现社会需求；能根据需要，自我制定学习目标；能自我规划、自我管理、自主寻找实现目标的途径等。网络环境为培养学生的创新精神和实践能力提供了良好的条件，学生可以充分利用信息资源，主动探究学习任务，进行创造性、个性化的学习。

二、对教师的评价

网络教学中教师和学生的地位与作用已发生了重大变化。教师成为网络学习环境的管理者、学习资源的设计者和开发者、网络教学的研究者、学生学习的评价者、学生学习过程的指导者、学生合作学习的组织者和协调者，而不再是信息的主要传递者。

网络教学对教师如何组织教学活动，引导学生利用学习资源，对学生进行帮助和指导有更高、更新的要求。教师要善于设计、利用网络教学环境，充分发挥网络环境的功能，激发学生的学习兴趣，组织引导学生进行自主、探究、合作学习。在网络教学中，对教师的评价主要从教学活动的组织、学习资源的提供和学生成绩方面进行。

（一）教学活动的组织

教学活动是网络教学过程中的重要环节，教学活动组织得好与坏直接关系着网络教学质量的高与低。因此网络教学评价应重视教师对教学活动组织的评价，具体可从以下几个方面进行：教师是否能及时调整和引导学生行为，激发学生学习兴趣；是否关注学生的各种学习表现；是否针对不同学生的能力为其设计不同程度的练习或作业；是否及时批阅学生练习或作业并给予个性化且针对性的反馈意见；是否在学生遇到疑难时给予及时的引导与帮助；是否有效地组织学生参与讨论区的交流和讨论；是否根据网络教学系统对学生发言人数、发言量、发言时间和讨论情况等统计结果进行有效分析；是否根据分析的数据做出精准决策，如为学生提供适时的关注和恰当的学习方法与策略指导等。

(二)学习资源的提供

网络教学主要是学生的自主学习和小组协作学习，为此，学生学习效果的好坏在一定程度上与教师是否提供有效的基本学习资源，使学生获得更多的知识和技能有关，与教师是否提供与课程或专题相关的扩展性资源，来帮助学生深入探究某个问题有关，与教师是否及时更新相关的学习资源有关。学习资源的提供要从量和质两个方面进行综合评价。首先，教师不仅仅要及时为学生提供大量的、与学科学习有关的资源，以满足学生的需要，还要为学生提供大量的扩展性资源，以开阔学生的视野、培养学生的发散与求异思维能力。其次，网络资源浩如烟海、质量参差不齐，教师提供资源的职责不在于为学生提供大量原始的未经加工的素材，而在于对资源的加工与整理，去粗取精、去伪存真，并使之逻辑化、序列化，以利于学生的检索和利用，提高学习的效果。

(三)学生成绩

学生成绩在一定程度上反映了教师教学的水平和能力。为此，可以结合以下内容对教师进行评价：教师是否根据学生平时的测验练习、实践作品、考试成绩进行多元评价；是否结合了多种评价方式对学生成绩进行评定等。

三、对网络学习资源的评价

传统教学中学习资源是相对稳定的，往往是一些比较固定的学习教材和辅导资料，但在网络教学中，学生通过网络获取知识、增强能力的渠道是多元化的。网络构建的教学环境使学生的学习不再受时间、空间的限制，网络学习资源成为整个教学活动实施的主线，也是开展网络教学的基础。丰富的资源和便捷的资源获取方式也是网络教学的突出优势。

(一)网络学习资源的类型

根据网络学习资源的构成方式可以把网络学习资源分为三大类：基础资源、集成资源和整合资源。基础资源包括网络课程教学中用到的文本、图形图像、动画、音频库、视频库、学科基本符号和学科基本图形库。集成资源包括微教学单元库、案例库、试题库、常见问题库、名词术语库、参考资料库、网址库和共享软件库等；整合资源包括微课、优课、网络课件、虚拟仿真教学资源、在线开放课程等形式。网络学习资源包括网络上所有可能对教学活动有帮助的信息资源，强调多种媒体形式的有机呈现，大量的网络学习资源形成了一个高度综合、集成、数字化的学习资源库。

(二)网络学习资源的评价内容

网络学习资源的质量是反映网络教学质量的重要指标，是学习内容的集合，是学生直接与之发生交互的对象，因此对网络学习资源质量的评价是网络教学评价不可缺少的重要组成部分。通常，对网络学习资源质量的评价主要是对网络学习资源的目标与内容、结构与功能、超链接与导航、多媒体表征与素材质量以及技术规范的评价。

对目标与内容的评价，主要是看教学目标是否清楚、可实现，教学内容是否具有科学性和教育性，是否能够激发学生学习的主动性和兴趣、调动学生参与交流与讨论的积极性，除此之外，目标能否因人而异、内容能否及时更新也是评价的重要参数。

对结构与功能的评价，主要是看网络学习资源的组织与呈现是否结构紧凑，是否具有系统性和逻辑性，是否能体现教学的引导作用，是否有利于学生对知识的接受和参与。

对超链接与导航的评价，主要看导航是否合理、使用方便，是否能够清楚地帮助学生定位自己在课程中所处的位置而不致发生网络迷航现象；对超链接的评价则主要看其是否清楚一致，具有学习过程记录功能，是否便于学生随时进入学习内容，实现同化与顺应的过程，完成对知识的意义建构。

对多媒体表征与素材质量的评价，主要是看媒体形式是否丰富，媒体与内容是否具有内在的一致性，即采用特定的媒体对特定的教学内容进行表征是否是最合适的，是否允许不同风格的学生以个人最偏爱的方式进行学习，是否允许学生从不同的角度实现对同一内容的探究学习，素材是否经过加工整理，是否丰富多彩，是否符合教学需要等。

对技术规范的评价，主要看所使用的技术是否具有通用性，符合特定的技术标准；是否具有可扩展性、稳定性，能够支持不同的学习策略，便于学生获取信息并对信息做出加工处理。

针对网络学习资源的评价内容，不同的研究会有不同的评价标准。本书列出微课和优课的评价指标体系，以供参考。具体指标如表 7-1、表 7-2 所示。

表 7-1　微课的评价指标体系①

一级指标	二级指标	指标说明	单项得分	合计
教学选题（10 分）	选题简明	利于教学，微课选题设计必须紧扣教学大纲，围绕某个知识点、教学环节、实验活动等展开，选题简洁，目标明确。		

① 第二届微课大赛．关于开展第二届全国中小学微课征集活动的通知[EB/OL]．[2014-11-20]．http：//dasai. cnweike. cn/index. php？ r＝default/notice.

续表

一级指标	二级指标	指标说明	单项得分	合计
	选题典型	解疑定位精准，有个性和特色，应围绕日常教学或学习中的常见、典型、有代表性的问题或内容进行设计，能够有效解决教与学过程中的重点、难点、疑点等问题。		
教学内容（20分）	科学正确	概念描述科学严谨，文字、符号、单位和公式等符合国家标准，符合出版规范；作品无著作权侵权行为，无敏感性内容导向。		
	结构完整	所提交的作品必须是微课视频，还可以提供与选题相关的辅助扩展资料（可选）：微教案、微习题、微课件、微反思等，便于评审。 微教案的设计要素齐全，内容要精确，注重实效。 微习题要有针对性与层次性，主观、客观习题的设计难度等级要合理。 微课件的设计要形象直观、层次分明、重点和难点突出，力求简单明了。 微反思应该真实细致，落到实处，拒绝宽泛、套话。		
	逻辑清晰	教学内容的组织与编排要符合当前中小学生的认知逻辑规律，设置合理，逻辑性强，明了易懂。		
视频规范（20分）	技术规范	微课视频录制方法与设备灵活多样（可采用DV摄像机、数码摄像头、录屏软件等）。 微课视频一般不超过10分钟；视频画面清晰、图像稳定、构图合理、声画同步，能全面真实反映教学情景。		
	语言规范	使用规范语言，普通话或英语需标准，声音清晰，语言富有感染力。		

续表

一级指标	二级指标	指标说明	单项得分	合计
教学活动（30 分）	目标达成	达成符合学生自主学习、方便教师教学使用的目标，通用性好，交互性强，能够有效解决实际教学问题，高效完成设定的教学目标，促进学生思维的提升、能力的提高。		
	精彩有趣	符合现代教育理念，体现新教材教学方法，教学过程深入浅出，形象生动，精彩有趣，启发引导性强，有利于学生的学习积极性和主动性的提升。		
	形式新颖	微课构思新颖，富有创意，类型丰富（讲授类、解题类、答疑类、实验类、其他类）		
网上评价（20 分）	网上评价	作品提交后，将在网上进行展示并提供给学生学习和教师教学应用，根据线上的观看点击率及投票率等产生综合评价分值。		
总计得分				

表 7-2　优课的评价指标体系①

评价指标	权重	指标描述	分值			
			优秀	良好	一般	差
教学设计	10	教学设计结构完整。内容与学情分析准确、全面；目标明确、具体、可操作，重、难点突出；教学活动设计翔实，信息技术应用合理。	9～10	7～8	5～6	0～4

① 国家教育资源公共服务平台．关于发布 2015—2016 年度“一师一优课、一课一名师”活动优课评价指标的通知[EB/OL]．[2016-09-14]．http：//news.eduyun.cn/ns/ntongzhitonggao/20160914/27709.html.

续表

评价指标	权重	指标描述	分值			
			优秀	良好	一般	差
教学实施	10	教学环节完整，课堂容量适当，时间分配合理，教学过程流畅。	9～10	7～8	5～6	0～4
	10	教师教态自然，语言规范；教学组织形式和方法策略有效；反馈和评价及时恰当。	9～10	7～8	5～6	0～4
	10	教学面向全体，注重差异，能调动不同层次的学生积极参与。	9～10	7～8	5～6	0～4
	10	教师能熟练应用信息技术设备，合理选择和应用数字教育资源，解决教学实际问题。	9～10	7～8	5～6	0～4
	10	信息技术应用能有效支持学生学习、师生互动和教学评价。	9～10	7～8	5～6	0～4
教学效果	10	课堂气氛活跃有序，学生学习积极主动，在学习活动中获得良好体验。	9～10	7～8	5～6	0～4
	10	教学目标达成，全体学生都能达到学习要求。	9～10	7～8	5～6	0～4
	10	推动学生在学科思维、实践能力和情感态度等方面的发展，体现学科核心素养。	9～10	7～8	5～6	0～4
技术规范	10	晒课界面组织合理、信息完整、文字规范；课件运行正常，链接准确；视频拍摄内容完整、画面清晰，声画同步。	9～10	7～8	5～6	0～4

为了方便网络学习资源的利用，网络学习资源应有良好的共享性，一方面要对尽可能多的学生开放，让众多的学生可同时共享使用，另一方面也方便师生共建共享网络学习资源，使所有学生都可以发表自己的看法，也可以将自己的资源加到网络资源库中，与大家共享。如何选择适合学生学习，有利于学习目标实现的学习资源，不仅仅是教师肩负的重要任务，也是学生所必须具备的能力之一。

四、对网络学习支持服务的评价

在网络教学中，网络是媒介和基础，是教师、学生及学习资源之间联系的纽带，它使得教与学的活动在时空上分离。如果网络学习支持服务出了问题，那就意味着教师、学生及学习资源之间的联系被割断，网络教学将无法进行。因此，网络教学的实现需要可靠、安全的网络教学平台和网络学习支持服务，要充分考虑网络学习支持服务的安全性、稳定性、便捷性，以及它对教学交互和教学策略的支持能力等方面的问题。网络学习支持服务既包括以物为主的网络教学平台，也包括以人为主的学习支持服务。只有网络学习支持服务系统有良好的功能，网络教学才可能有成效。

（一）网络教学平台的评价

网络教学平台主要包括教师备课平台与工具、实时交互授课系统和学生学习平台。其中教师备课平台与工具主要是为了解决在海量的信息资源与不断更新的网络技术面前，教师面临的新的备课困难问题而设计的，它可以为教师提供方便的资源组织与检索手段，并能帮助教师生成所需要的课件与讲义。实时交互授课系统主要是为了解决远程教学中实时交互的问题所提供的，它主要是指通过网络形成一个规模可扩缩的虚拟教室，使得网络教学能够尽量逼近真实的现场课堂教学。学生学习平台通常用来提供多媒体功能、视听功能、文字交流功能等。

网络教学平台着眼于创造一个从传统课堂延伸出来的网络教学环境，为师生课后交流提供方便，通常包括通知、师生讨论、辅导答疑、作业发布、资料学习、网络测试等功能。对网络教学平台的评价主要包括技术系统和教学系统的评价。技术系统即网络系统，是为教学提供的技术平台；教学系统是指平台能够实现自主学习、协作学习、讨论学习和探究学习。收集的评价数据主要包括系统稳定工作时间、系统工具利用率、系统资料的丰富程度等，这些数据可以通过管理员、教师、学生的反馈和问卷调查来获得。

（二）网络学习支持服务的评价

网络学习支持服务的评价是指开展网络教学过程中提供的各种服务，既包括教师给学生提供的教学指导服务，也包括信息技术人员提供的系统运行服务、工具使用服务、技能培训服务等。有人形象地比喻，“硬件平台是‘路’，软件平台是‘车’，教学资源是‘货’，信息技术的人员是‘开车’，教师的指导是为了‘用好货’”。实际上，“用好货”才是网络教学的真正目的。

因此，在网络教学中，在网络教学的硬环境和软件教学资源逐步完善的同时，应该重点强调软环境包括信息技术服务队伍建设、服务规范建设，以及教师在网络教学环境下的指导方法与指导内容等的建设。甚至可以说，网络教学服务质量的好坏是直接决定网络教学能否成功的关键。网络教学只有具备了良好的网络教学平台和网络学习支持服务，才能为学生的学习创造良好的学习环境。因此应重视对网络学习支持服务系统的评价，改善网络教学平台的功能，提高网络教学服务的质量。

第三节　网络教学评价过程与方法

网络教学评价是一个动态的、循环往复的过程，它需要教师、学生、管理者在使用过程中，通过论坛、问卷、访谈记录等形式不断进行评价。尽管对不同评价对象的评价方式有很大的不同，但一般都经历设计、实施、分析、反馈四个评价阶段。随着网络技术在教育教学领域的迅速发展和广泛普及，网络教学的评价方法也出现了新的工具支撑，大数据、学习分析、可视化等新型网络教学评价方法正大势冲击传统评价方法，并受到专家学者以及一线教师的关注及应用。

一、网络教学评价的一般过程

网络教学评价过程一般包括四大阶段：评价设计、评价实施、评价分析和评价反馈。每一阶段都有相对的操作：评价设计阶段包括明确评价目标、分析评价内容、确定评价主体、选择评价方法；评价实施阶段包括制定评价标准、收集评价数据；评价分析阶段主要是指分析数据，得出结论，形成评价报告；评价反馈阶段主要是指反馈评价意见，并根据反馈意见，修改、完善网络教学。具体如图 7-1 所示。

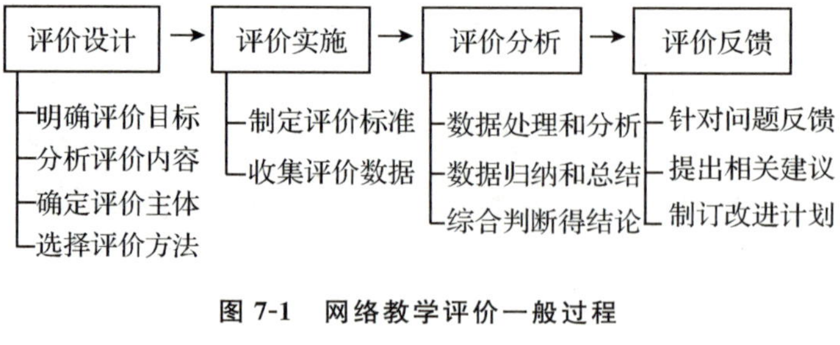

图 7-1　网络教学评价一般过程

（一）评价设计

一个好的网络教学评价，在一定程度上取决于它是否有一个科学合理的评价设计。网络教学评价的设计是根据网络教学与发展的需要，确定评价的目标、内容、主体和方法，并规定评价实施的具体活动，如在何种情况下进行评价、什么时候评价、以什么方式实施评价等。可以说评价设计是整个评价的灵魂所在，体现了评价的理念，指导着评价的顺利实施。具体来说，评价的设计包括以下几个环节。

1. 明确评价目标

评价实施前首先要确定评价的目标。评价目标的确定一方面包括评价对象应达到的标准的确定，这是指标体系建立的依据；另一方面也要明确该次评价是为了评优、考核等分等级的终结性评价，还是以发现问题、诊断提高为目的的形成性评价，或是二者兼有的评价，这将对评价实施及评价结果处理产生重大影响。可以说，评价目标的确定是影响评价质量和效果的根本因素。

网络教学评价目标的确定，不仅要确定三维目标包括知识与技能、过程与方法、情感态度与价值观，这要求全体学生都能达到；还要融入学科核心素养，如语文学科的语言建构与运用能力、数学学科的逻辑推理能力、英语学科的语言能力等；最后培养学生为全面发展的人。此外，由于网络教学中学生的水平参差不齐，因此，教学目标应是有层次的、动态的。

2. 分析评价内容

网络教学评价涵盖的教育元素、教育活动比较广泛，评价任务比较复杂。根据目前的研究，网络教学评价的内容已超出了通常意义上教学评价的内容，它不仅包含学生、教师、教学内容和媒体四要素，还包括网络学习支持服务等各方面的教育活动和要素，而且它们之间是紧密联结的，不能随便分离的。具体评价内容可参照本章第二节的“网络教学评价的内容”。

3. 确定评价主体

评价主体主要指的是“谁来评价”的问题，不同的评价主体有不同的评价方式与标准。网络教学评价设计应当注意评价主体的多元性。教师、学生以及身居课堂之外的家长都可以是评价的主体。此外，网络教学评价注重他人评价和自我评价相结合。他人评价的主体可以是学校管理者、同行教师、学生、社会用人单位、家长等。主体的多元化，可从多个方面、多个角度出发，对教学活动进行更全面、更客观、更科学的评价。

4. 选择评价方法

网络教学评价可以采用多种方法进行综合评价。根据不同的评价目的，评价方法也应有所不同。测验是网络教学评价的一种重要方法，如果评价是为了了解学生认知目标的达标程度，测验是最常用的工具。此外，调查也是网络教学评价的一种重要方法，作为网络教学评价的重要手段，它可以了解学生的学习兴趣、态度、习惯和意向，获得各方面对教学过程和教学效果的意见，也可以通过调查了解网络学习资源对学生产生的效果等，从而判断教学或学习资源的有效程度，为改进教学或学习资源提供依据。

此外，还可以利用各种评价工具对网络教学进行评价，如大数据技术、学习分析技术、可视化技术。具体选择哪种评价方法，应根据评价的目标和需求来确定。

(二)评价实施

评价的实施是评价人员根据评价方案，利用各种评价手段，完成网络教学评价计划所规定的任务，达到评价目标达成度的过程，它是网络教学评价的具体化与实际化。

为了进行评价，通常需要通过多种途径收集有关资料。教学评价所需要的资料主要来自教学过程，包括一些反映学生学习结果的数据资料和描述学生学习过程的描述性资料，根据所要收集的资料的不同，通常需要先选择或设计相应的评价工具，包括测验题、调查问卷、观察表格等工具。

1. 制定评价标准

评价的组织者需制定相应的评价标准，开展网络教学评价。例如，可以从网络平台提供的试题库或问卷库中选择已有的问卷直接使用或者稍加修改后使用；也可以手动或自动生成试卷、问卷或评价量表；还可以给学生明确评价的具体内容，如要求学生完成实践作品、电子作品等，依据一定的评价量表，对学生的作品进行评价。

对评价对象发放评价量表，对网络教学进行评价，具体过程可从以下两个方面进行：一是利用网络教学系统的评价功能，对系统收集的数据进行定量与定性分析；二是根据评价需求，设计评价问卷或对参与人员(学生、教师、管理者等)进行访谈，了解情况。

(1)利用网络系统的评价功能，对网络教学效果进行评价

利用网络教学平台收集学生课程学习、在线自测、在线作业、学习自评等关于学习目标、学习计划、学习作品、学习评价、学习反思方面的资料，收集教师在问题答疑、教学组织、作业批改、作品评价等方面的信息，从而获得反映学习过程的多方面的资料。

(2)根据评价量表，对学生、教师等课程参与人员进行问卷调查或访谈

量化的数据可以通过程序进行自行统计分析，但是只有这些数据是不够的，还需要评价人员收集学生情感、体验以及隐藏的问题，这就需要进行调查或者访谈，通过文字表述这些调查结果，然后再通过一些语言分析方法，对其进行分析。

2. 收集评价数据

评价数据的收集是网络教学评价的重要阶段，是对学生进行学习评价的依据和来源。数据收集得是否完备、正确、有效，在很大程度上影响着网络教学评价的质量。

评价信息的收集主要指利用相应的评价工具对学生学习过程中所表现出来的体现学生学习与发展状况的资料和数据的收集，包括使用测试、调查问卷、观察表格等对学习的过程和结果进行观察和记录。

3. 评价注意事项

网络为学生的学习提供了宽松的学习空间，使学生在学习的过程中可充分发挥自己的主动性和创造性。因此，网络教学评价不可能再像传统课堂教学那样由教师根据所制定的统一评价标准对学生进行评价，而是要求教师本着促进学生发展的原则，使学生充分发挥自己的积极主动性，参与评价过程，客观、公正地评价。因此，实施网络教学评价时应注意如下几个问题。

(1)预置教学目标

在网络教学中，学生有较大的自主权和控制权，为避免学生在学习的过程中迷途，在开始教学之前，教师可预先通过提供范例、制定学案等方式使学生对自己要达到的目标有一个清晰、明确的认识，这样一来，学生就会主动地使自己的工作与学习任务的预期要求看齐。

(2)贯穿教学过程

在网络教学中，评价是贯穿于教学过程的始终的，是伴随着学生的学习随时进行，并频繁发生的。教师在给学生的学习提出预期之后，还要在整个学习过程中不断地提醒学生按照评价目标的要求来检查自己的努力是否有效。网络教学评价的目的是及时判断学生的现实表现与教学目标之间的差距，进而及时改变教学策略。因此，评价应满足学生的需要随时进行，促进学生的全面发展。

(3)注重过程性评价

在网络教学中，评价的重点应放在怎样使学生的能力得到发展和提高的过程上，而不是放在判断学生的能力、状态的结果上。在评价时要关注学生在实际的学习过程中所表现出来的提问、寻求答案、理解、合作交流、创新和评价

等方面的能力上，评价要以学生的表现为基础。

(4)强调自我评价

在网络教学中，学生多采取自主学习的方式进行学习，学生的自我评价在整个学习过程中非常重要。同时，提高学生的自我学习能力和自我评价能力也是网络教学的目标之一。因此，网络教学评价强调学生的自我评价，要让学生有机会制定和使用评价标准，尽可能鼓励他们进行自评和互评，促使学生进行负责的评价。

(5)采用多样化评价方式

在网络教学中，单一纸笔测验形式的评价已经远远不能适应教学发展的需要，评价的过程应当精心策划，应以学生能力的发展和素质的提高为核心。为了使网络教学评价切实反映学生的学习状况，可将多种评价方式结合起来从多个方面反映学生的学习状况；可将传统的教学评价方式和现代的网络教学评价方法结合起来从学习过程和学习结果两个方面评价学生；在评价人员的构成上不仅包括专家、教师，也应该包括学生自己，体现评价主体的多元性；可将形成性评价和总结性评价结合起来，充分发挥评价对学生的诊断指导和反馈激励的作用。

(三)评价分析

首先要用 SPSS(统计产品与服务解决方案，Statistical Product and Service Solutions)、Excel 等工具对评价的数据进行初步的分析和处理，包括获取信息，去除无效信息，进行误差诊断，鉴别资料的使用价值等，以确保评价的有效性。然后对资料做初步分析，将各类数据与评价标准做比较，考察各种现象的相互关系，对反映学生学习过程和结果的资料和数据进行归纳和分析，形成综合判断，得出结论。

数据分析和处理的最终目的是对教学的效果进行诊断或价值判断，诊断教学或学习中的问题，并最终提出解决问题的策略和方法，形成评价结论和报告。

(四)评价反馈

评价结果的反馈主要指将在评价过程中发现的问题及在学生学习过程中存在的问题反馈给教师和学生本人，以便明确以后学习中促进学生发展的改进要点，并制订相应的改进计划。网络教学评价的及时反馈，能够使师生充分认识到自己的得失，及时调整教与学的方法策略，互为补充，教学相长，共同提高。评价反馈作为网络教学过程的一个重要环节，始终交织于教学过程中。教师对反馈信息处理的精细程度直接影响着教学过程中的两个要素——教师和学生之间的互动质量，并最终作用于教学效能。

二、基于大数据的网络教学评价

网络教学评价是网络教学的重要组成部分，对网络教学质量起着至关重要的作用。随着网络技术在教育教学领域的迅速发展和广泛普及，网络教学的评价方法也有了新的工具支持，量规、电子作品、概念图等也一度成为网络教学评价的常用方法，但仍存在数据不准确、过程型数据遗漏或无法采集等多种弊端，分析结果缺乏综合性、教学决策精准度不够。教育大数据的应用则为克服现有网络教学评价中的不足提供了效果良好的解决方案。

(一)大数据

最早提出大数据时代到来的是全球知名咨询公司麦肯锡，该公司在《大数据：创新、竞争和生产力的下一个前沿领域》报告中称，大数据指的是大小超出常规的数据库工具获取、存储、管理和分析能力的数据集。该报告同时强调，并不是说一定要超过特定 TB 级的数据集才能算是大数据。① 研究机构 Gartner Group(高德纳咨询公司)对大数据给出了这样的定义：大数据是需要新处理模式才能具有更强的决策力、洞察发现力和流程优化能力的海量、高增长率和多样化的信息资产。②

大数据立足于对大量数据的深度挖掘与科学分析，寻求数据背后的隐含关系与价值，使得人们可以从基于小样本数据的推测或基于感性的偏好性选择转向基于数据分析与理性证据的决策。③ 当前，大数据正不断地深入教育领域，越来越多的教育工作者开始关注大数据在教育评价中的应用价值。

目前，研究界认可的是大数据应当满足 3V 特点，即规模性(volume)、多样性(variety)和高速性(velocity)。随后，不同的机构将其扩展成为 4V，如 IBM 提出的准确性(veracity)以及 IDC 提出的价值性(value)等。④

规模性，数据规模巨大。规模性指收集和分析的数据量非常大，从 TB 级别跃升到 PB 级别。这些数据集有各种各样的来源：传感器、平板电脑、智能手机、数码笔、可穿戴设备等。

多样性，数据种类多样。多样化反映在教育教学中，包括学生课堂学习过

---

① Manyika J, Chui M, Brown B, et al. Big data: the next frontier for innovation, competition, and productivity [EB/OL]. [2011-05-30]. https: //www. mckinsey. com/business-functions/digital-mckinsey/our-insights/big-data-the-next-frontier-for-innovation.

② Gartner. Big data[EB/OL]. [2016-10-22]. http: //blogs. gartner. com/it-glossary/big-data/.

③ 郑燕林，柳海民．大数据在美国教育评价中的应用路径分析[J]. 中国电化教育，2015(07)：25-31.

④ 孟小峰，慈祥．大数据管理：概念、技术与挑战[J]. 计算机研究与发展，2013(01)：146-169.

程数据、非正式学习过程数据、个性化数据、学习成果数据等。

高速性，数据处理速度快。大数据以数据流的形式产生，快速流动，迅速消失，且数据流量通常是不平稳的，会在某些特定时段突然激增，数据涌现特征明显。对于大数据应用而言，很多情况下都必须要在 1 秒或者瞬间形成结果，否则处理结果就是过时和无效的，这种情况下，大数据要求快速、持续的实时处理。①

（二）大数据对网络教学评价的支持

基于大数据的网络教学评价是指通过采集学生学习过程中或学习结果数据，从而对学生的网络学习情况进行评价的一种形式，它克服了传统教学评价耗时长、数据不准确、过程型数据遗漏或无法采集等多种弊端，有利于实现对学生的全面评价，有利于促进学生的综合素质与能力的发展。因此，大数据为网络教学评价提供了重要的支撑作用，为克服原有教学评价的不足提供了良好的解决方案。

1. 提供多方参与评价的途径

传统的教学评价主要针对学生的学习成绩测试，评价主体也主要涉及学校相关部门和教师，全程评价表现出不可逾越的封闭性特征。然而，21 世纪的人才需要合作能力，需要学生具备问题解决能力与批判性思维等，强调对学生的综合素养评价。评价既包括过程性评价，也覆盖总结性评价；既有外在学习行为表现，也有内在学习心理表征等。基于大数据的网络教学评价可实现对多维教育教学数据的深度分析，也提供不同参与者评价的途径。教师通过数据反馈结果了解学生表现并以此为依据调整教学，满足学生的个性化、个别化学习需求；家长通过数据情况熟悉孩子的强项以及可提升的领域，从而为孩子提供最适宜的学习建议；教育管理人员可通过数据分析了解何种项目对提升学生的综合素质成效明显，进而实现高效便捷管理等。基于大数据的网络教学评价为提供学生不同情境下学习数据的多方主体共同参与评价架设了桥梁。可见，借助大数据技术的支持，网络教学评价更加多元立体，更加持续有效。

2. 推动数据驱动的教学决策

数据驱动决策在教育中是指收集、分析、报告和使用数据用于教育教学改进的过程。基于大数据的网络教学评价支持学生学习偏好设置、学习内容推送、学习方式优化、学习效果评价等方面的教学决策。教师可利用教育大数据改进与优化自己的教学决策。例如，教师可利用大数据分析需要在何种时机对

① 马建光，姜巍．大数据的概念、特征及其应用[J]．国防科技，2013(02)：10-17．

哪些学生以何种方式安排何种教学内容。[1] 教师利用学生产生的大数据，或借助与外部大数据的对比分析，深度评价学生的学习效果，分析学生的学习偏好与个性化需求，进而分析学生群体的学习需求。同时，教师也可利用大数据分析哪些学生更适合开展小组学习，如何分组更合理等。针对学习困难的学生，通过大数据的利用，教师可分析学生于何种环节、何种类型内容的学习方面存在问题，进而挖掘影响学生学习的深层因素，以便给出适当的学习支持与干预。[2] 因此，借助大数据技术的应用，关键在于"数据"的驱动，使得教学决策更加全面精准。

3. 促进学生发展性评价

发展性评价是指通过系统地搜集评价信息进行分析，对学生的教育活动进行价值判断，实现其发展目标的过程。发展性评价主要发挥评价诊断的功能，突出评价的过程，重视学生的个性差异，因此，开展发展性评价往往要和学生的学习过程紧密结合，进行长期追踪。

基于大数据的网络教学评价不再依赖对单一评价对象的单一评价维度实施评价，而是尽可能地将网络教学评价的数据纳入其中，包含结构化数据的获取，也囊括非结构化数据的收集，旨在获取更为全面的数据，促进学生的发展性评价。大数据技术寻找关联性的思维模式契合了网络教学评价情境下对充实依据与有效证据的本真需求。这种基于大数据的网络教学评价，为学生实现个性化、差异化的学习发展目标提供了有效支撑。

（三）基于大数据的网络教学评价过程

在网络成为人们基本、日常的学习必备的信息时代，大数据应用发展得如火如荼，也有不少专家学者致力于网络教学中的大数据研究，包括教学管理、教学环境、教学方法、教学评价等，然而目前关于基于大数据的网络教学过程的研究少之甚少，也未有一个清晰的基于大数据的网络教学评价过程。

欧阳葵从构建网络学习中教师教学评价指标体系入手，利用数据挖掘技术实现网络学习中教师教学评价的自动化、智能化，他认为基于数据挖掘的网络学习教师教学评价的信息收集与处理包括评价数据的收集、集成、选择、清理、转换、分析与处理、评价结果的表达与解释、评价结果的反馈八个阶段。[3] 孟小

① Pistilli M D，Arnold K E. In practice：Purdue Signals：Mining real-time academic data to enhance student success[J]. About Campus，2010(03)：22-24.

② 郑燕林，柳海民．大数据在美国教育评价中的应用路径分析[J]. 中国电化教育，2015(07)：25-31.

③ 欧阳葵．基于数据挖掘的网络学习中教师教学评价研究[J]. 电脑开发与应用，2014(02)：4-5.

峰等人通过归纳由中国人民大学网络与移动数据管理实验室(WAMDM)开发的以作者为中心来展示多学科中文文献的集成数据库系统 ScholarSpace 的大数据处理流程，总结出大数据的基本流程，包括抽取与集成、数据分析以及数据解释三个阶段。[①] 专注于为用户提供最佳 IT 运行维护管理解决方案的勤智数码公司认为，普遍实用的大数据处理流程包括数据采集、数据导入和预处理、数据分析和统计、数据挖掘四个阶段。

综上所述，结合网络教学评价的一般过程以及大数据处理流程，基于大数据的网络教学评价过程大致可分为以下几个阶段：确定评价目标与标准、明确数据采集对象与内容、实施数据集成与清理、进行数据转换与分析、完成数据解释与反馈。具体如图 7-2 所示。

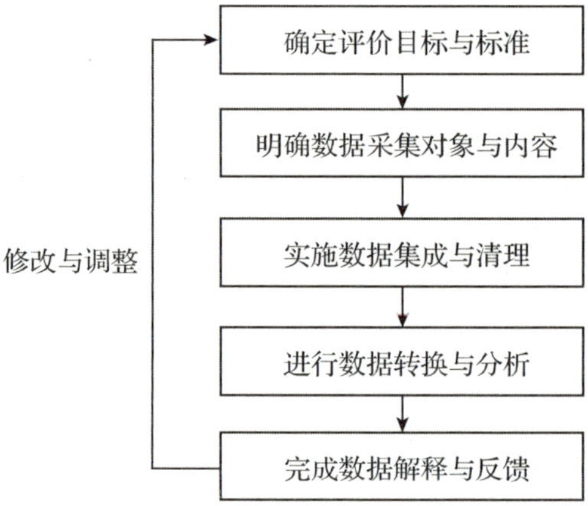

图 7-2　基于大数据的网络教学评价的过程

拓展阅读 1：“美国‘希维塔斯学习’利用大数据帮助学生提高成绩”案例

扫一扫，请认真学习“美国‘希维塔斯学习’利用大数据帮助学生提高成绩”案例，体会大数据应用于教育领域的价值，理解基于大数据的网络教学评价。

三、基于学习分析的网络教学评价

学习分析技术注重监测和预测学生的学习成绩，及时发现潜在问题，为教

① 孟小峰，慈祥．大数据管理：概念、技术与挑战[J]．计算机研究与发展，2013(01)：146-169.

学过程提出有针对性的改进策略和教育决策，比如通过仪表盘或构建图形化模型等方式对学习过程进行评估、追踪预测和分析以实现个性化学习。[①] 基于学习分析的网络教学评价为提升学生学习质量提供了新的思路，并以数据驱动的方式改进网络教学实践、促进学生个性发展。

(一)学习分析

学习分析的概念源于美国高等教育信息化协会的"下一代的挑战"，其认为：使用数据和模型预测学生收获和行为，具备处理这些信息的能力。[②] 2011 年，首届学习分析与知识国际会议将学习分析技术定义为，测量、收集、分析和报告关于学生及其学习情景的数据，以期了解和优化学习及产生的环境的技术。[③] 美国高等教育信息化推进组织(EDUCAUSE)对学习分析的界定为，学习分析就是利用数据和模型，预测学生在学习中的进步和表现，预测未来表现和发现潜在问题。由此可见，学习分析技术分析的对象是学生及其学习环境，目的是评估学生、发现潜在问题、理解和优化学习，是最贴近教育需求的数据分析技术。

由上述定义可知，学习分析具有以下特征。

一是多样化的数据来源。数据来源有 LMS(学习管理系统)、CMS(课程管理系统)和学生档案系统等数据库，也有学生学习过程中的资料、作品、学习轨迹等，还有学生个人非正式知识管理系统(如博客、微博、微信等)等。不同来源的海量数据为个性化的学习服务提供了支撑，数据采集自动化为智能化的学习提供了便捷条件。

二是模块化的分析技术。学习网络的实时调整、学生关系的动态变化及学习内容的复杂多变，使得网络学习的过程研究变得十分复杂。若要开展有效分析，单一的学习分析工具已无法满足智慧学习环境中对学习分析的多样化要求。此时，便需要强调对多种工具、多重方法、多类技术的模块化聚合，针对不同的数据采用不同模块进行加工、挖掘和分析，进而透过数据对网络教学给出合理的解释，并为网络学习提供支持和保障。

三是可视化的分析结果。学习分析的主要目的是预测学习结果和提高学习绩效，并以可视化和直观化形式显示数据，以便学生和教师对自身情况做出判断。可视化的方式使得师生更加直观地解读学习的参与程度或预测学生的努力程度。

① 胡艺龄，顾小清，赵春．在线学习行为分析建模及挖掘[J]．开放教育研究，2014(02)：102-110.

② 吴永和，陈丹，马晓玲，等．学习分析：教育信息化的新浪潮[J]．远程教育杂志，2013(04)：11-19.

③ Siemens G，Long P. Penetrating the fog：analytics in learning and education[J]. Educause Review，2011(02)：S866.

四是微观化的服务层次。学习分析的直接服务对象是教师和学生，就是对网络学习过程中发生的各种数据进行分析和提供建议。例如，通过教学数据反馈帮助教师提高教学质量、教学水平和职业技能，通过学习情况反馈帮助学生提高课程通过率，为学生的适应性学习提供建议等。

（二）学习分析对网络教学评价的支持

在基于网络的教学中，学习分析技术作为一种有效分析学习过程和结果的工具，以其对绩效评估、过程预测与活动干预的便捷性等特点，越来越受到教育界的追捧。也正由于学习分析技术发展带来的优势，采用其开展网络环境下的教学评价才更加方便实现过程性、动态性、多元评价，才更有利于学生个性化学习、弥补原有能力的不足，以及教师教学效率的提高、教学质量的改善。因此，学习分析对网络教学评价的支持作用如下。

1. 有利于教师对学习进行分析

利用学习分析技术，教师可获得学生学习绩效、过程及学习环境等信息，为教师优化网络教学提供方法和思路。对教师来说，改善教学质量、提高教学水平、促进教学效益最大化是主要目标。学习分析技术可帮助教师了解单一学生和全体学生的学习进展情况，也能获取学生学习风格、参与度、积极性等一系列可视化分析报告。在此基础上，教师可针对个别学生采取恰当的教学干预，也可通过改进教学方案、改变教学方式等开展教学。学习分析技术为学习和评估方式创造出更多的可能性和更大的灵活性，促进教学模式的改变和教学过程的优化。

2. 有利于学生进行自我评估

学习分析的主要目的是预测学习结果和帮助学生反思。学习分析作为一种有效的辅助学习工具，可帮助学生开展自我评估、实施个性化学习、提升学习危机预警等。例如，学生可借助学习分析技术获取个人学习情况报告，进行自我评价，了解自己的优势和不足，自我认识、自我定位、自我规划等。学生也可分析自己的学习过程数据，通过回顾自己的学习时间、内容、方式等，开展个性化学习，引导学生自我管理和自我激励。学生还能借助其提升学习危机感，自我采取相应的措施赶超学习同伴。

（三）基于学习分析的网络教学评价过程

很多学者从不同角度为学习分析设计了整体框架，西蒙斯（George Siemens）提出了一个工作流引擎驱动的学习框架，框架由数据采集、分析、预测、调整四个工作流组成。[①] 伊莱亚斯（Tanya Elias）提出了一个由四个技术资

① Siemens G. What are learning analytics [J]. Retrieved March, 2011: 10.

源和三个循环阶段组成的改进的学习分析框架。[①] 四个技术资源指计算机、人、理论、组织机构。三个循环阶段包括六个活动：数据收集(选择与采集)、数据处理(整合与预测)、知识应用(使用和优化)。李青等人把学习分析的过程粗略地划分为数据收集、数据处理以及数据应用和反馈三个阶段。[②] 李艳燕等人系统地梳理了学习分析的五个环节，包括数据采集、数据存储、数据分析、数据表示与应用服务。五个环节是学习分析技术的核心组成要素，实现了大规模数据处理及应用服务。[③]

通过阐述学者对学习分析的已有研究，并结合网络教学评价的一般过程，我们认为基于学习分析的网络教学评价过程可分为四个环节：准备阶段、实施阶段、调整阶段、优化阶段。学习分析过程主要集中在实施阶段、调整阶段和优化阶段，重在对数据的分析、跟踪和预测，以反复调整和优化教学方案和学习过程。具体过程如图 7-3 所示。

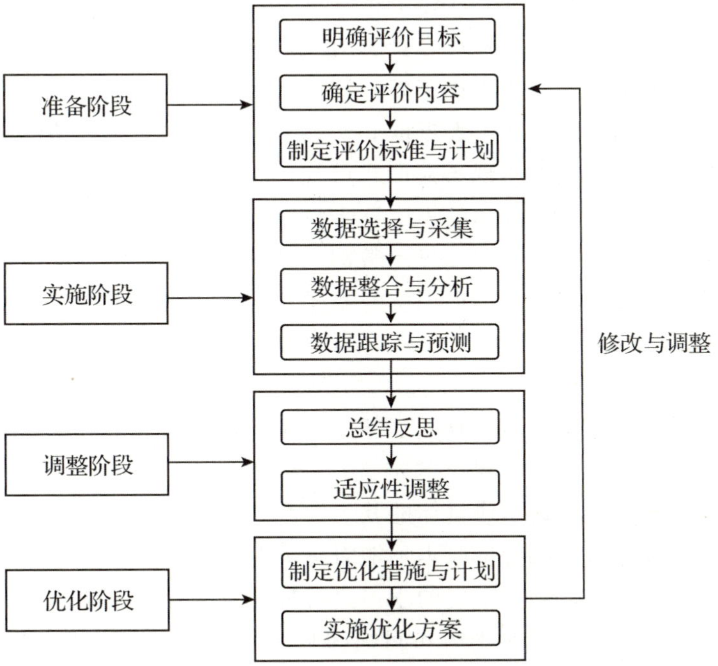

图 7-3　基于学习分析的网络教学评价的过程

① Elias T. Learning analytics：definitions，processes and potential [J]. Learning，2011(23)：134-148.

② 李青，王涛．学习分析技术研究与应用现状述评[J]．中国电化教育，2012(08)：129-133.

③ 李艳燕，马韶茜，黄荣怀．学习分析技术：服务学习过程设计和优化[J]．开放教育研究，2012(05)：18-24.

图 7-3 主要反映了基于学习分析的网络教学评价具体实施的四个阶段之间的关系。基于学习分析的网络教学评价的各个环节中包含着教师和学生的主要活动，整个过程是一个循环往复、螺旋上升的过程，同时又是一个有着内容逻辑关系的有机整体。

拓展阅读 2：《基于学习分析的在线学习测评建模与应用——学习者综合评价参考模型研究》

扫一扫，请仔细研读《基于学习分析的在线学习测评建模与应用——学习者综合评价参考模型研究》，认识学习分析在教育领域的应用价值，理解基于学习分析的网络教学评价。

四、基于可视化技术的网络教学评价

近年来，网络技术飞速发展，计算机在信息表达和信息交互方面取得了骄人成绩，也为网络教学评价提供了新的视角。可视化技术为视觉教学理论注入了新的活力，是现代教育技术发展的必然趋势，在网络教学评价中的应用潜力也是巨大的。可视化技术体现了人们在可视化方面的不同需求，这些技术是随着科学技术的进步和人类认知的需求逐步发展而来的，它们的共同特点都是利用计算机图形图像技术来分析和显示数据。基于可视化技术的网络教学评价使得网络教学过程和结果的数据得以实时呈现，有利于学生自我反思、自我警醒能力的发展。

(一)可视化技术

“可视化”作为专业术语出现，始于美国自然科学基金会在 1987 年召开的一个专题研讨会，会议对可视化的定义是：可视化是一种计算和处理的方法，它将抽象的符号(数据)表示成具体的几何关系，使研究者能亲眼看见他们所模拟和计算的结果，使用户看见原本不能看见的东西。

可视化技术不仅能够为学生的学习过程提供可视化的支架与导航，还可作为认知工具支持学生知识的建构和问题的解决。随着可视化技术的不断发展，可视化技术呈现出以下五个特征。

一是直观化。可视化技术直观形象地呈现数据，可用图像、曲线、二维图形、三维体和动画等显示，并可呈现数据之间的相互关系。

二是多维性。通过可视化技术，用户能清晰地看到数据的多个属性或变量，并实现数据的分类、排序、组合和显示。

三是关联化。可视化技术帮助用户挖掘并突出呈现数据之间的关联，直接快捷地厘清各属性、事件之间的关系。

四是交互性。可视化技术能够实现用户与数据的交互，增强用户对数据的控制、管理与开发。

五是艺术化。可视化技术能够通过不同的表现形式，增强数据呈现的艺术效果，符合审美规则。

（二）可视化技术对网络教学评价的支持

可视化技术的发展，加快了数据的处理速度，使得工作、学习过程中产生的海量数据得以有效利用。数据、知识、思维等的可视化处理将抽象、复杂的过程以形象化的视觉表达形式进行呈现，实现了人人、人机之间的图像通信，使人们可观察到利用传统方法难以发现的现象和规律，进而助力人们的工作和生活。可视化技术为网络教学评价提供了一种新的方法和思路，使得网络教学过程和结果的数据得以实时呈现，方便开展并优化师生的教与学活动。

基于可视化技术的网络教学评价是指对学生学习过程和结果进行评价，并将过程和结果数据以图形、图像等直观形式表示出来的一种评价方式，使得教师快速便捷地掌握学生整体学习情况，有利于学生自我反思、自我警醒能力的发展。因此，基于可视化技术的网络教学评价具有如下特点。

1. 提供网络教学过程立体化呈现效果

基于可视化技术的网络教学评价，一方面体现了“一图胜千言”的表达优势，另一方面通过可视化技术将网络教学过程的相关数据，以即时反馈、全局展示、动态累积、趣味显示的方式应用于网络教学各环节和活动中，并着重突出“可视化”的教学互动及教学的动态生成，实现网络教学过程立体化呈现。它不仅具有显著的吸引力、沟通力，也强烈增进学生对教学过程以及内容的理解与认知，进而促进学生学习过程中的认知建构与知识生成。

2. 实现动态评价和实时反馈的跟踪指导

传统的网络教学评价重在对学生学习内容、学习结果、教师教学过程等静态数据的评价，而忽略了评价数据本身的动态变化性，忽视了探讨评价数据和教与学改进间的相辅相成关系。基于可视化技术的网络教学评价从评价数据的教学性和动态性深入挖掘其价值所在，并从可视化的实时性、全面性等着手，突破传统网络教学评价的局限（如实时反馈、个性化指导等）提供新的路径。通过跟踪、分析、挖掘可视化数据之间的关系，可以了解每个学生的具体表现情况，分析其内在的规律，进而有针对性地对学生进行指导和管理，弥补教师原有教学的不足。

3. 实现评价数据结果趣味化展示

利用可视化工具，针对评价数据结果可视化的趣味呈现，可增进网络教学互动的趣味性。例如，Socrative 提供有“太空赛”(Space Race)功能，可实时展示学生的学习进展并支持与校内、国内乃至全球其他班级展开竞技比赛。[①] 教师在使用可视化工具(如 Kahoot!、ClassDojo 等)对学生行为、学习结果进行评估时，不同的可视化系统工具表现形式各异，但形象而趣味性地完成整个评估过程，并实现实时效用，是基于可视化技术的网络教学评价的一个重要亮点。

(三)基于可视化技术的网络教学评价

“可视化”最早在计算机科学领域出现，随后在科学计算可视化的基础上发展，出现了数据可视化、信息可视化和知识可视化。其中，科学计算可视化和数据可视化要求可视化内容应具有一定的空间性和结构性，一般应用于计算机领域。信息可视化、知识可视化的可视化对象分别为非空间数据、人类的知识，应用领域较为广泛。随着可视化技术逐渐迁移到教育领域中以来，演变出了数据可视化、知识可视化、思维可视化。其中，数据可视化借助图表、图像形象地呈现数据，支持用户直观了解数据本身，分析蕴含在数据背后的信息与数量关系，其主要目标在于通过图形化的手段清晰有效地传达信息，帮助人们揭示趋势、探索来源、获取新知[②]；知识可视化是研究如何应用视觉表征改进两个或两个以上人之间复杂知识创造与传递的学科[③]；思维可视化是利用图形化、形象化的形式来表达人们头脑中形成的概念、知识、思想等，把隐性知识显性化、可视化，方便人们思考、表达、理解并能促进交流的一种图形技术[④]。

可视化技术既能实现教学过程可视化，也能实现教学结果可视化，二者均通过一定的可视化工具和手段来完成。常用的可视化方法包括颜色可视化、面积与尺寸可视化、图形可视化、概念可视化、地域空间可视化。例如，倪妙珊为实现小学科学探究过程可视化，利用视频工具将知识进行可视化，利用思维导图将实验计划可视化，利用相机工具记录探究的思维过程，利用 Numbers

① 阮士桂，郑燕林．课堂数据可视化的价值与教学应用[J]．现代远程教育研究，2016(01)：104-112.

② 张金磊，张宝辉，刘永贵．数据可视化技术在教学中的应用探究[J]．现代远程教育研究，2013(06)：98-104.

③ 赵国庆．知识可视化 2004 定义的分析与修订[J]．电化教育研究，2009(03)：15-18.

④ 马晨辉．思维可视化导图工具探究[J]．中国信息技术教育，2013(09)：68-70.

工具，创建云实验表格，将全班的实验数据进行收集与可视化等。[①]

另外，由美国弗吉尼亚州数字历史中心于2007年创建，现由美国弗吉尼亚大学科学、人文及艺术技术创新网(Sciences，Humanities & Arts Network of Technological Initiatives，SHANTI)运营的一个可支持中文的在线可视化编辑工具Visual Eyes，采用乐高积木的“虚拟搭建”理念，让设计者可以按照自己的需求，将网络上各种类型的资源(可以是图片、视频、音频以及数据库等)链接到平台上，再辅助一些简单的脚本，最终形成结构化产品，此类工具可积极自主地为所分析、组织的数据或信息创建一种可视化的呈现。[②] 2006年5月Google公司推出的一款基于搜索日志分析的应用产品Google Trends，它可以通过图形化的方式展示最热门的关键词，以及各种关键词自2004年开始的历史走势及与此相关的新闻报道，此类工具可对用户检索的数据信息进行相应的可视化处理，如挖掘数据之间的重要关联或呈现一个数据发展趋势。[③] 还有一些其他的可视化工具，如Infogram、Venngage、Piktochart、Canva等。

基于可视化技术的网络教学评价就是根据一定的评价目标，制定科学的评价标准，通过相应的可视化技术工具，实现网络教学过程或结果的可视化，进而实现数据可视化、知识可视化或思维可视化的评价。整个评价过程是通过可视化技术手段进行表征的，评价结果也是以可视化的方式呈现的，目前较多的是通过图形、图表等将数据可视化，也有通过思维导图软件(如MindManager、Xmind、IMindMap等)将学生的思维进行可视化的。可视化技术越来越成为网络教学评价中的一种表征手段和工具，也可作为学生的一种认知工具，用以支持、指导和扩展学生的系统化思维水平，为学生形成自己的学习路径图提供了帮助。

参考资源：数据可视化工具

扫一扫，了解一些数据可视化工具，理解基于可视化技术的网络教学评价。

---

① 倪妙珊．小学科学探究的可视化研究[D]．广州：华南师范大学，2016.

② 张金磊，张宝辉，刘永贵．数据可视化技术在教学中的应用探究[J]．现代远程教育研究，2013(06)：98-104.

③ 张浩，郭灿．数据可视化技术应用趋势与分类研究[J]．软件导刊，2012(05)：169-172.

第四节　智慧学习评价的设计

智慧教育代表了技术变革教育的未来发展方向。当前，智慧教育发展如火如荼，自然需要更“智慧”的教育评价方式。物联网、云计算、移动通信、大数据等新一代信息技术的发展为教育评价从“经验主义”走向“数据主义”提供了技术条件，可实现各种教育管理与教学过程数据的全面采集、存储与分析，并通过可视化技术进行直观的呈现。智慧学习评价是网络教学评价的智慧化表现，随着技术的广泛深入，如何设计智慧学习评价越来越成为现阶段评价的重要难题。

一、智慧学习评价的定义及特点

智慧学习评价是指在智慧学习环境中，以培养具有高智能和创造力的人才为目标，借助新兴智能信息处理技术与工具，采用相应的评价方法，对智慧学习过程及其结果进行测量，并做出科学精准的价值性判断。

智慧学习评价在网络教学评价的基础上发展而来，是借助智慧教育理念，依托新兴科学技术演化而来的，它表现出如下特点。

(一)采用新兴智能信息处理技术

智能信息处理涉及信息科学的多个领域，是现代信号处理、人工神经网络、模糊系统理论、进化计算，包括人工智能等理论和方法的综合应用。[①] 目前，新兴智能信息处理技术包括云计算、大数据、学习分析等先进技术。

(二)做出科学精准评价

智慧学习评价是针对智慧学习现状而进行测量、计算，并呈现可视化图表，从而通过数据做出科学精准判断。在此过程中，“数据”是核心，数据的全面采集与计算、过程的自动监控与记录、报告的动态生成与展现，是做出精准评价的前提。

(三)提供智能学习决策

智慧学习评价能够根据数据判断结果，为学生提供学习诊断、预测和反馈，并对之后的学习发展提供针对性建议和决策方案。教育工作者通过智能控制数据和结果，在系统内各类数据的汇聚与处理基础上，深度挖掘分析，为学

① 宁丽鹏．智能信息处理技术研究[J]．湖南农机，2012(07)：54-55.

生学习情况优化提供科学决策依据，进而有效解决教与学过程中的问题。

二、智慧学习评价的设计过程

智慧学习评价是一个实时的、动态的、精准的评价过程，它需要采用新兴智能信息处理技术，通过一定的智能化平台或设备采集信息数据，进而实现智慧的评价，做出智慧的决策。智慧学习评价过程与其他教学评价过程不同，表现为不同的评价目的、评价内容、评价方法等。智慧学习评价的设计过程包括确定评价目标、构建评价模型、收集评价数据、分析评价数据、做出价值性判断、进行智能决策阶段。

(一)智慧学习评价的设计过程

智慧学习评价的设计过程与传统网络教学评价既存在相似之处，也有所区别。通过丰富的智慧学习理论研究和智慧课堂实践教学，我们总结出智慧学习评价的过程如图 7-4 所示。

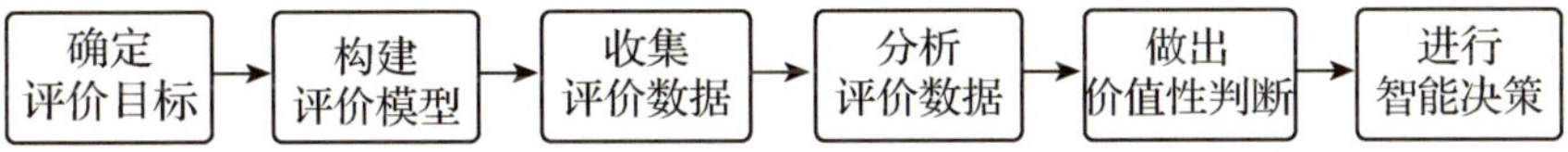

图 7-4　智慧学习评价的设计过程

1. 确定评价目标

智慧学习评价的目标不仅仅局限于知识的掌握、技能的习得，还包括情感态度的养成以及创新精神的树立和实践能力的提升。智慧学习评价目标是要让学生在智慧学习环境下，通过个人自学、研讨性学习、在做中学等解决实际问题，主动获取相应的知识和技能，创造个人作品，逐步提升创新精神和实践能力。评价的目标并非为了区分等级，而是为了改善学生的行为，促进学生的发展。评价目标的确定是影响评价质量和效果的根本因素。

2. 构建评价模型

智慧学习评价需以科学理论为指导，依据学生外在学习特征和内在心理表征，构建智慧学习评价模型，从而确定评价指标，使其具有理论依据和可操作性。例如，武法提等人在大数据特征分析的基础上，对电子书包各学习系统生成大数据的缘由进行分析，并以电子书包记录的大数据信息为分析对象，依据个性化学习、个性心理学和学习分析理论，构建了基于电子书包大数据的学生个性化分析模型。①

① 武法提，牟智佳．电子书包中基于大数据的学生个性化分析模型构建与实现路径[J]．中国电化教育，2014(03)：63-69.

3. 收集评价数据

智慧学习评价数据的收集主要依托智慧学习环境中的智能设备(如电子书包、传感器等)，自动监控与记录学生的学习活动、过程，如记录学生在电子书包资源库中浏览的知识点、观看的教学视频及时间点、测试练习、考试情况等，还包括采集学生参与互动答疑次数、参与学习社区交流的次数及讨论主题分布等。

4. 分析评价数据

智慧学习环境中的平台设备自动对相关数据进行统计分析并呈现可视化的数据及图表，确保评价的有效性、科学性和精准定位，进而实现知识可视化、数据可视化、思维可视化。

5. 做出价值性判断

智慧学习评价通过采用智能信息处理技术，对评价对象的品质特征做出科学精准的评价，并在评等定级、差异比较、达标程度、发展水平等方面进行价值性描述和判断。

6. 进行智能决策

结合智慧学习评价目标，为学生提供学习诊断、学习预测、学习反馈、学习建议等，促进学生的学习发展。通过智能决策，教学更加个性化、管理更加精细化、决策更加科学化。

三、智慧学习评价的设计案例

智慧学习评价的设计案例有多种，在这里选择两个较为典型的案例加以详细阐述。一是学情智能诊断，二是智慧课堂学习效果评价，前者针对学生课前学习的形成性评价而言，后者侧重学生课中学习后的总结性评价。

(一)学情智能诊断

学情智能诊断是指在智慧学习环境下，通过相应的技术手段对学生的学习情况(包括学习历史记录和学习绩效)进行智能诊断，从而据此动态组织和智能推送适合学生能力的学习内容的整个过程。整个过程由系统自动完成。

这里以佛山市S中学的教学应用实践来具体说明如何进行学情智能诊断。

1. 确定评价目标

根据翻转课堂教学要求，选定教学内容为初中数学“二元一次方程与一次函数”，该部分内容要求学生达到的目标有三个方面：知识层面、方法层面和态度能力层面。①理解二元一次方程与一次函数的关系；能利用函数图像写出二元一次方程组的解，能通过解方程组求直线的交点坐标。②学会用函数的观点去认识问题，体会转化和数形结合的思想方法。③养成严谨的学习态度，在探究中提升创新精神和实践能力。

2. 构建评价模型

教师预先建立体现上述教学目标的评价指标体系，拟定课前预学提纲并选择配套资源，然后利用智能信息推送技术推送课前检测题，以此诊断学生的预学情况。例如，课前的微课、预习提纲、课前检测题均可以作为对学生学习情况的诊断。

3. 收集评价数据

该阶段主要是利用电子书包自动监控和记录功能，收集学生“课前学习”完成检测题的有关数据。图 7-5 所示为教师下发测试题、批改测试题的数据。

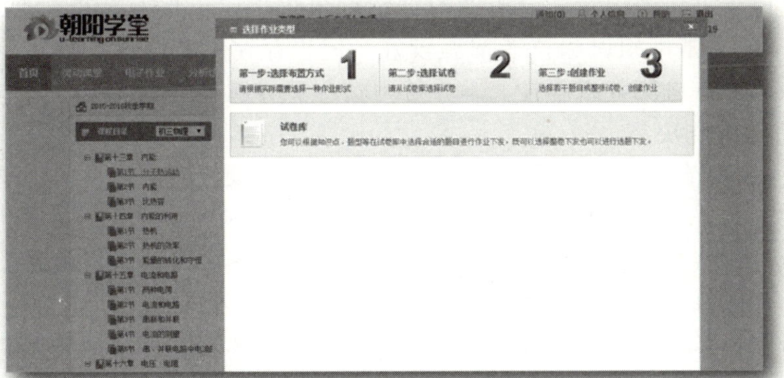

* 作业名称	九年级物理第一单元第一节分子热运动	* 科目	物理
* 班级	初三(17)班	状态	已下发
* 试卷	九年级物理第一单元第一节分子热运动	作业类型	课前预习
* 作业日期	2015-09-23	创建人	大沥老师4
未完成人数	7	已完成人数	1
总人数	8	平均分	80

操作	序号	姓名	学号	完成时间	批阅时间	状态	得分
(查看)		大沥同学1	999070161	2015-09-27 15:01	2015-09-27	批阅已完成	80

图 7-5　教师下发测试题数据

4. 分析评价数据

该阶段利用电子书包自动阅卷功能，科学精准统计分析评价数据，主要是电子书包自动生成并形成简单统计分析图等。图 7-6 所示为电子书包自动阅卷情况。

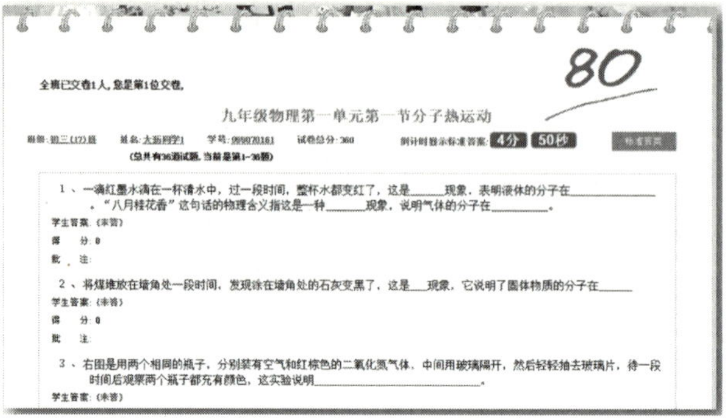

图 7-6　电子书包自动阅卷情况

5. 做出价值性判断

根据电子书包中记录、分析的数据情况可得出以下诊断结果：通过“课前学习”，学生对基础知识和技能掌握较好，但仍存在一些问题，如重点问题和提升练习部分，检测效果不佳，学生练习情况差异明显。

6. 进行智能决策

通过对“课前学习”的智能诊断，为“课中教学”采取有针对性的措施提供了科学依据。对于课中的教学设计方案，教师予以如下调整：①针对重、难点问题，采取合作探究式教学；②针对学生差异显著问题，采取分层教学。

(二)智慧课堂学习效果评价

智慧课堂是以培养具有高智能和创造力的人才为目标，依赖大数据、学习分析等技术，实施学情诊断分析和资源智能推送，开展“云＋端”学习活动与支持服务，进行学习过程记录与多元智能评价的新型课堂。智慧课堂学习效果评价即依托智慧课堂，采用相应的技术手段，对学生学习效果进行多元评价。

这里以智慧学习环境下小学语文阅读课生成性教学实践为例，说明智慧课堂学习效果评价情况，以此阐明智慧学习评价设计的具体操作过程。

生成性教学是在弹性预设基础上，师生充分交互，不断调整教学活动和行为，共同建构并形成新的信息、资源的动态过程，以实现教学目标和创生附加价值。广州市 L 小学在基于电子书包的智慧学习环境下，开展小学语文阅读教学。经过两轮实践教学后，学生的学习效果成为衡量该校生成性教学成效的重要指标之一。

1. 确定评价目标

根据生成教学实践要求，第一轮选定教学内容为小学语文《新型玻璃》，第二轮选定教学内容为小学语文《梦想的力量》。具体如表 7-3 所示。

表 7-3　小学语文阅读课生成性教学路径的行动研究计划表

研究内容	研究计划
《新型玻璃》(2 学时)	第一轮行动研究
《梦想的力量》(2 学时)	第二轮行动研究

以《梦想的力量》为例，该课要求学生达到如下目标：①识记并理解《梦想的力量》主题内容；②掌握多种阅读方法，提升在读中质疑解疑的能力；③养成认真阅读的态度和习惯。

2. 构建评价模型

根据生成性教学的内涵与追求，以教学目标的实现和附加价值的生成程度作为评价标准，同时结合布卢姆的教学目标分类理论及小学语文阅读课的三维目标制定小学语文阅读课生成的评价指标体系。然后制定小学语文阅读课生成情况表，并准备一套知识检测题。具体如图 7-7、图 7-8、图 7-9 所示。

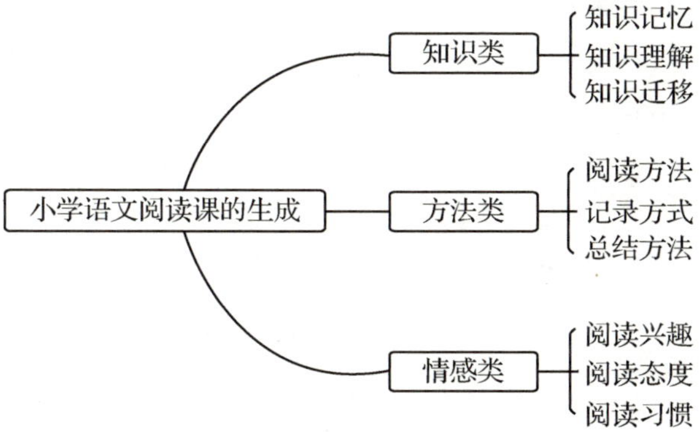

图 7-7　小学语文阅读课生成的评价指标体系

3. 收集评价数据

该评价数据来源主要分三类。第一类是电子书包平台自动记录的数据，包括大量学生制作的电子书、思维导图、阅读批注等。第二类是测试题数据。围绕知识记忆、知识理解、知识迁移三个维度，设计难度系数相同的测试题进行评价知识类生成，通过自动阅卷获取相应数据。第三类是问卷星数据。根据小学语文阅读课生成的评价指标体系，采用里克特量表的五度量尺，并根据量表的信度和效度分析结果进行适当调整，制定测量方法类生成的 15 个问题和情感类生成的 4 个问题，收集的数据留在问卷星平台。最终收集的相关数据及信息如图 7-10 所示。

图 7-8　小学语文阅读课生成情况表

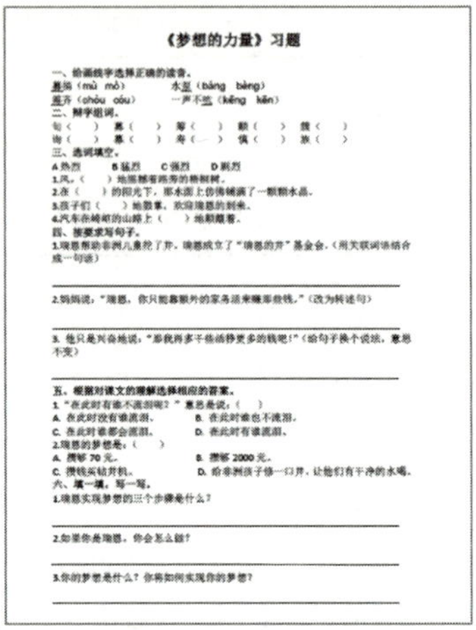

图 7-9　知识检测题

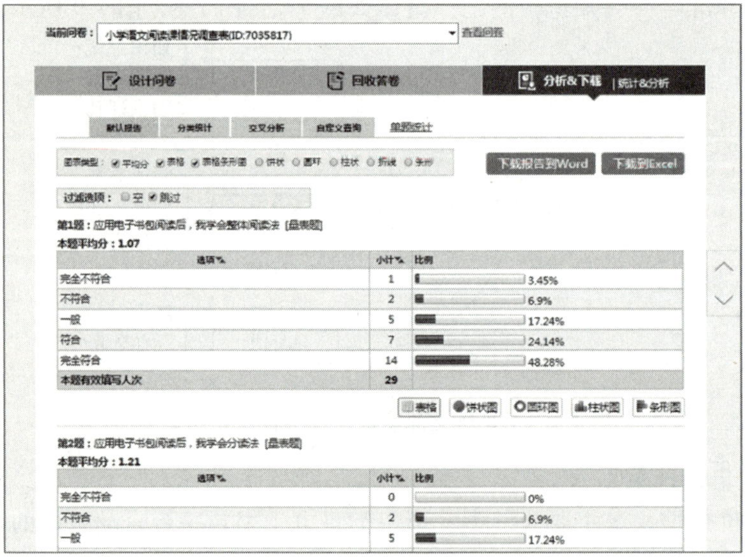

图 7-10　问卷星数据

4. 分析评价数据

根据电子书包平台、测试题、问卷星数据及相应的分析报告，可得到知识类生成、方法类生成、情感类生成三种数据。

表 7-4 为知识类生成数据情况。

表 7-4 知识类生成情况

一级指标	二级指标	得分	
		第一轮	第二轮
知识类	知识记忆(40 分)	35.33	36.48
	知识理解(30 分)	27.62	27.73
	知识迁移(30 分)	23.04	23.85
	合计(100 分)	85.98	88.06

对于知识类生成情况得出如下初步结论：①两轮总得分说明该教学对知识类的生成是有效的；②“知识记忆”和“知识理解”两指标分值接近各指标的总分值，说明该教学对促进这两方面的生成较为明显；③“知识迁移”这一指标的分值相对较低，生成低效。

表 7-5 为方法类生成数据情况。

表 7-5 方法类生成情况

一级指标	二级指标	具体描述	得分率	
			第一轮	第二轮
方法类	阅读方法	1. 应用电子书包阅读后，我学会整体阅读法。	0.52	0.55
		2. 应用电子书包阅读后，我学会分读法。	0.59	0.54
		3. 应用电子书包阅读后，我学会口诵笔述法。	0.55	0.59
		4. 应用电子书包阅读后，我学会带题阅读法。	0.66	0.66
		5. 应用电子书包阅读后，我能轻松快速阅读。	0.80	0.86
	记录方式	1. 应用电子书包阅读时，我会对阅读内容做批注。	0.66	0.68
		2. 应用电子书包阅读时，我会对阅读内容写卡片。	0.57	0.57
		3. 应用电子书包阅读时，我会对阅读内容做笔记。	0.63	0.63
		4. 应用电子书包阅读后，我会对阅读内容列提纲。	0.54	0.57
		5. 应用电子书包阅读后，我会对阅读内容绘制图表。	0.52	0.57
		6. 应用电子书包阅读后，我会对阅读内容做概念图。	0.59	0.55
	总结方法	1. 应用电子书包阅读后，我经常写读书笔记。	0.50	0.59
		2. 应用电子书包阅读后，我经常自我反思。	0.30	0.55
		3. 应用电子书包阅读后，我经常写个人总结。	0.30	0.54
		4. 应用电子书包阅读后，我经常制作个人小作品。	0.25	0.48

对于方法类生成情况，得出如下初步结论：①两轮研究各题项得分 Fi 均大于 0，说明应用该教学可顺利实现方法类的生成，②第一轮研究得分说明该教学可促进方法类的生成；第二轮研究得分说明该教学的完善对“阅读方法”和“记录方式”的生成效果显著；③第一轮研究得分说明“总结方法”的生成还需要加以引导，第二轮研究得分说明通过教学的完善，“总结方法”的生成明显提升。

表 7-6 为情感类生成数据情况。

表 7-6 情感类生成情况

一级指标	二级指标	具体描述	得分率	
			第一轮	第二轮
情感类	阅读兴趣	1. 应用电子书包阅读后，我更喜欢用电子书包学习了。	0.52	0.68
		2. 应用电子书包阅读后，我的阅读兴趣提高了。	0.64	0.75
	阅读态度	应用电子书包阅读时，我更加认真仔细阅读。	0.52	0.68
	阅读习惯	应用电子书包阅读后，我的阅读习惯改变了。	0.57	0.63

对于情感类生成情况，得出如下初步结论：①两轮研究中各题项得分 Fi 均大于 0.5，说明该教学对情感类的生成效果显著；②第二轮研究得分均有提升，说明完善的教学提升了学生的“阅读兴趣”，转变了学生的“阅读态度”，改变了学生的“阅读习惯”。

最后，通过两轮实践教学，可得出以下结论：①完成了语文阅读的预定教学目标；②实现了知识、方法和情感生成等附加价值。

5. 做出价值性判断

由两轮教学实践的评价结果可知，在智慧学习环境中开展小学语文阅读课生成性教学效果显著，但仍存在以下问题：①教师推动生成中的有效指导能力不足；②教师捕捉有效生成的能力缺乏。针对现状，根据上述评价结果，建议下一阶段的教学成为重中之重。

6. 进行智能决策

根据上述数据结果、价值性判断，对下一阶段的教学建议为：①教师加强对生成性教学理论的学习；②教师在进行教学设计时，通过可视化技术，将生成性教学路径可视化；③教师进一步熟悉并掌握智慧学习环境中技术的使用。

本章小结

本章主要讨论了网络教学评价的内容、网络教学评价的过程与方法、智慧学习评价的设计等内容。

1. 网络教学评价的内容

与传统教学评价相比，网络教学评价具有利用大数据、注重学习分析、强调过程动态性的特点。网络教学评价的内容主要包括对学生的评价、对教师的评价、对网络学习资源的评价、对网络学习支持服务的评价。

2. 网络教学评价的过程与方法

网络教学评价是一个动态的、循环往复的过程。其评价过程一般包括四大阶段：评价设计、评价实施、评价分析和评价反馈。评价设计阶段包括明确评价目标、分析评价内容、确定评价主体、选择评价方法；评价实施阶段包括制定评价标准、收集评价数据；评价分析阶段主要是指分析数据，得出结论，形成评价报告；评价反馈阶段主要是指反馈评价意见，并根据反馈意见，修改、完善网络教学。另外，也简单介绍基于大数据、学习分析、可视化技术的网络教学评价方法。

3. 智慧学习评价的设计

智慧学习评价是网络教学评价的智慧化发展。智慧学习评价的设计成为现阶段的重要主题。其设计过程包括确定评价目标、构建评价模型、收集评价数据、分析评价数据、做出价值性判断、进行智能决策。此外，通过两个典型案例详细阐述智慧学习评价的设计过程。

思考与练习

1. 陈述网络教学评价的含义和内容。
2. 根据需要，选择某一网络教学评价内容，设计评价指标体系。
3. 简述基于大数据、学习分析、可视化技术的网络教学评价及特点。
4. 试述智慧学习评价的设计过程。

第八章　网络教学设计与评价的新发展

内容结构

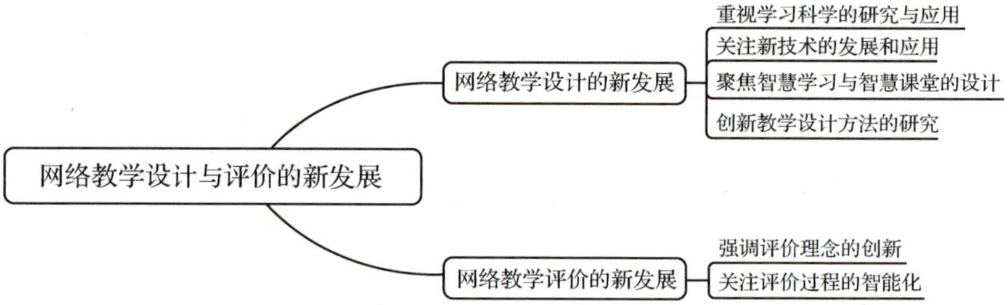

学习目标

1. 了解：网络教学设计与评价的前沿进展。

2. 理解：学习科学、新兴技术以及相关教育教学理论创新对网络教学设计与评价的理念、内容与方法的影响。

学习建议

1. 本章的重点是掌握当前网络教学设计与评价的研究热点，难点是理解新兴科学与技术等对当前网络教学设计与评价发展创新的影响。

2. 可运用分组研讨的方式，选择感兴趣的主题进行文献调研和评述，汇报与共享研究成果。

"互联网＋"时代，网络教学设计与评价的发展强调深化信息技术与教育教学的融合，重塑教学结构，再造教学流程，促进网络教学理念、网络教学模式和网络教学评价的改革创新。本章将基于当前学习科学、新兴技术以及相关教育教学理论的发展与应用，分别阐述网络教学设计与网络教学评价的前沿进展。

第一节　网络教学设计的新发展

2000 年以来，技术和理论对教育领域的方方面面，包括教学环境、学习

环境、学习方式以及教学模式、策略、方法等，产生了不同程度的影响。其中最重要的影响，体现在教学设计方面。①

当前，跨学科的理论融合、新兴技术的发展与应用以及学习方式的变革，共同影响着网络教学设计理论与实践研究的走向。以学习科学为代表的新兴科学与理论的发展，为网络教学设计提供了新的理论引领；“互联网+”时代日新月异的信息技术，为网络教学设计提供技术支撑；随着智慧教育理念的发展，智慧学习与智慧课堂成为网络教学设计内容的新视域；网络教学设计方法不断更新，且逐步趋向模式化、可视化和智能化。

一、重视学习科学的研究与应用

作为一门新兴科学，学习科学综合众多研究领域，旨在了解人是怎样学习的和如何促进人的有效学习，其研究成果从不同角度、不同侧面揭示了教与学的内在机制和规律，为网络教学设计的发展提供了重要的理论依据。

(一)什么是学习科学

学习科学涉及认知科学、教育心理学、计算机科学、信息科学、生物医学工程等众多研究领域，通过在心智、脑和教育之间建立桥梁，将脑科学的最新成果应用于教育和学习过程。《剑桥学习科学手册》开宗明义，学习科学是一个研究教与学的跨学科领域。学习科学研究的目标，首先是更好地理解认知过程和社会化过程以产生最有效的学习，其次是用学习科学的知识重新设计我们的课堂和其他学习环境，从而使学生能够更有效和深入地进行学习。② 简言之，学习科学就是研究人究竟是怎样学习的、如何促进人的有效学习。

学习科学研究范围广阔、层次多样、方法多种，通过文献研究可知，当前学习科学的研究重点主要包括神经科学研究、早期语言学习和双语学习研究、学习技术的研究与开发、真实情境中的学习研究、社会性学习研究等。

(二)学习科学对网络教学设计的影响

学习科学的发展对网络教学设计产生了重要的影响。具体可从生物学和心理学两个层面去理解。③

---

① 何克抗.2000年以来教学设计的新发展——对美国《教育传播与技术研究手册(第四版)》的学习与思考之一[J]. 开放教育研究，2016(06)：21-30.

② R. Keith Sawyer. The Cambridge handbook of the learning sciences[M]. Cambridge：Cambridge University Press，2006：1-3.

③ 任友群，胡航.论学习科学的本质及其学科基础[J]. 中国电化教育，2007(05)：1-5.

1. 生物学层面的影响

从生物学层面看，脑科学从分子水平、细胞水平、行为水平研究自然智能机理、建立脑模型，揭示人脑的本质，使得人们能够深入了解人是如何学习的。对于脑的高级功能，诸如感知、运动控制、学习记忆、情绪、语言、意识等的认识，取得了较大的研究进展。计算神经科学使用数学分析和计算机模拟的方法对神经系统进行模拟和研究：从神经元的真实生物物理模型、它们的动态交互关系以及神经网络的学习，到脑的组织和神经类型计算的量化理论等，从计算角度理解脑，研究大脑风格的信息处理的本质和能力，探索新型的信息处理机理和途径。这两类科学的发展，为学习科学指导下的网络教学设计提供了生物学基础。

2. 心理学层面的影响

从心理学层面看，认知科学研究发展了不同的学习观，形成了对学习本质、知识属性的不同看法。随着自然科学、社会科学发展的日益深化，传统的知识观不断受到冲击。越来越多的研究者认为，知识是人类在实践的基础上对无限发展着的客观世界的动态认识，是基于客观世界的主观构建，是动态发展的、开放的生态系统，呈现出相对性、不确定性、动态开放性、情境性、多样性与差异性等特征。[①] 从行为主义的学习观到建构主义的学习观，对于学习的界定发生着变化，越来越多学习科学的研究者开始关注“有效学习”“深层学习”。认知科学领域的研究发展，为学习科学指导下的网络教学设计开创了心理学意义上的新篇章。

(三)学习科学视角下的网络教学设计研究

学习科学为网络教学设计的发展提供了新的理论。下面，我们将从基于深度学习的教学设计、基于认知负荷的教学设计、基于具身认知的教学设计、基于生成性理论的教学设计主题介绍学习科学视角下的网络教学设计研究发展。

1. 基于深度学习的教学设计

深度学习是学习科学的主旨。马顿(Ference Marton)等人在研究大学生阅读学术论文所采取的策略时，提出了深度学习的概念；韦格尔(Van Weigel)将其应用于远程教学设计。段金菊和余胜泉在梳理 E-Learning 的现状及主要问题的基础上，剖析了学习科学领域深度学习的重要性，以深度学习的内涵、特征与主旨以及有意义学习和高水平思维等核心理念为依据，构建了 E-Learning

---

① 潘洪建．知识本质：内在、开放、动态——新知识观的思考[J]．教育理论与实践，2003(02)：1-6.

环境下深度学习分析模型。[①] 为了进一步推动学习科学的发展，当前深度学习的研究仍有待于在学习过程的评估与分析、情感体验等方面进一步加强，在研究方法与研究视角方面进行多角度创新，研究应该更精细深入，并充分利用学习评估技术对深度学习的现状进行把脉。

2. 基于认知负荷的教学设计

认知负荷理论对教学设计有着重要的指导意义。认知负荷理论假设人类的认知结构由工作记忆和长时记忆组成，工作记忆容量是有限的，这使得人们很难同时加工多种信息。认知负荷表示处理具体任务时加在学生认知系统上的负荷的多维结构，包括内部认知负荷、外部认知负荷和相关认知负荷。元素间交互形成的负荷称为内部认知负荷，它取决于所要学习的材料的本质与学生的专业知识之间的交互，教学设计者不能对它产生直接的影响。外部认知负荷是超越内部认知负荷的额外负荷，它主要是由设计不当的教学引起的。相关认知负荷是指与促进图式构建和图式自动化过程相关的负荷。外部认知负荷和相关认知负荷都直接受控于教学设计者。三种类型的认知负荷是相互叠加的。斯维勒(John Sweller)指出，认知负荷理论基于知识类型、记忆容量及持续时间等因素的相互作用，勾勒了个体的认知系统架构，利用认知负荷的特性进行教学设计，旨在减少外在认知负荷、增加相关负荷并调节内在认知负荷至最佳水平。[②]

3. 基于具身认知的教学设计

具身认知抓住了传统认知对身体性的忽视，为理解和设计学习提供了新基础，成为继客观主义和建构主义之后教学设计范式的新方向。[③] 具身认知理论认为：身体的物理过程(身体状态、知觉、运动系统、神经活动)，身体与外部环境的互动都是构成认知系统的有机组成部分，因此，认知是具身的、生成的、情境的；身体的知觉是行为产生的基础，认知是具体的个体在实时的环境中产生的，心理和身体是分不开的合作演变。在基于具身理论的教学设计中：学生被视为一个复杂群体；学习和行为一般无法预先确定，学习目标是在教学中与学生一起建构并修改的；提供具有不同刺激的丰富的学习环境，虽会导致“困惑”和“混乱”，但这种状态却是发生学习的最佳时机；教师角色从说教转向

① 段金菊，余胜泉．学习科学视域下的 e-Learning 深度学习研究[J]. 远程教育杂志，2013(04)：43-51.

② 约翰·斯维勒．工作记忆和长时记忆与教学设计[J]. 陆琦，盛群力，译．中国电化教育，2016(07)：44-51.

③ 杨南昌，刘晓艳．具身学习设计：教学设计研究新取向[J]. 电化教育研究，2014(07)：24-29.

聆听；技术塑造的环境本身被视为认知系统的一部分，技术研究从“可见”走到“隐形”。

4. 基于生成性理论的教学设计

生成性理论是属于结构主义的一种认知理论。维特洛克（Merlin C. Wittrock)认为，学习是学生原有认知结构与在环境中所接受的信息进行交互、主动构建信息意义的生成过程，注重学生主观能动性的培养以及动态生成学习环境的搭建。[①] 其研究轨迹，涉及神经系统、思维方式和教学模式各方面。神经系统是生成性学习的生理基础，积极而强烈的动机激发了注意，启动了学习过程，对新的材料信息的关注，与已有的知识经验的对照联结，促成了联系的生成。知识创造过程也和生成过程密切相关，前概念、元认知、抽象知识和具体经验以不同的形式影响着关联的质量和种类。当前，国内外研究者们立足于对生成性学习理论的基本认识，从多角度、多层面对生成性学习与教学展开了理论和实践研究，包括生成性学习的内涵与基本特征、生成性教学策略、生成性教学资源探索研究等。

二、关注新技术的发展和应用

新技术的不断涌现与教育应用，为教学带来了全新的景象。云计算、物联网、大数据、人工智能、虚拟现实与增强现实、3D 打印等新技术的教育应用成为目前教学设计的研究热点。下面我们将着重介绍大数据、虚拟现实、增强现实以及 3D 打印技术及其教学应用。

(一)大数据与教学设计

大数据是指数据量极大，以至于无法使用常规数据软件进行获取、存储、管理和分析的数据，具有数据量大、数据多样和数据产生速度快三大特征。教育领域中的大数据有广义和狭义之分：广义的教育大数据泛指所有来源于日常教育活动中人类的行为数据，它具有层级性、时序性和情境性；狭义的教育大数据是指学生的行为数据，它主要来源于学生管理系统、在线学习平台和课程管理平台等。

教育领域中大数据的应用主要有教育数据挖掘和学习分析两大方向。[②]

---

① Merlin C W. Generative learning processes of the brain[J]. Educational Psychologist，1992(04)：531-541.

② 徐鹏，王以宁，刘艳华，等．大数据视角分析学习变革——美国《通过教育数据挖掘和学习分析促进教与学》报告解读及启示[J]．远程教育杂志，2013(06)：11-17.

1. 教育数据挖掘

教育数据挖掘是综合运用数学统计、机器学习和数据挖掘的技术和方法，对教育大数据进行处理和分析，通过数据建模，发现学生学习结果与学习内容、学习资源和教学行为等变量的相关关系，来预测学生未来的学习趋势。其研究目标包括：①通过整合学生知识、动机、元认知和态度等详细信息进行学生模型的构建，预测学生未来学习发展趋势；②探索和改进包含最佳教学内容和教学顺序的领域模型；③研究各种学习软件所提供的教学支持的有效性；④通过构建包含学生模型、领域模型和教育软件教学策略的数据计算模型，促进学生有效学习的发生等。

2. 学习分析

教育数据挖掘是综合运用信息科学、社会学、计算机科学、心理学和学习科学的理论和方法，通过对广义教育大数据的处理和分析，利用已知模型和方法解释影响学生学习的重大问题，评估学生学习行为，并为学生提供人为的适应性反馈。例如，教师和学校根据学习分析的结果，调整教学内容、对有学习失败风险的学生进行干预等。

大数据应用于网络教学设计的研究主要有大数据时代的虚拟学习社区构建、基于大数据挖掘和分析的学习资源推送机制研究、基于大数据挖掘和分析的学生学习路径优化研究等。

(二)VR/AR 与教学设计

虚拟现实(VR)综合了计算机图形学、人机接口技术、传感器技术以及人工智能技术等多领域成果的新技术，目标是提高人机交互的功能，达到真实的视觉、触觉、听觉和嗅觉体验效果。增强现实(AR)是将计算机生成的虚拟信息与真实环境中的景象相融合的一种技术，具有扩张真实环境、高度交互等特征。

VR/AR 的沉浸感、交互性、想象性三大特征极大地突破了传统教学环境的限制，其教育应用的潜能主要表现为：激发学习动机，增强学习体验；实现情境学习，促进知识迁移。①

1. 激发学习动机，增强学习体验

VR/AR 技术通过呈现个性化、丰富多彩的媒体和刺激性的对话促进学生的学习动机。VR/AR 技术可创设逼真的场景，提供动态的高交互设置，学生

① 刘德建，刘晓琳，张琰，等．虚拟现实技术教育应用的潜力、进展与挑战[J]．开放教育研究，2016(04)：25-31.

在其中显示出较高的学习动机和参与度，VR/AR 技术能将学生置身于解决真实问题的情境中，能为学生赋予明确的角色，激发学生的创造力和想象力。

2. 实现情境学习，促进知识迁移

VR/AR 技术支持情境学习的发生，能够提供丰富的感知线索以及多通道(如听觉、视觉、触觉等)的反馈，帮助学生将虚拟情境的所学迁移到真实生活中，满足情境学习的需要。VR/AR 技术能解决教学内容和知识的可视化，增强学习的沉浸感，增加师生、生生及学生与环境之间的交互。

当前，VR/AR 作为一种新型技术应用于教育领域还处于初级阶段，主要应用于支持学习环境创设、支持技能实训、支持语言学习、支持特殊儿童教育等方面。

(三)3D 打印技术与教学设计

3D 打印，又称三维打印，是一种快速成形技术，它以数字化模型为基础，运用粉末状金属或塑料等可黏合材料，通过逐层打印的方式构造物体。3D 打印作为蕴含“设计思维”的个性化创造工具，具有塑造可重用的多态教育对象、打造虚实结合的教育创新应用服务平台以及促进基于创造的学习等教育特性。①

1. 蕴含“设计思维”的个性化创造工具

3D 打印将个性化定制的关键影响因素，如技能、成本、时间都降到最低点，能使不同教育层次的个人以专业水平实现从想象到产品的个性化创造，满足学生对个性化创意设计进阶的不同需求。3D 打印最大限度地促成了学生从教育消费者到创造者的转变。

2. 塑造可重用的多态教育对象

3D 打印体现出的最大特征是精准、全息地快速成型，能快速精准地打印出自然物体和人造物体的可重用制品。由真实的生活经验、技术以及工具整合形成的创意，可以通过 3D 打印塑造为多态教育对象。

3. 打造虚实结合的教育创新应用平台

基于网络的 3D 打印服务支持协同制造，作为一种新型数字技术，教育工作者和学生能够在 3D 打印制造平台上开展课堂或自主研发项目。中小学的科学创新实验室、大学的学术性创客空间以及博物馆的制造空间，都是围绕培育和激励这项技术应用创新而开展的主要形式。

① 孙江山，吴永和，任友群.3D 打印教育创新：创客空间、创新实验室和STEAM[J].现代远程教育研究，2015(04)：96-103.

4. 促进基于创造的学习

基于 3D 打印的各种学习活动，能够对各种做中学策略提供有效的支撑。3D 打印教育创新应用平台开辟的是基于创造的个性化学习空间，从提出探究问题开始，到构建新颖的独创性想法和构思，最后制造出某种有社会价值的创意产品。这是一个"学"与"做"的循环迭代过程，实现真正完整的基于创造的人性化学习体验与实践。

当前，代表性的 3D 打印教育创新应用项目，主要集中在创客空间、创新实验室和 STEAM 课程中。

三、聚焦智慧学习与智慧课堂的设计

随着智慧教育理念的发展与人才培养模式的创新，网络教学设计逐渐聚焦智慧学习与智慧课堂的设计。那么，什么是智慧学习？什么是智慧课堂？聚焦智慧学习与智慧课堂有何重要意义？面向智慧学习与智慧课堂的相关研究又有哪些？

(一)智慧学习与智慧课堂

智慧学习以发展学生的学习智慧、提高学生的创新能力为最终目标，是学生在智慧学习环境中按需获取学习资源，灵活自如开展学习活动，快速构建知识网络和人际网络的学习过程。智慧学习是一种表现为个性化，高效性，沉浸性，自然的、持续的学习。

智慧课堂是以培养具有高智能和创造力的人才为目标，依赖大数据、学习分析等技术，实施学情诊断分析和资源智能推送，开展"云＋端"学习活动与支持服务，进行学习过程记录与多元智能评价的新型课堂。

(二)聚焦智慧学习与智慧课堂的意义

智慧学习与智慧课堂的核心是智慧学习环境加智慧教学结构变革。何克抗认为，"智慧教室＋课堂教学结构变革"既是实现教育信息化宏伟目标的根本举措，又是促进义务教育优质、均衡发展的有效途径与方法。这一具体途径与方法涉及以下三个主要环节。①

1. 深刻认识智慧学习环境与教学结构变革并加以有效运用

教学结构的变革要实际体现在课堂教学系统四个要素地位和作用的改变上。智慧学习环境能有效支持智能决策、智能实施和智能评价，支持与促进教

---

① 何克抗．智慧教室＋课堂教学结构变革——实现教育信息化宏伟目标的根本途径[J]．教育研究，2015(11)：76-81.

师成为课堂教学的组织者指导者、学生建构意义的帮助者促进者、学生良好情操的培育者；能提供多种认知探究工具，支持与促进学生成为知识意义的主动建构者和情感体验与培育的主体；使教学内容转变为以教材为主并有丰富的信息化教学资源相配合，使教学媒体成为促进学生自主学习的认知工具。

2. 研发能有效变革传统课堂教学结构的教学模式

要想将上述课堂教学结构的变革真正落到实处，只有通过任课教师在课堂教学中设计并实施相关的教学模式才有可能；为此，应在不同学科中采用能实现课堂教学结构变革的创新教学模式。

3. 实施教学创新课题，实现学科教学质量与学生综合素质的大幅提升

要根本改变传统的课堂教学结构，除了要有一整套有效的教学模式与教学方法以外，还需要开发出相关学科的丰富、优质教学资源(作为学生自主学习、自主探究的认知工具、协作交流工具以及情感体验与内化的工具)，并在信息化教学创新理论指导下将这套教学模式、方法与教学资源，通过系统的教师培训，使教师理解和掌握，并切实运用于课堂教学过程。只有这几个方面都做到了，才有可能真正变革传统的课堂教学结构，实现各学科教学质量与学生综合素质的大幅提升，从而使基础教育在质量提高方面得到跨越式发展。

(三)基于智慧学习与智慧课堂的教学设计研究

随着智慧教育的发展，智慧学习与智慧课堂成为当前教学设计研究与实践的新视域。与其相关的研究主题包括智慧学习环境的设计、智慧学习资源的设计、基于智慧课堂的教学模式创新。

1. 智慧学习环境的设计

学习环境包括学生、学习资源、技术、学习地点和情境等要素，通过技术的支持，正规学习环境、非正规学习环境和非正式学习环境之间应该形成有机的联结。2015 年 9 月 20 日，北京师范大学智慧学习研究院发布了《2015 中国智慧学习环境白皮书》，探讨智慧学习与数字校园、教室环境、企业大学的关系，以及智慧学习的产业成长与格局。当前，智慧学习环境的设计主要关注如何使用各种可靠和有用的信息为学生提供自适应和个性化学习，核心是信息分析和让信息对学生有意义，并在此基础上以智慧的方式为学生服务；其研究的热点和趋势包括云服务、智能辅导、学习分析、教育数据挖掘、自适应学习、个性化学习等，研究重点是实现技术的集成，以便促进信息的安全、无缝流

动，为学生提供最优化的学习支持服务。① 此外，基于电子书包的智慧学习环境、面向STEAM的智慧学习环境、面向创客教育的智慧学习环境等都是备受关注的主题。

2. 智慧学习资源的设计

智慧学习资源的相关研究，旨在实现资源的智慧化升级改造，创新智慧资源的设计理念与开发技术，以满足教学方式和学习方式智慧化转变的需求，服务于智慧创造者的培养。余胜泉等人提出了一种新型学习资源聚合模型——学习元，强化了智慧学习资源的开放性、生成性、进化发展、联通性、内聚性、智能性、适应性、社会性。② 李彦忠等人描绘了泛在学习环境中学习资源需要满足的特征，包括易获得性、情境性和问题化、海量化、小颗粒化、聚合性、智能化和适应性推送、生成性和扩充性等。③ 此外，当前相关研究主题还包括资源的聚合与联通、进化与生成、深层开放与共享、个性化智能推送等。

3. 基于智慧课堂的教学模式创新

当前，智慧学习与智慧课堂广泛应用于各类教育领域，从而形成了各种典型的教学过程与教学模式，如基于电子书包的初中数学翻转课堂教学模式、智慧学习环境下小学语文阅读课生成性教学模式、科学探究心智技能训练模式等。这些教学模式基于智慧学习环境的特点，结合学科教学特色与相关教学理念创新，为智慧课堂教学提供了具有实践价值的教学设计参考框架，帮助我们从整体上综合地认识和探讨智慧课堂教学过程中各种因素之间的相互作用及其多样化的表现形态，有利于我们动态地把握智慧课堂教学过程的本质和规律；发挥了理论具体化和经验概括化的中介作用，成为智慧课堂教学理论和智慧课堂教学实践相互沟通的桥梁。

四、创新教学设计方法的研究

作为一门方法论学科，设计方法是教学设计的核心。它是教学设计解决教学问题的方式，体现了教学设计的思维范式和深层次加工处理教学信息的过程，也是教学设计研究与实践共同体协作交流的基础。思维科学的深化、新兴

---

① 杨俊锋，龚朝花，余慧菊，等．智慧学习环境的研究热点和发展趋势——对话ET&S主编Kinshuk(金沙克)教授[J]. 电化教育研究，2015(05)：85-88.

② 余胜泉，杨现民，程罡．泛在学习环境中的学习资源设计与共享——“学习元”的理念与结构[J]. 开放教育研究，2009(01)：47-53.

③ 李彦忠，孙少坤，肖新华，等．泛在学习数字化资源技术标准的设计原则研究[J]. 中国远程教育，2010(09)：64-68.

技术的支持和应用需求的发展，促使教学设计模式与方法不断创新，给予了教学研究与实践人员更大的创造空间，并进一步促进了教学设计理论对教学实践的指导与支持。当前，设计方法逐步趋向模式化、可视化以及智能化。

（一）设计方法的模式化

模式是再现现实的一种理论性的简约形式。设计模式是针对某一领域中重复出现的设计问题提出的一些通用的设计方案，它以一种简洁的形式记录教学实践的专家知识，帮助设计者将新的设计建立在原有工作或经验的基础上。教学设计模式化的意义主要有帮助复用、促进沟通、增强教学设计方案的结构性、提高教学设计绩效以及培养教学设计素养。

设计模式的使用过程是一个面向问题的求解过程。当模式的使用者面临解决某个问题时，首先要确定问题的情境，然后分析解决问题的约束条件，再根据这些条件选择合适的设计模式，最后应用该模式形成解决方案并解决问题，或者以该模式为蓝本进行创新。①

（二）设计方法的可视化

教学设计的可视化是指利用各类可视语言将复杂的教学设计过程和思想以更加直观的方式在计算机屏幕或纸本上直接表征出来。②

当前，可视化教学设计应用于教学分析、教学决策和教学评价，并帮助教学设计者获得更强的表达、分享、沟通和创造的力量。可视化教学设计形象直观，更有利于观点的表达和分享；形式简化，更有利于引导教师关注学生和学习过程；个性灵活，更有利于促进教学改革和教学创新。

（三）设计方法的智能化

教学设计智能化，是指在人工智能科学与技术的支持下，设计开发具有自学习、自适应、自推理、自决策、自优化功能的教学设计系统，并用来在一定程度上代替教学设计者创造性地完成教学设计任务。其具备四个“智能化”特征：具有感知能力、具有记忆和思维能力、具有学习能力和自适应能力以及具有行为决策能力。③

教学设计智能化的意义在于：提供教学支持，通过建立专家系统，提供海量专业知识、先进的思想与方法以及符合需求的资料与工具，从而减轻人工劳动负担，提高设计绩效；提供学习支持，通过提供动态、个性化的学习方案，

① 李青．学习活动建模[D]．上海：华东师范大学，2005.

② 钱旭鸯．教学设计可视化研究：教学设计的视觉转向[J]．全球教育展望，2010(07)：30-35.

③ 彭绍东．教学设计自动化的对象——水平模型研究[J]．中国电化教育，2011(09)：14-19.

实现学习活动与学习路径的实时调控；支持领域发展，推动智慧教育发展，拓展教学设计新领域。

教学设计智能化的研究领域主要包括：①智能化教学设计的理论体系，即基本概念与演变规律、理论基础与基本原理等；②智能化教学设计的方法体系，即智能化的设计方法、内在算法、开发方法与使用方法等；③智能化教学设计的技术体系，即建模技术、自动推理技术、交互技术、自然语言处理技术、模式识别技术等；④智能化教学设计的应用体系，如教学设计专家系统、教学设计绩效支持系统、各类智能教学系统等。

第二节　网络教学评价的新发展

网络教学评价是指在网络环境中，依据一定的教学目标，借助网络技术与工具，采用相应的评价方法，对网络教学过程及其结果进行测量，并做出价值性判断。“互联网＋”时代，新兴技术与学习方式的变革，以及网络教学设计新理论、新内容、新方法的发展，对网络教学评价产生重大影响。网络教学评价的发展主要体现在两方面：强调评价理念的创新和关注评价过程的智能化。

一、强调评价理念的创新

当前，云计算、大数据、物联网、移动计算等新技术逐步广泛应用，而利用信息化实现政府、学校、家长和社会广泛联结与信息快速互通，推动教育评价尤其是网络教学评价的多元化、智能化、智慧化，则成为网络教学的重要主题。

（一）多元评价理念

学生的能力是多维的，各学生自有优势，“互联网＋”时代对复合型人才的培养也提出了新的要求，这就要求网络教学评价也需更加多元，包括评价目标多元、内容多元、标准多元、方法多元等。例如，学生在学习活动中表现出来的能力不是单一维度的数值反应，而是多维度、综合能力的体现，因此对学生的学习评价应该是多方面的，也只有采用多元化的评价方法，才能对学生活动参与的多个维度做出综合评价。

当前，信息技术与教育教学深度融合，教育信息化不断发展，智慧学习环境、智慧课堂等渐成热点，它需要支持实现基于大数据的多元教学评价，以促进师生智慧发展。其教学应用强调对教育数据采集的实时性、连贯性、全面性和自然性，分析处理复杂多样，应用多元深入；提倡学生、教师、家长等共同参与评价；注重利用技术开展诊断性评价、过程性评价、总结性评价等多元评价。

网络教学评价的发展不断融入多元化评价理念，并通过智能挖掘教学数据，全方面分析评价学生的学习效果，进而不断调整优化学生的学习，促进学生全面发展。

（二）过程性评价理念

随着互联网技术的飞速更新和深入应用，网络教学评价越来越注重对学生学习过程的评价，其“过程”是相对于“结果”而言的。过程性评价采取目标与过程并重的价值取向，与教学过程相融合。它关注的是对学生在发展过程中的情感态度和行为表现、每一阶段的学习效果等全方位多角度的评价。

在评价内容上，过程性评价主张凡是具有教育价值的结果，都应受到评价的支持与肯定，主张对学习的动机态度、过程和效果进行三位一体的评价，强调利用多种展示学习过程的评价工具(包括质性的、描述性的、展示性的等)促进这一评价理念的落实；在评价方法上，过程性评价既支持对学习成果进行必要的“量化”测量，同时又倡导“质性”方法，主张将这一理念贯穿于教学过程的始终；在评价主体上，过程性评价主张评价主体和客体的整合，通过师生共同参与、协商、交往的过程评价学习成果的价值，并不断反馈优化。

智慧教育、智慧校园、智慧课堂等逐渐冲击传统的网络教学，也为网络教学评价提供新的视角与方法。借助新兴智能处理技术，能够实现对学习者学习过程的监控与记录、学习结果的即时反馈与呈现，使得过程性评价理念更加深入有效融入教学，使得评价更加精准科学。

（三）个性化评价理念

当今学生建模、数据挖掘、学习分析等技术的发展，使得网络教学评价有了技术和方法的保障。然而，技术不断发展的同时，评价理念也在不断更新，个性化评价理念使网络教学评价更加关注个体差异，更加强调动态生成个性化评价标准，进而实现对学生进行个性化发展评价。

发展性评价作为一种新型的评价方式，是以学生的发展状况为评价内容，以促进学生的发展为评价目的，强调被评价者对评价过程的主动参与和自我反思能力的培养，并要求将整个学习过程纳入评价范围，以便对学生形成客观全面的评价。[①]

个性化评价理念融入网络教学，其个性化主要体现在：①提供可选择的多样性评价目标和评价指标，根据学生的选择，动态生成个性化评价标准，进而实现对学生进行个性化评价；②根据学生不同的表现，设计多层级的评价，注重评价的差异性和渐变性，不仅注重学生在课程学习后的静态知识掌握，同时注重学生对知识与技能的深层次应用；③评价结果由具体的行为向抽象的思想和能力变化发展。

二、关注评价过程的智能化

人工智能技术在网络教学评价中的应用，解决了教学评价的时效性、适应性、可视化等关键问题，进一步提升了评价环节在整个教学系统中的价值与作用。网络教学评价过程的智能化，是指在人工智能科学与技术的支持下，开展网络教学评价，实现评价的可视化、自适应、自推理和自决策。

（一）评价过程智能化的关键特征

网络教学评价过程的智能化具有可视化评价结果、自适应评价对象、自推理评价结论、自决策行为调整的特征。

1. 可视化评价结果

可视化是信息时代数据处理与显示的必然趋势。网络教学评价注重学生的发展，但发展是个抽象的概念，无法准确地衡量。网络教学评价的主体为教师和学生，他们通常不具备分析知识增长的能力，所以需对知识增长量进行可视化处理，使抽象的学习过程有迹可循，进而形成对学生知识增长的直观反映。对教师而言，知识增长的可视化便于个性化指导和干预；对学生而言，通过知识增长的可视化可以直观地看到自己的进步，有利于认识自我、建立自信。

2. 自适应评价对象

智能化评价的自适应特性是指利用智能化技术为学生量身定制学习评价。数据挖掘技术记录了学生的个性化学习行为路径，为学生的个性化评价提供了可能，不仅能保证学习评价的客观性和科学性，而且能够根据每个学生的个性特征和学习行为识别出其学习活动和任务的完成情况，为学生提供可选择的多样性评价目标和评价指标，动态生成个性化评价标准，进而实现对学生进行个性化评价。

---

① 李振超，陈琳，郑旭东．大数据理念下的发展性学习评价系统设计研究[J]．现代教育技术，2015(06)：108-114.

3. 自推理评价结论

智能化评价强调基于数据的学习描述、诊断、预测。利用人工智能的自动推理技术，即从一个或几个已知的判断(前提)推论出一个新的判断(结论)，由网络教学系统基于学习过程或学习结果的状态数据，依据数据分析和处理的结果，使用推理引擎推导结论，自动推理出学生当前的评价结论。

4. 自决策行为调整

网络教学评价的自决策是指在评价过程中，网络教学系统能够根据已记录的学生在线学习活动的行为数据、交互内容数据以及相应的绩效表征文本，对学生的行为和经验进行分析，从而得出有效的学习诊断和预测，并进而直接给学生提出提升学习效率和效果的建议，或者自行调整系统中个性化的教学设计或学习路径，以改善学生的学习成效。

(二)评价过程智能化的教育价值

智能化的评价过程凭借其可视化评价结果、自适应评价对象、自推理评价结论、自决策行为调整的关键特征成为推进精准教学的重要支撑。

网络教学评价过程的智能化技术能更准确地分析学生的需求和特点，精准挖掘与深入分析历史学习数据，从而准确地评估学习过程、发现潜在问题和预测未来表现，并以数据分析结果进行智能干预，保证精准地找出教学问题并提供个性化教学。而大数据、学习分析、人工智能等技术的进一步发展，更使得基于网络的精准教学由问题精准层次提升至服务精准层次，不仅能够分析学生表现，而且能够解决复杂的决策问题，如分类问题、决策分析问题、优化问题。其中，分类问题可解决学生的同质分组问题、教学问题诊断等问题；决策分析问题可解决优秀教学过程、材料和干预措施的选择问题；优化问题可以解决学习资源的分配等问题。而大数据时代的数据决策可以对学生进行更为复杂和更为精准的分析，为精准教学提供强有力的支持。

本章小结

本章主要讨论了网络教学设计的新发展和网络教学评价的新发展两个方面的内容。

1. 网络教学设计的新发展

当前网络教学设计重视学习科学的研究与应用，关注新技术的发展与应用，聚焦智慧学习与智慧课堂的设计，强调设计方法的模式化、可视化和智能化研究。

2. 网络教学评价的新发展

当前网络教学评价强调理念创新，关注评价过程的智能化。

思考与练习

1. 简述网络教学设计与评价的新发展。
2. 思考当前网络教学设计与评价的发展动因。